Gustave Doré · Die Heilige Schrift

Die Heilige Schrift

Altes und Neues Testament

Dargestellt in den berühmten 230 Illustrationen von Gustave Doré

Mit Texten der Einheitsübersetzung

Unipart-Verlag · Stuttgart

Mit freundlicher Genehmigung der Katholischen Bibelanstalt, Stuttgart,
wurden die Texte der Einheitsübersetzung entnommen.
Vorwort und Redaktion: Christoph Burgauner, München
Lizenzausgabe für den Unipart-Verlag, Remseck bei Stuttgart, 1985
Printed in Germany
ISBN 3 8122 0163 1

Vorwort

Vom frühen Mittelalter bis in unsere Tage war die Bibel als Quelle der Inspiration und die Kirche als Auftraggeber für die Künstler von größter Bedeutung. Obwohl der religiöse Wert des Bildes im protestantischen Norden zeitweilig heftig umstritten war, entstanden so im Laufe der Jahrhunderte zahllose Darstellungen biblischer Szenen und Gestalten. Relativ wenige Künstler haben es jedoch gewagt, die Heilige Schrift in großen Bilderzyklen zu illustrieren. Der berühmteste von ihnen ist nach wie vor Gustave Doré.

Die «Doré-Bibel» mit ihren zweihundertdreißig Bildern war ein Hausschatz unserer Großeltern, und noch viele unserer Eltern gewannen durch die düsteren, wuchtigen und vor allem dramatischen Graphiken des großen Franzosen ihre erste und unvergeßliche Vorstellung von den biblischen Gestalten und Ereignissen.

Gustave Doré wurde in Goethes Todesjahr geboren, 1832, und starb im Todesjahr Richard Wagners, 1883. Er begann mit sechzehn Jahren als Karikaturist, und illustrierte in unermüdlicher Fruchtbarkeit insgesamt etwa neunzig Werke der Weltliteratur. Geschult durch seine Bilder zu Rabelais, Balzac und Cervantes und unterstützt durch seine Schüler und Gehilfen, wandte er sich 1865 der Bibel zu.

Seine Illustrationen sind in der Regel szenische Darstellungen, bildliche Erzählungen von Geschichten, und es schadet nichts, wenn wir in der plastischen Leiblichkeit und dem Pathos seiner Gestalten und Szenerien den Zeitgenossen Richard Wagners erkennen. Denn die Einprägsamkeit seiner Bilder einerseits und die historische Distanz andererseits, aus der wir sie heute erleben, bewirken, daß uns die Welt der Bibel zwar vorstellbar wird, wir jedoch unsere Vorstellungen nicht verwechseln mit der alle Vorstellung übersteigenden Wirklichkeit des Göttlichen.

Das griechische Wort *biblía* bedeutet «Bücher», die Bibel wurde also schon in antiker Zeit zum Inbegriff des Buches überhaupt, das Buch der Bücher. Im Laufe der folgenden Jahrhunderte wurde diese Bezeichnung vollauf gerechtfertigt: Die Bibel gewann eine unvergleichliche Verbreitung, wurde in alle Sprachen, ja sogar in einzelne Dialekte übersetzt, in fast jedem Jahrhundert mehrmals, und es gibt auch heute noch auf der ganzen Welt viele Familien und Häuser, in denen die Bibel als einziges Buch wert befunden wird, erworben und aufbewahrt zu werden.

Wir dürfen uns dennoch die Heilige Schrift nicht als ein von Anfang an feststehendes Buch vorstellen. Das Ringen um ihre Zusammensetzung, um die Frage, was hineingehört und was nicht und in welcher Reihenfolge, begann im

jüdischen Volk bereits fünfhundert Jahre vor Christi Geburt und kam unter den abendländischen Christen erst vor wenigen Jahren mit der «Einheitsbibel» zu einem zumindest vorläufigen Abschluß. So wich beispielsweise die christliche Einteilung des Alten Testaments deutlich ab von der hebräischen Bibel, die auch Jesus als Heilige Schrift vorlag. Im Konzil von Trient wurden einzelne Texte, zum Beispiel die beiden Makkabäer-Bücher zum vollgültigen Bestandteil der Bibel erklärt, während Luther sie kurz zuvor als «gut und nützlich zu lesen» bezeichnet, aber nur als Anhang in die Bibel der Reformierten Kirche aufgenommen hatte. Die orthodoxen Kirchen hingegen haben sogar die sogenannten Apokryphen in ihren Kanon der Heiligen Schrift eingegliedert.

Über die siebenundzwanzig Schriften des Neuen Testaments besteht Einigkeit in allen christlichen Kirchen; ihre Einteilung in Geschichtsbücher (Evangelien und Apostelgeschichte), Lehrbücher und prophetische Bücher (Apokalypse) ist alt und einleuchtend. Schwerer ist die Zusammensetzung des Alten Testaments zu begreifen. Die Juden wurden erst durch die Zerstörung des Tempels von Jerusalem und den Zerfall ihrer politischen Gemeinschaft – sowie die Entstehung des Christentums – zu einer endgültigen Kanonisierung ihrer Schriften gezwungen. Die Gliederung des Alten Testaments (z. B. Das Buch Rut, Das Buch Josua) bezeichnet in der Regel die Hauptgestalt oder den Gegenstand, nicht den Verfasser des jeweiligen Textes.

Eine Lektüre des Alten Testaments ohne die Hilfe historisch-theologischer Kommentare stellt den heutigen Leser vor eine fast unlösbare Aufgabe. Der gewaltige Umfang, die Fülle der Gestalten und Ereignisse, die Undurchsichtigkeit des historischen Rahmens und die tiefe Verwurzelung des Alten Testaments in der fremden Welt des antiken Orients haben zu der bedauerlichen Tatsache geführt, daß der Europäer von heute längst nicht mehr so «bibelfest» ist wie noch vor zweihundert Jahren. Verlorengegangen ist ihm dabei nicht nur der gewaltige historisch-geistige Raum des Judentums und die Verwurzelung des Christentums in ihm, sondern auch die unendliche Fülle mehr oder weniger direkter Anspielungen und biblischer Zitate in der gesamten abendländi-

schen Literatur und Philosophie. Bis weit ins neunzehnte Jahrhundert hinein war es in ganz Europa selbstverständlich, daß man mit Namen wie Saul oder Judit, Ester oder Samson, Josua oder Ezechiel ganz genaue Vorstellungen verband. Gustave Dorés Bilder können uns helfen, diese Vorstellungen zurückzugewinnen.

Die Schwierigkeiten einer Gesamtlektüre der Bibel ohne fachmännische Hilfe waren auch ein Grund dafür, daß der Laie das Wort Gottes bis zum fünfzehnten Jahrhundert nicht selbständig lesen durfte. Die meisten Christen kamen nur an Sonn- und Feiertagen mit der Bibel in Kontakt, wenn sie der Pfarrer von der Kanzel aus vortrug. Mit seiner Übersetzung wollte Luther den

unmittelbaren Zugang zur Heiligen Schrift wieder freimachen. Gutenbergs gleichzeitige Erfindung des Buchdrucks mit Hilfe beweglicher Lettern sicherte Luthers Bibel eine rasche Verbreitung und machte die Reformation erst möglich.
Die Geschichte der Bibelübersetzungen ist so alt wie die Bibel selbst. Während das Alte Testament einen einheitlichen hebräischen Text aufweist, handelte es sich gewissermaßen schon beim Urtext der Evangelien um eine Übersetzung; denn Jesus hat vermutlich Aramäisch gesprochen. Vom griechischen Urtext sind bis heute über fünftausend Handschriften entdeckt worden. Bischof Ulfila übersetzte die Bibel um die Mitte des vierten Jahrhunderts ins Gotische; die

Einheitsbibel des Mittelalters konnte jedoch in keiner germanischen Sprache entstehen, sondern nur im überall gelehrten und gültigen Latein. Dürers berühmtes Gemälde des *Heiligen Hieronymus im Gehäuse* stellt den Mann dar, der zu Ulfilas Zeit im Auftrag des Papstes die zahllosen lateinischen Bibelübersetzungen durch einen wissenschaftlich gründlichen, vor allem aber stilistisch hochstehenden Text ersetzte. Seine «Vulgata» wurde der für ein volles Jahrtausend gültige Text. Als die «Vulgata» im Tridentinum 1546 zur verbindlichen katholischen Bibel erklärt wurde, hatte die Lutherbibel im Norden aber bereits ihren Siegeszug angetreten.
Wie die Lutherbibel immer wieder revidiert wurde, so arbeitete auch die katho-

lische Kirche, auf der «Vulgata» und dem Urtext gleichermaßen aufbauend, fortwährend an der Erstellung eines verbindlichen Textes. Zugleich erstarkte jedoch die ökumenische Bewegung, der es darum ging, das Gemeinsame der christlichen Konfessionen zu betonen und das Trennende hintanzustellen. Das erste Hauptziel dieser Bewegung mußte darin bestehen, das Wort Gottes in einer gemeinsamen Fassung zu verkünden. Von 1969 an hat die Arbeit daran stetige Fortschritte gemacht, und zehn Jahre später begannen die gemeinsamen Übersetzungen einzelner biblischer Bücher zu erscheinen. Abgesehen von der ökumenischen Einheitlichkeit, galt als wichtigstes Kriterium der Übersetzungsarbeit die Verbindung sprachlicher Verständlichkeit für den Leser von

heute mit wissenschaftlicher Sicherung des Textes. Im Februar 1978 hat dann schließlich die Deutsche Bischofskonferenz die Endfassung der Einheitsübersetzung für den Gebrauch in Kirchen und Schulen freigegeben. Aus ihr wurden die Textstellen der vorliegenden «Doré-Bibel» entnommen.

Das Alte Testament

1 Im Anfang schuf Gott Himmel und Erde; 2 die Erde aber war wüst und wirr, Finsternis lag
über der Urflut, und Gottes Geist schwebte über dem Wasser. 3 Gott sprach: Es werde Licht.
Und es wurde Licht. 4 Gott sah, daß das Licht gut war. Gott schied das Licht von der Finsternis,
5 und Gott nannte das Licht Tag, und die Finsternis nannte er Nacht. Es wurde Abend, und es
wurde Morgen: erster Tag. 6 Dann sprach Gott: Ein Gewölbe entstehe mitten im Wasser und
scheide Wasser von Wasser. 7 Gott machte also das Gewölbe und schied das Wasser unterhalb
des Gewölbes vom Wasser oberhalb des Gewölbes. So geschah es, 8 und Gott nannte das
Gewölbe Himmel. Es wurde Abend, und es wurde Morgen: zweiter Tag. 9 Dann sprach Gott:
Das Wasser unterhalb des Himmels sammle sich an einem Ort, damit das Trockene sichtbar
werde. So geschah es. 10 Das Trockene nannte Gott Land, und das angesammelte Wasser
nannte er Meer. Gott sah, daß es gut war. 11 Dann sprach Gott: Das Land lasse junges Grün
wachsen, alle Arten von Pflanzen, die Samen tragen, und von Bäumen, die auf der Erde Früchte
bringen mit ihrem Samen darin. So geschah es. 12 Das Land brachte junges Grün hervor, alle
Arten von Pflanzen, die Samen tragen, alle Arten von Bäumen, die Früchte bringen mit ihrem
Samen darin. Gott sah, daß es gut war. 13 Es wurde Abend, und es wurde Morgen: dritter Tag.
14 Dann sprach Gott: Lichter sollen am Himmelsgewölbe sein, um Tag und Nacht zu scheiden.
Sie sollen Zeichen sein und zur Bestimmung von Festzeiten, von Tagen und Jahren dienen;
15 sie sollen Lichter am Himmelsgewölbe sein, die über die Erde hin leuchten. So geschah es.
16 Gott machte die beiden großen Lichter, das größere, das über den Tag herrscht, das kleinere,
das über die Nacht herrscht, auch die Sterne. 17 Gott setzte die Lichter an das Himmels-
gewölbe, damit sie über die Erde hin leuchten, 18 über Tag und Nacht herrschen und das Licht
von der Finsternis scheiden. Gott sah, daß es gut war.

Genesis 1, 1–18

Es werde Licht

15 Gott, der Herr, nahm also den Menschen und setzte ihn in den Garten von Eden, damit er ihn
bebaue und hüte. 16 Dann gebot Gott, der Herr, dem Menschen: Von allen Bäumen des
Gartens darfst du essen, 17 doch vom Baum der Erkenntnis von Gut und Böse darfst du nicht
essen; denn sobald du davon ißt, wirst du sterben. 18 Dann sprach Gott, der Herr: Es ist nicht
gut, daß der Mensch allein bleibt. Ich will ihm eine Hilfe machen, die ihm entspricht. 19 Gott,
der Herr, formte aus dem Ackerboden alle Tiere des Feldes und alle Vögel des Himmels und
führte sie dem Menschen zu, um zu sehen, wie er sie benennen würde. Und wie der Mensch jedes
lebendige Wesen benannte, so sollte es heißen. 20 Der Mensch gab Namen allem Vieh, den
Vögeln des Himmels und allen Tieren des Feldes. Aber eine Hilfe, die dem Menschen entsprach,
fand er nicht. 21 Da ließ Gott, der Herr, einen tiefen Schlaf auf den Menschen fallen, so daß er
einschlief, nahm eine seiner Rippen und verschloß ihre Stelle mit Fleisch. 22 Gott, der Herr,
baute aus der Rippe, die er vom Menschen genommen hatte, eine Frau und führte sie dem
Menschen zu. 23 Und der Mensch sprach: Das endlich ist Bein von meinem Bein / und Fleisch
von meinem Fleisch. / Frau soll sie heißen; / denn vom Mann ist sie genommen. 24 Darum
verläßt der Mann Vater und Mutter und bindet sich an seine Frau, und sie werden ein Fleisch.
25 Beide, Adam und seine Frau, waren nackt, aber sie schämten sich nicht voreinander.

Genesis 2, 15–25

Die Erschaffung Evas

9 Gott, der Herr, rief Adam zu und sprach: Wo bist du? 10 Er antwortete: Ich habe dich im
Garten kommen hören; da geriet ich in Furcht, weil ich nackt bin, und versteckte mich. 11 Dar-
auf fragte er: Wer hat dir gesagt, daß du nackt bist? Hast du von dem Baum gegessen, von dem zu
essen ich dir verboten habe? 12 Adam antwortete: Die Frau, die du mir beigesellt hast, sie hat
mir von dem Baum gegeben, und so habe ich gegessen. 13 Gott, der Herr, sprach zu der Frau:
Was hast du da getan? Die Frau antwortete: Die Schlange hat mich verführt, und so habe ich
gegessen. 14 Da sprach Gott, der Herr, zur Schlange: Weil du das getan hast, bist du verflucht /
unter allem Vieh und allen Tieren des Feldes. / Auf dem Bauch sollst du kriechen / und Staub
fressen alle Tage deines Lebens. 15 Feindschaft setze ich zwischen dich und die Frau, /
zwischen deinen Nachwuchs und ihren Nachwuchs. / Er trifft dich am Kopf, / und du triffst ihn
an der Ferse. 16 Zur Frau sprach er: Viel Mühsal bereite ich dir, sooft du schwanger wirst. /
Unter Schmerzen gebierst du Kinder. / Du hast Verlangen nach deinem Mann; / er aber wird über
dich herrschen. 17 Zu Adam sprach er: Weil du auf deine Frau gehört und von dem Baum
gegessen hast, von dem zu essen ich dir verboten hatte: So ist verflucht der Ackerboden deinet-
wegen. / Unter Mühsal wirst du von ihm essen / alle Tage deines Lebens. 18 Dornen und
Disteln läßt er dir wachsen, / und die Pflanzen des Feldes mußt du essen. 19 Im Schweiße
deines Angesichts / sollst du dein Brot essen, / bis du zurückkehrst zum Ackerboden; / von ihm
bist du ja genommen. / Denn Staub bist du, zum Staub mußt du zurück. 20 Adam nannte
seine Frau Eva (Leben), denn sie wurde die Mutter aller Lebendigen. 21 Gott, der Herr, machte
Adam und seiner Frau Röcke aus Fellen und bekleidete sie damit. 22 Dann sprach Gott, der
Herr: Seht, der Mensch ist geworden wie wir; er erkennt Gut und Böse. Daß er jetzt nicht die
Hand ausstreckt, auch vom Baum des Lebens nimmt, davon ißt und ewig lebt! 23 Gott, der
Herr, schickte ihn aus dem Garten von Eden weg, damit er den Ackerboden bestellte, von dem er
genommen war. 24 Er vertrieb den Menschen und stellte östlich des Gartens von Eden die
Kerubim auf und das lodernde Flammenschwert, damit sie den Weg zum Baum des Lebens
bewachten.

Genesis 3, 9–24

Die Vertreibung aus dem Paradies

1 Adam erkannte Eva, seine Frau; sie wurde schwanger und gebar Kain. Da sagte sie: Ich habe
einen Mann vom Herrn erworben. 2 Sie gebar ein zweites Mal, nämlich Abel, seinen Bruder.
Abel wurde Schafhirt und Kain Ackerbauer. 3 Nach einiger Zeit brachte Kain dem Herrn ein
Opfer von den Früchten des Feldes dar; 4 auch Abel brachte eines dar von den Erstlingen
seiner Herde und von ihrem Fett. Der Herr schaute auf Abel und sein Opfer, 5 aber auf Kain
und sein Opfer schaute er nicht. Da überlief es Kain ganz heiß, und sein Blick senkte sich. 6 Der
Herr sprach zu Kain: Warum überläuft es dich heiß, und warum senkt sich dein Blick? 7 Nicht
wahr, wenn du recht tust, darfst du aufblicken; wenn du nicht recht tust, lauert an der Tür die
Sünde als Dämon. Auf dich hat er es abgesehen, / doch du werde Herr über ihn!

Genesis 4, 1–7

Kain und Abel

8 Hierauf sagte Kain zu seinem Bruder Abel: Gehen wir aufs Feld! Als sie auf dem Feld waren, griff
Kain seinen Bruder Abel an und erschlug ihn. 9 Da sprach der Herr zu Kain: Wo ist dein
Bruder Abel? Er entgegnete: Ich weiß es nicht. Bin ich der Hüter meines Bruders? 10 Der Herr
sprach: Was hast du getan? Das Blut deines Bruders schreit zu mir vom Ackerboden. 11 So bist
du verflucht, verbannt vom Ackerboden, der seinen Mund aufgesperrt hat, um aus deiner Hand
das Blut deines Bruders aufzunehmen. 12 Wenn du den Ackerboden bestellst, wird er dir
keinen Ertrag mehr bringen. Rastlos und ruhelos wirst du auf der Erde sein. 13 Kain antwortete
dem Herrn: Zu groß ist meine Schuld, als daß ich sie tragen könnte. 14 Du hast mich heute
vom Ackerland verjagt, und ich muß mich vor deinem Angesicht verbergen; rastlos und ruhelos
werde ich auf der Erde sein, und wer mich findet, wird mich erschlagen. 15 Der Herr aber
sprach zu ihm: Darum soll jeder, der Kain erschlägt, siebenfacher Rache verfallen. Darauf machte
der Herr dem Kain ein Zeichen, damit ihn keiner erschlage, der ihn finde. 16 Dann ging Kain
vom Herrn weg und ließ sich im Land Nod nieder, östlich von Eden.

Genesis 4, 8–16

Kain erschlägt Abel

5 Der Herr sah, daß auf der Erde die Schlechtigkeit des Menschen zunahm und daß alles Sinnen
und Trachten seines Herzens immer nur böse war. 6 Da reute es den Herrn, auf der Erde den
Menschen gemacht zu haben, und es tat seinem Herzen weh. 7 Der Herr sagte: Ich will den
Menschen, den ich erschaffen habe, vom Erdboden vertilgen, mit ihm auch das Vieh, die Kriech-
tiere und die Vögel des Himmels, denn es reut mich, sie gemacht zu haben. 8 Nur Noach fand
Gnade in den Augen des Herrn. 7 Noach ging also mit seinen Söhnen, seiner Frau und den
Frauen seiner Söhne in die Arche, bevor das Wasser der Flut kam. 8 Von den reinen und
unreinen Tieren, von den Vögeln und allem, was sich auf dem Erdboden regt, 9 kamen immer
zwei zu Noach in die Arche, Männchen und Weibchen, wie Gott dem Noach aufgetragen hatte.
10 Als die sieben Tage vorbei waren, kam das Wasser der Flut über die Erde, 11 im sechs-
hundertsten Lebensjahr Noachs, am siebzehnten Tag des zweiten Monats. An diesem Tag
brachen alle Quellen der gewaltigen Urflut auf, und die Schleusen des Himmels öffneten sich.
12 Der Regen ergoß sich vierzig Tage und vierzig Nächte lang auf die Erde. 13 Genau an jenem
Tag waren Noach, die Söhne Noachs, Sem, Ham und Jafet, Noachs Frau und mit ihnen die drei
Frauen seiner Söhne in die Arche gegangen, 14 sie und alle Arten der Tiere, alle Arten des Viehs
und alle Arten der Kriechtiere, die sich auf der Erde regen, und alle Arten der Vögel, des fliegen-
den Getiers. 15 Sie waren zu Noach in die Arche gekommen, immer zwei von allen Wesen aus
Fleisch, in denen Lebensgeist ist. 16 Von allen Tieren waren Männchen und Weibchen ge-
kommen, wie Gott ihm aufgetragen hatte. Dann schloß der Herr hinter ihm zu. 17 Die Flut auf
der Erde dauerte vierzig Tage. Das Wasser stieg und hob die Arche immer höher über die Erde.
18 Das Wasser schwoll an und stieg immer mehr auf der Erde, die Arche aber trieb auf dem
Wasser dahin.

Genesis 6, 5–8 und 7, 17–18

Die Sündflut: Das Wasser steigt

19 Das Wasser war auf der Erde gewaltig angeschwollen und bedeckte alle hohen Berge, die es
unter dem ganzen Himmel gibt. 20 Das Wasser war fünfzehn Ellen über die Berge hinaus
angeschwollen und hatte sie zugedeckt. 21 Da verendeten alle Wesen aus Fleisch, die sich auf
der Erde geregt hatten, Vögel, Vieh und sonstige Tiere, alles, wovon die Erde gewimmelt hatte,
und auch alle Menschen. 22 Alles, was auf der Erde durch die Nase Lebensgeist atmete, kam
um. 23 Gott vertilgte also alle Wesen auf dem Erdboden, Menschen, Vieh, Kriechtiere und die
Vögel des Himmels; sie alle wurden vom Erdboden vertilgt. Übrig blieb nur Noach und was mit
ihm in der Arche war. 24 Das Wasser aber schwoll hundertfünfzig Tage lang auf der Erde an.

Genesis 7, 19–24

Die Sündflut: Alle Wesen werden vertilgt

1 Da dachte Gott an Noach und an alle Tiere und an alles Vieh, das bei ihm in der Arche war. Gott
ließ einen Wind über die Erde wehen, und das Wasser sank. 2 Die Quellen der Urflut und die
Schleusen des Himmels schlossen sich; der Regen vom Himmel ließ nach, 3 und das Wasser
verlief sich allmählich von der Erde. So nahm das Wasser nach hundertfünfzig Tagen ab. 4 Am
siebzehnten Tag des siebten Monats setzte die Arche im Gebirge Ararat auf. 5 Das Wasser
nahm immer mehr ab, bis zum zehnten Monat. Am ersten Tag des zehnten Monats wurden die
Berggipfel sichtbar. 6 Nach vierzig Tagen öffnete Noach das Fenster der Arche, das er gemacht
hatte, 7 und ließ einen Raben hinaus. Der flog aus und ein, bis das Wasser auf der Erde ver-
trocknet war. 8 Dann ließ er eine Taube hinaus, um zu sehen, ob das Wasser auf der Erde abge-
nommen habe. 9 Die Taube fand keinen Halt für ihre Füße und kehrte zu ihm in die Arche
zurück, weil über der ganzen Erde noch Wasser stand. Er streckte seine Hand aus und nahm die
Taube wieder zu sich in die Arche. 10 Dann wartete er noch weitere sieben Tage und ließ
wieder die Taube aus der Arche. 11 Gegen Abend kam die Taube zu ihm zurück, und siehe da:
In ihrem Schnabel hatte sie einen frischen Olivenzweig. Jetzt wußte Noach, daß nur noch wenig
Wasser auf der Erde stand. 12 Er wartete weitere sieben Tage und ließ die Taube noch einmal
hinaus. Nun kehrte sie nicht mehr zu ihm zurück. 13 Im sechshundertersten Jahr Noachs, am
ersten Tag des ersten Monats, hatte sich das Wasser verlaufen. Da entfernte Noach das Verdeck
der Arche, blickte hinaus, und siehe: Die Erdoberfläche war trocken.

Genesis 8, 1–13

Die Aussendung der Taube

18 Die Söhne Noachs, die aus der Arche gekommen waren, sind Sem, Ham und Jafet. Ham ist der
Vater Kanaans. 19 Diese drei sind die Söhne Noachs; von ihnen stammen alle Völker der Erde
ab. 20 Noach wurde der erste Ackerbauer und pflanzte einen Weinberg. 21 Er trank von
dem Wein, wurde davon betrunken und lag entblößt in seinem Zelt. 22 Ham, der Vater
Kanaans, sah die Blöße seines Vaters und erzählte davon draußen seinen Brüdern. 23 Da
nahmen Sem und Jafet einen Überwurf; den legten sich beide auf die Schultern, gingen rückwärts
und bedeckten die Blöße ihres Vaters. Sie hatten ihr Gesicht abgewandt und konnten die Blöße
des Vaters nicht sehen. 24 Als Noach aus seinem Rausch erwachte und erfuhr, was ihm sein
zweiter Sohn angetan hatte, 25 sagte er: Verflucht sei Kanaan. / Der niedrigste Knecht sei er
seinen Brüdern. 26 Und weiter sagte er: Gepriesen sei der Herr, der Gott Sems, / Kanaan aber
sei sein Knecht. 27 Raum schaffe Gott für Jafet. / In Sems Zelten wohne er, / Kanaan aber sei
sein Knecht. 28 Noach lebte nach der Flut noch dreihundertfünfzig Jahre. 29 Die gesamte
Lebenszeit Noachs betrug neunhundertfünfzig Jahre, dann starb er.

Genesis 9, 18–29

Noach verflucht Ham

1 Alle Menschen hatten die gleiche Sprache und gebrauchten die gleichen Worte. 2 Als sie von
Osten aufbrachen, fanden sie eine Ebene im Land Schinar und siedelten sich dort an. 3 Sie
sagten zueinander: Auf, formen wir Lehmziegel, und brennen wir sie zu Backsteinen. So dienten
ihnen gebrannte Ziegel als Steine und Erdpech als Mörtel. 4 Dann sagten sie: Auf, bauen wir
uns eine Stadt und einen Turm mit einer Spitze bis zum Himmel, und machen wir uns damit
einen Namen, dann werden wir uns nicht über die ganze Erde zerstreuen. 5 Da stieg der Herr
herab, um sich Stadt und Turm anzusehen, die die Menschenkinder bauten. 6 Er sprach: Seht
nur, ein Volk sind sie, und eine Sprache haben sie alle. Und das ist erst der Anfang ihres Tuns. Jetzt
wird ihnen nichts mehr unerreichbar sein, was sie sich auch vornehmen. 7 Auf, steigen wir
hinab, und verwirren wir dort ihre Sprache, so daß keiner mehr die Sprache des anderen versteht.
8 Der Herr zerstreute sie von dort aus über die ganze Erde, und sie hörten auf, an der Stadt zu
bauen. 9 Darum nannte man die Stadt Babel (Wirrsal), denn dort hat der Herr die Sprache aller
Welt verwirrt, und von dort aus hat er die Menschen über die ganze Erde zerstreut.

Genesis 11, 1–9

Der Turmbau zu Babel

1 Von Ägypten zog Abram in den Negeb hinauf, er und seine Frau mit allem, was ihm gehörte,
und mit ihm auch Lot. 2 Abram hatte einen sehr ansehnlichen Besitz an Vieh, Silber und Gold.
3 Er wanderte von einem Lagerplatz zum andern weiter, vom Negeb bis nach Bet-El, bis zu dem
Ort, an dem anfangs sein Zelt gestanden hatte, zwischen Bet-El und Ai, 4 dem Ort, wo er
früher den Altar erbaut hatte. Dort rief Abram den Namen des Herrn an. 5 Auch Lot, der mit
Abram gezogen war, besaß Schafe und Ziegen, Rinder und Zelte. 6 Das Land war aber zu klein,
als daß sich beide nebeneinander hätten ansiedeln können; denn ihr Besitz war zu groß, und so
konnten sie sich nicht miteinander niederlassen. 7 Zwischen den Hirten Abrams und den
Hirten Lots kam es zum Streit; auch siedelten damals noch die Kanaaniter und die Perisiter im
Land. 8 Da sagte Abram zu Lot: Zwischen mir und dir, zwischen meinen und deinen Hirten
soll es keinen Streit geben; wir sind doch Brüder. 9 Liegt nicht das ganze Land vor dir? Trenn
dich also von mir! Wenn du nach links willst, gehe ich nach rechts; wenn du nach rechts willst,
gehe ich nach links. 10 Lot blickte auf und sah, daß die ganze Jordangegend bewässert war.
Bevor der Herr Sodom und Gomorra vernichtete, war sie bis Zoar hin wie der Garten des Herrn,
wie das Land Ägypten. 11 Da wählte sich Lot die ganze Jordangegend aus. Lot brach nach
Osten auf, und sie trennten sich voneinander. 12 Abram ließ sich in Kanaan nieder, während
Lot sich in den Städten jener Gegend niederließ und seine Zelte bis Sodom hin aufschlug.

Genesis 13, 1–12

Abraham zieht nach Kanaan

1 Der Herr erschien Abraham bei den Eichen von Mamre. Abraham saß zur Zeit der Mittagshitze
am Zelteingang. 2 Er blickte auf und sah vor sich drei Männer stehen. Als er sie sah, lief er
ihnen vom Zelteingang aus entgegen, warf sich zur Erde nieder 3 und sagte: Mein Herr, wenn
ich dein Wohlwollen gefunden habe, geh doch an deinem Knecht nicht vorbei! 4 Man wird
etwas Wasser holen; dann könnt ihr euch die Füße waschen und euch unter dem Baum ausruhen.
5 Ich will einen Bissen Brot holen, und ihr könnt dann nach einer kleinen Stärkung weitergehen;
denn deshalb seid ihr doch bei eurem Knecht vorbeigekommen. Sie erwiderten: Tu, wie du gesagt
hast. 6 Da lief Abraham eiligst ins Zelt zu Sara und rief: Schnell drei Sea feines Mehl! Rühr es
an, und backe Brotfladen! 7 Er lief weiter zum Vieh, nahm ein zartes, prächtiges Kalb und über-
gab es dem Jungknecht, der es schnell zubereitete. 8 Dann nahm Abraham Butter, Milch und
das Kalb, das er hatte zubereiten lassen, und setzte es ihnen vor. Er wartete ihnen unter dem Baum
auf, während sie aßen. 9 Sie fragten ihn: Wo ist deine Frau Sara? Dort im Zelt, sagte er. 10 Da
sprach der Herr: In einem Jahr komme ich wieder zu dir, dann wird deine Frau Sara einen Sohn
haben. Sara hörte am Zelteingang hinter seinem Rücken zu. 11 Abraham und Sara waren
schon alt; sie waren in die Jahre gekommen. Sara erging es längst nicht mehr, wie es Frauen zu
ergehen pflegt.

Genesis 18, 1–11

Die drei Engel bei Abraham

12 Die Männer sagten dann zu Lot: Hast du hier noch einen Schwiegersohn, Söhne, Töchter oder
sonst jemand in der Stadt? Bring sie weg von diesem Ort! 13 Wir wollen nämlich diesen Ort
vernichten; denn schwer ist die Klage, die über die Leute zum Herrn gedrungen ist. Der Herr hat
uns geschickt, die Stadt zu vernichten. 14 Da ging Lot hinaus, redete auf seine Schwiegersöhne
ein, die seine Töchter heiraten wollten, und sagte: Macht euch auf, und verlaßt diesen Ort; denn
der Herr will die Stadt vernichten. Aber seine Schwiegersöhne meinten, er mache nur Spaß.
15 Als die Morgenröte aufstieg, drängten die Engel Lot zur Eile: Auf, nimm deine Frau und deine
beiden Töchter, die hier sind, damit du nicht wegen der Schuld der Stadt hinweggerafft wirst.
16 Da er noch zögerte, faßten die Männer ihn, seine Frau und seine beiden Töchter an der Hand,
weil der Herr mit ihm Mitleid hatte, führten ihn hinaus und ließen ihn erst draußen vor der Stadt
los. 17 Während er sie hinaus ins Freie führte, sagte er: Bring dich in Sicherheit, es geht um dein
Leben. Sieh dich nicht um, und bleib in der ganzen Gegend nicht stehen! Rette dich ins Gebirge,
sonst wirst du auch weggerafft. 18 Lot aber sagte zu ihnen: Nein, mein Herr, 19 dein Knecht
hat doch dein Wohlwollen gefunden. Du hast mir große Gunst erwiesen und mich am Leben
gelassen. Ich kann aber nicht ins Gebirge fliehen, sonst läßt mich das Unglück nicht mehr los, und
ich muß sterben. 20 Da, die Stadt in der Nähe, dorthin könnte man fliehen. Sie ist doch klein;
dorthin will ich mich retten. Ist sie nicht klein? So könnte ich am Leben bleiben. 21 Er ant-
wortete ihm: Gut, auch das will ich dir gewähren und die Stadt, von der du sprichst, nicht zer-
stören. 22 Schnell flieh dorthin; denn ich kann nichts unternehmen, bevor du dort ange-
kommen bist. Deshalb nannte er die Stadt Zoar (Kleine). 23 Als die Sonne über dem Land auf-
gegangen und Lot in Zoar angekommen war, 24 ließ der Herr auf Sodom und Gomorra
Schwefel und Feuer regnen, vom Herrn, vom Himmel herab. 25 Er vernichtete von Grund auf
jene Städte und die ganze Gegend, auch alle Einwohner der Städte und alles, was auf den Feldern
wuchs. 26 Als Lots Frau zurückblickte, wurde sie zu einer Salzsäule.

Lots Errettung

1 Der Herr nahm sich Saras an, wie er gesagt hatte, und er tat Sara so, wie er versprochen hatte.
2 Sara wurde schwanger und gebar dem Abraham noch in seinem Alter einen Sohn zu der Zeit,
die Gott angegeben hatte. 3 Abraham nannte den Sohn, den ihm Sara gebar, Isaak. 4 Als
sein Sohn Isaak acht Tage alt war, beschnitt ihn Abraham, wie Gott ihm befohlen hatte.
5 Abraham war hundert Jahre alt, als sein Sohn Isaak zur Welt kam. 6 Sara aber sagte: Gott ließ
mich lachen; jeder, der davon hört, wird mit mir lachen. 7 Wer, sagte sie, hätte Abraham zu
sagen gewagt, Sara werde noch Kinder stillen? Und nun habe ich ihm noch in seinem Alter einen
Sohn geboren. 8 Das Kind wuchs heran und wurde entwöhnt. Als Isaak entwöhnt wurde,
veranstaltete Abraham ein großes Festmahl. 9 Eines Tages beobachtete Sara, wie der Sohn, den
die Ägypterin Hagar Abraham geboren hatte, umhertollte. 10 Da sagte sie zu Abraham: Ver-
stoß diese Magd und ihren Sohn! Denn der Sohn dieser Magd soll nicht zusammen mit meinem
Sohn Isaak Erbe sein. 11 Dieses Wort verdroß Abraham sehr, denn es ging doch um seinen
Sohn. 12 Gott sprach aber zu Abraham: Sei wegen des Knaben und deiner Magd nicht ver-
drossen! Hör auf alles, was dir Sara sagt! Denn nach Isaak sollen deine Nachkommen benannt
werden. 13 Aber auch den Sohn der Magd will ich zu einem großen Volk machen, weil auch er
dein Nachkomme ist. 14 Am Morgen stand Abraham auf, nahm Brot und einen Schlauch mit
Wasser, übergab beides Hagar, legte es ihr auf die Schulter, übergab ihr das Kind und entließ sie.
Sie zog fort und irrte in der Wüste von Beerscheba umher.

Genesis 21, 1–14

Die Vertreibung Ismaels und seiner Mutter

15 Als das Wasser im Schlauch zu Ende war, warf sie das Kind unter einen Strauch, 16 ging weg
und setzte sich in der Nähe hin, etwa einen Bogenschuß weit entfernt; denn sie sagte: Ich kann
nicht mit ansehen, wie das Kind stirbt. Sie saß in der Nähe und weinte laut. 17 Gott hörte den
Knaben schreien; da rief der Engel Gottes vom Himmel her Hagar zu und sprach: Was hast du,
Hagar? Fürchte dich nicht, Gott hat den Knaben dort schreien gehört, wo er liegt. 18 Steh auf,
nimm den Knaben, und halt ihn fest an deiner Hand; denn zu einem großen Volk will ich ihn
machen. 19 Gott öffnete ihr die Augen, und sie erblickte einen Brunnen. Sie ging hin, füllte
den Schlauch mit Wasser und gab dem Knaben zu trinken. 20 Gott war mit dem Knaben. Er
wuchs heran, ließ sich in der Wüste nieder und wurde ein Bogenschütze. 21 Er ließ sich in der
Wüste Paran nieder, und seine Mutter nahm ihm eine Frau aus Ägypten.

Genesis 21, 15–21

Hagar und Ismael in der Wüste

1 Nach diesen Ereignissen stellte Gott Abraham auf die Probe. Er sprach zu ihm: Abraham! Er
antwortete: Hier bin ich. 2 Gott sprach: Nimm deinen Sohn, deinen einzigen, den du liebst,
Isaak, geh in das Land Morija, und bring ihn dort auf einem der Berge, den ich dir nenne, als
Brandopfer dar. 3 Frühmorgens stand Abraham auf, sattelte seinen Esel, holte seine beiden
Jungknechte und seinen Sohn Isaak, spaltete Holz zum Opfer und machte sich auf den Weg zu
dem Ort, den ihm Gott genannt hatte. 4 Als Abraham am dritten Tag aufblickte, sah er den
Ort von weitem. 5 Da sagte Abraham zu seinen Jungknechten: Bleibt mit dem Esel hier! Ich
will mit dem Knaben hingehen und anbeten; dann kommen wir zu euch zurück. 6 Abraham
nahm das Holz für das Brandopfer und lud es seinem Sohn Isaak auf. Er selbst nahm das Feuer
und das Messer in die Hand. So gingen beide miteinander. 7 Nach einer Weile sagte Isaak zu
seinem Vater Abraham: Vater! Er antwortete: Ja, mein Sohn! Dann sagte Isaak: Hier ist Feuer und
Holz. Wo aber ist das Lamm für das Brandopfer? 8 Abraham entgegnete: Gott wird sich das
Opferlamm aussuchen, mein Sohn. Und beide gingen miteinander weiter. 9 Als sie an den Ort
kamen, den ihm Gott genannt hatte, baute Abraham den Altar, schichtete das Holz auf, fesselte
seinen Sohn Isaak und legte ihn auf den Altar, oben auf das Holz. 10 Schon streckte Abraham
seine Hand aus und nahm das Messer, um seinen Sohn zu schlachten. 11 Da rief ihm der Engel
des Herrn vom Himmel her zu: Abraham, Abraham! Er antwortete: Hier bin ich. 12 Jener
sprach: Streck deine Hand nicht gegen den Knaben aus, und tu ihm nichts zuleide! Denn jetzt
weiß ich, daß du Gott fürchtest; du hast mir deinen einzigen Sohn nicht vorenthalten.

Genesis 22, 1–12

Die Opferung Isaaks

1 Die Lebenszeit Saras betrug hundertsiebenundzwanzig Jahre; so lange lebte Sara. 2 Sie starb
in Kirjat-Arba, das jetzt Hebron heißt, in Kanaan. Abraham kam, um die Totenklage über sie zu
halten und sie zu beweinen. 3 Danach stand Abraham auf, ging von seiner Toten weg und
redete mit den Hetitern. Er sagte: 4 Fremder und Halbbürger bin ich unter euch. Gebt mir ein
Grab bei euch als Eigentum, damit ich meine Tote hinausbringen und begraben kann. 5 Die
Hetiter antworteten Abraham: 6 Hör uns an, Herr! Du bist ein Gottesfürst in unserer Mitte. In
der vornehmsten unserer Grabstätten darfst du deine Tote begraben. Keiner von uns wird dir
seine Grabstätte versagen und deiner Toten das Begräbnis verweigern. 7 Abraham aber stand
auf, verneigte sich tief vor den Bürgern des Landes, den Hetitern, 8 verhandelte mit ihnen und
sagte: Wenn ihr damit einverstanden seid, daß ich meine Tote hinausbringe und begrabe, dann
hört mich an, und setzt euch für mich ein bei Efron, dem Sohn Zohars! 9 Er soll mir die Höhle
von Machpela überlassen, die ihm gehört, am Rand seines Grundstücks. Zum vollen Geldwert
soll er sie mir überlassen als eigene Grabstätte mitten unter euch. 14 Efron antwortete Abra-
ham: 15 Herr, hör mich an! Land im Wert von vierhundert Silberstücken, was bedeutet das
schon unter uns? Begrab nur deine Tote! 16 Abraham hörte auf Efron und wog ihm den Geld-
betrag ab, den er in Gegenwart der Hetiter genannt hatte, vierhundert Silberstücke zum üblichen
Handelswert. 17 So ging das Grundstück Efrons in Machpela bei Mamre, das Feld mit der
Höhle darauf und mit allen Bäumen auf dem Grundstück in seiner ganzen Ausdehnung ringsum,
18 in den Besitz Abrahams über, in Gegenwart der Hetiter, aller, die zum Tor seiner Stadt Zutritt
hatten. 19 Dann begrub Abraham seine Frau Sara in der Höhle des Grundstücks von Mach-
pela bei Mamre, das jetzt Hebron heißt, in Kanaan. 20 Das Grundstück samt der Höhle darauf
war also von den Hetitern als Grabstätte in den Besitz Abrahams übergegangen.

Genesis 23, 1–9 und 14–20

Saras Begräbnis

10 Der Knecht nahm zehn von den Kamelen seines Herrn und machte sich mit allerlei kostbaren
Sachen aus dem Besitz seines Herrn auf die Reise. Er brach auf und zog nach Mesopotamien in
die Stadt Nahors. 11 Vor der Stadt ließ er die Kamele am Brunnen lagern. Es war gegen Abend,
um die Zeit, da die Frauen herauskommen, um Wasser zu schöpfen. 12 Er sagte: Herr, Gott
meines Herrn Abraham, laß mich heute Glück haben, und zeig meinem Herrn Abraham deine
Huld! 13 Da stehe ich an der Quelle, und die Töchter der Stadtbewohner werden heraus-
kommen, um Wasser zu schöpfen. 14 Das Mädchen, zu dem ich dann sage: Reich mir doch
deinen Krug zum Trinken!, und das antwortet: Trink nur, auch deine Kamele will ich tränken!, sie
soll es sein, die du für deinen Knecht Isaak bestimmt hast. Daran will ich erkennen, daß du
meinem Herrn Huld erweist. 15 Kaum hatte er aufgehört zu sprechen, da kam auch schon aus
der Stadt Rebekka mit dem Krug auf der Schulter. Sie war dem Betuël geboren worden, dem Sohn
der Milka, die die Frau Nahors, des Bruders Abrahams, war. 16 Das Mädchen war sehr schön,
und sie war ledig; noch kein Mann hatte sie erkannt. Sie stieg zur Quelle hinab, füllte ihren Krug
und kam wieder herauf. 17 Da ging der Knecht schnell auf sie zu und sagte: Laß mich ein wenig
Wasser aus deinem Krug trinken! 18 Trink nur, mein Herr!, antwortete sie, ließ geschwind den
Krug auf ihre Hand herab und gab ihm zu trinken. 19 Nachdem sie ihm zu trinken gegeben
hatte, sagte sie: Auch für deine Kamele will ich schöpfen, bis sie sich satt getrunken haben.
20 Flink leerte sie ihren Krug an der Tränke und lief noch einmal an den Brunnen zum Schöpfen.
So schöpfte sie für alle Kamele.

Genesis 24, 10–20

Rebekka am Brunnen

54 Er und die Männer seiner Begleitung aßen und tranken und gingen dann schlafen. Als sie am
Morgen aufstanden, sagte der Knecht: Entlaßt mich jetzt zu meinem Herrn! 55 Der Bruder
Rebekkas und ihre Mutter antworteten: Das Mädchen soll noch eine Zeitlang bei uns bleiben,
etwa zehn Tage, dann mag sie sich auf die Reise begeben. 56 Haltet mich nicht auf, antwortete
er ihnen, der Herr hat meine Reise gelingen lassen. Laßt mich also zu meinem Herrn zurück-
kehren! 57 Sie entgegneten: Wir wollen das Mädchen rufen und es selbst fragen. 58 Sie
riefen Rebekka und fragten sie: Willst du mit diesem Mann reisen? Ja, antwortete sie. 59 Da
ließen sie ihre Schwester Rebekka und ihre Amme mit dem Knecht Abrahams und seinen Leuten
ziehen. 60 Sie segneten Rebekka und sagten zu ihr: Du, unsere Schwester, / werde Mutter von
tausendmal Zehntausend! / Deine Nachkommen sollen besetzen / das Tor ihrer Feinde.
61 Rebekka brach mit ihren Mägden auf. Sie bestiegen die Kamele und folgten dem Mann. Der
Knecht nahm Rebekka mit und trat die Rückreise an. 62 Isaak war in die Gegend des Brunnens
von Lahai-Roï gekommen und hatte sich im Negeb niedergelassen. 63 Eines Tages ging Isaak
gegen Abend hinaus, um sich auf dem Feld zu beschäftigen. Als er aufblickte, sah er: Kamele
kamen daher. 64 Auch Rebekka blickte auf und sah Isaak. Sie ließ sich vom Kamel herunter
65 und fragte den Knecht: Wer ist der Mann dort, der uns auf dem Feld entgegenkommt? Der
Knecht erwiderte: Das ist mein Herr. Da nahm sie den Schleier und verhüllte sich. 66 Der
Knecht erzählte Isaak alles, was er ausgerichtet hatte. 67 Isaak führte Rebekka in das Zelt seiner
Mutter Sara. Er nahm sie zu sich, und sie wurde seine Frau. Isaak gewann sie lieb und tröstete sich
so über den Verlust seiner Mutter.

Isaak empfängt Rebekka

19 Jakob entgegnete seinem Vater: Ich bin Esau, dein Erstgeborener. Ich habe getan, wie du mir
gesagt hast. Setz dich auf, iß von meinem Wildbret, und dann segne mich! 20 Da sagte Isaak zu
seinem Sohn: Wie hast du nur so schnell etwas finden können, mein Sohn? Er antwortete: Der
Herr, dein Gott, hat es mir entgegenlaufen lassen. 21 Da sagte Isaak zu Jakob: Komm näher
heran! Ich will dich betasten, mein Sohn, ob du wirklich mein Sohn Esau bist oder nicht.
22 Jakob trat zu seinem Vater Isaak hin. Isaak betastete ihn und sagte: Die Stimme ist zwar Jakobs
Stimme, die Hände aber sind Esaus Hände. 23 Er erkannte ihn nicht, denn Jakobs Hände
waren behaart wie die seines Bruders Esau, und so segnete er ihn. 24 Er fragte: Bist du es, mein
Sohn Esau? Ja, entgegnete er. 25 Da sagte Isaak: Bring es mir! Ich will von dem Wildbret meines
Sohnes essen und dich dann segnen. Jakob brachte es ihm, und Isaak aß. Dann reichte er ihm
auch Wein, und Isaak trank. 26 Nun sagte sein Vater Isaak zu ihm: Komm näher, und küß
mich, mein Sohn! 27 Er trat näher und küßte ihn. Isaak roch den Duft seiner Kleider, er segnete
ihn und sagte: Ja, mein Sohn duftet wie das Feld. / das der Herr gesegnet hat. 28 Gott gebe dir
vom Tau des Himmels, / vom Fett der Erde, viel Korn und Most. 29 Dienen sollen dir die
Völker, / Stämme sich vor dir niederwerfen, / Herr sollst du über deine Brüder sein. / Die Söhne
deiner Mutter sollen dir huldigen. / Verflucht, wer dich verflucht. / Gesegnet, wer dich segnet.

Genesis 27, 19–29

Isaak segnet Jakob

6 Esau sah, daß Isaak Jakob segnete und nach Paddan-Aram schickte, damit er sich von dort eine
Frau holt. Als er ihn segnete, trug er ihm auf: Nimm dir keine Kanaaniterin zur Frau! 7 Jakob
hörte auf seinen Vater und seine Mutter und begab sich auf den Weg nach Paddan-Aram.
8 Als Esau merkte, daß die Kanaaniterinnen seinem Vater Isaak nicht gefielen, 9 ging er zu
Ismael und nahm zu seinen Frauen noch Mahalat als Frau hinzu, die Schwester Nebajots, die
Tochter Ismaels, des Sohnes Abrahams. 10 Jakob zog aus Beerscheba weg und ging nach
Haran. 11 Er kam an einen bestimmten Ort, wo er übernachtete, denn die Sonne war unter-
gegangen. Er nahm einen von den Steinen dieses Ortes, legte ihn unter seinen Kopf und schlief
dort ein. 12 Da hatte er einen Traum: Er sah eine Treppe, die auf der Erde stand und bis zum
Himmel reichte. Auf ihr stiegen Engel Gottes auf und nieder. 13 Und siehe, der Herr stand
oben und sprach: Ich bin der Herr, der Gott deines Vaters Abraham und der Gott Isaaks. Das
Land, auf dem du liegst, will ich dir und deinen Nachkommen geben. 14 Deine Nachkommen
werden zahlreich sein wie der Staub auf der Erde. Du wirst dich unaufhaltsam ausbreiten nach
Westen und Osten, nach Norden und Süden, und durch dich und deine Nachkommen werden
alle Geschlechter der Erde Segen erlangen. 15 Ich bin mit dir, ich behüte dich, wohin du auch
gehst, und bringe dich zurück in dieses Land. Denn ich verlasse dich nicht, bis ich vollbringe, was
ich dir versprochen habe. 16 Jakob erwachte aus seinem Schlaf und sagte: Wirklich, der Herr ist
an diesem Ort, und ich wußte es nicht.

Genesis 28, 6–16

Jakobs Traum

4 Jakob fragte die Leute dort: Meine Brüder, woher seid ihr? Aus Haran, antworteten sie. 5 Da
sagte er zu ihnen: Kennt ihr Laban, den Sohn Nahors? Ja, wir kennen ihn, antworteten sie.
6 Weiter fragte er sie: Geht es ihm gut? Sie entgegneten: Ja, es geht ihm gut. Aber da kommt gerade
seine Tochter Rahel mit der Herde. 7 Da sagte er: Es ist noch mitten am Tag und nicht die Zeit,
das Vieh zusammenzutreiben. Tränkt doch die Tiere, dann geht, und weidet weiter! 8 Da
sagten sie: Das können wir nicht, bevor nicht alle Herden sich eingefunden haben. Erst dann kann
man den Stein von der Brunnenöffnung wegschieben und die Tiere tränken. 9 Während er
sich noch mit ihnen unterhielt, war Rahel mit der Herde, die ihrem Vater gehörte, eingetroffen;
denn sie war Hirtin. 10 Als Jakob Rahel, die Tochter Labans, des Bruders seiner Mutter, und
dessen Herde sah, trat er hinzu, schob den Stein von der Brunnenöffnung und tränkte das Vieh
Labans, des Bruders seiner Mutter! 11 Dann küßte er Rahel und begann laut zu weinen.
12 Jakob sagte zu Rahel, daß er ein Bruder ihres Vaters und der Sohn Rebekkas sei. Da lief sie weg
und erzählte es ihrem Vater. 13 Als Laban von Jakob, dem Sohn seiner Schwester, hörte, lief er
ihm entgegen; er umarmte und küßte ihn und führte ihn in sein Haus. Jakob erzählte Laban die
ganze Geschichte. 14 Da erwiderte ihm Laban: Du bist wirklich mein Bein und mein Fleisch.
Als Jakob etwa einen Monat bei ihm geblieben war, 15 sagte Laban zu ihm: Sollst du mir
umsonst dienen, weil du mein Bruder bist? Sag mir, welchen Lohn du haben willst. 16 Laban
hatte zwei Töchter, die ältere hieß Lea, die jüngere Rahel. 17 Die Augen Leas waren matt, Rahel
aber war schön von Gestalt und hatte ein schönes Gesicht. 18 Jakob hatte Rahel lieb, und so
sagte er: Ich will dir um die jüngere Tochter Rahel sieben Jahre dienen. 19 Laban entgegnete: Es
ist besser, ich gebe sie dir als einem anderen. Bleib bei mir!

Genesis 29, 4–19

Jakob bei Laban

1 Früh am Morgen stand Laban auf, küßte seine Söhne und Töchter und segnete sie. Dann
machte er sich auf den Weg und kehrte nach Hause zurück. 2 Auch Jakob zog seines Weges.
Da begegneten ihm Engel Gottes. 3 Als Jakob sie erblickte, sagte er: Das ist das Heerlager
Gottes. Dem Ort gab er darum den Namen Mahanajim (Doppellager). 4 Jakob sandte Boten
vor sich her zu seinem Bruder Esau nach Seïr, in das Gebiet von Edom. 5 Er trug ihnen auf: Ihr
sollt Esau, meinem Herrn, sagen: So sagt dein Knecht Jakob: Bei Laban habe ich mich aufgehalten
und bin bis jetzt ausgeblieben. 6 Ich habe Ochsen und Esel, Schafe und Ziegen, Knechte und
Mägde. Ich gebe nun meinem Herrn durch Boten Nachricht, um dein Wohlwollen zu finden.
7 Die Boten kehrten zu Jakob zurück und berichteten: Als wir zu deinem Bruder Esau kamen, war
auch er schon unterwegs zu dir. Vierhundert Mann hat er bei sich. 8 Jakob wurde angst und
bange. Er teilte seine Leute, die Schafe und Ziegen, die Rinder und Kamele auf zwei Lager auf
9 und sagte: Wenn Esau zu dem einen Lager kommt und es niedermacht, dann kann das andere
Lager entkommen. 10 Und Jakob sagte: Du Gott meines Vaters Abraham und Gott meines
Vaters Isaak, Herr, du hast mir gesagt: Kehr in deine Heimat und zu deiner Verwandtschaft
zurück; ich werde es dir gut gehen lassen. 11 Ich bin nicht wert all der Hulderweise und all der
Treue, die du deinem Knecht erwiesen hast. Denn nur mit einem Stab habe ich den Jordan dort
überschritten, und jetzt sind aus mir zwei Lager geworden. 12 Entreiß mich doch der Hand
meines Bruders, der Hand Esaus! Ich fürchte nämlich, er könnte kommen und mich erschlagen,
Mutter und Kinder. 13 Du hast doch gesagt: Ich will es dir gut gehen lassen und will deine
Nachkommen zahlreich machen wie den Sand am Meer, den niemand zählen kann vor Menge.
14 Er brachte dort jene Nacht zu. Dann stellte er von allem, was er gerade zur Hand hatte, ein
Geschenk für seinen Bruder Esau zusammen: 15 zweihundert Ziegen und zwanzig Böcke,
zweihundert Mutterschafe und zwanzig Widder, 16 dreißig säugende Kamele mit ihren Jun-
gen, vierzig Kühe und zehn Stiere, zwanzig Eselinnen und zehn Esel.

Genesis 32, 1–16

Jakobs Gebet

22 Die Herde, die er schenken wollte, zog ihm also voraus, er aber brachte jene Nacht im Lager zu.
23 In derselben Nacht stand er auf, nahm seine beiden Frauen, seine beiden Mägde sowie seine elf
Söhne und durchschritt die Furt des Jabbok. 24 Er nahm sie und ließ sie den Fluß überqueren.
Dann schaffte er alles hinüber, was ihm sonst noch gehörte. 25 Als nur noch er allein zurück-
geblieben war, rang mit ihm ein Mann, bis die Morgenröte aufstieg. 26 Als der Mann sah, daß
er ihm nicht beikommen konnte, schlug er ihn aufs Hüftgelenk. Jakobs Hüftgelenk renkte sich
aus, als er mit ihm rang. 27 Der Mann sagte: Laß mich los; denn die Morgenröte ist aufge-
stiegen. Jakob aber entgegnete: Ich lasse dich nicht los, wenn du mich nicht segnest. 28 Jener
fragte: Wie heißt du? Jakob, antwortete er. 29 Da sprach der Mann: Nicht mehr Jakob wird
man dich nennen, sondern Israel (Gottesstreiter); denn mit Gott und Menschen hast du gestritten
und hast gewonnen. 30 Nun fragte Jakob: Nenne mir doch deinen Namen! Jener entgegnete:
Was fragst du mich nach meinem Namen? Dann segnete er ihn dort. 31 Jakob gab dem Ort
den Namen Penuël (Gottesgesicht) und sagte: Ich habe Gott von Angesicht zu Angesicht gesehen
und bin doch mit dem Leben davongekommen.

Genesis 32, 22–31

Jakobs Kampf mit dem Engel

1 Jakob blickte auf und sah: Esau kam und mit ihm vierhundert Mann. Da verteilte er die Kinder
auf Lea und Rahel und auf die beiden Mägde. 2 Die Mägde und deren Kinder stellte er vorn
hin, dahinter Lea und ihre Kinder und zuletzt Rahel und Josef. 3 Er trat vor und warf sich
siebenmal zur Erde nieder, bis er vor seinem Bruder stand. 4 Esau lief ihm entgegen, umarmte
ihn und fiel ihm um den Hals; er küßte ihn, und sie weinten. 5 Dann blickte Esau auf und sah
die Frauen mit den Kindern. Er fragte: Wer sind die dort bei dir? Die Kinder, erwiderte er, die Gott
deinem Knecht aus Wohlwollen geschenkt hat. 6 Die Mägde und ihre Kinder kamen näher
und warfen sich nieder. 7 Dann kamen auch Lea und ihre Kinder und warfen sich nieder, und
zuletzt kamen Josef und Rahel und warfen sich nieder. 8 Da fragte Esau: Was willst du mit dem
ganzen Auftrieb dort, auf den ich gestoßen bin? Jakob erwiderte: Ich wollte das Wohlwollen
meines Herrn finden. 9 Darauf sagte Esau: Ich habe selber genug, Bruder. Behalte, was dir
gehört. 10 Nicht doch, entgegnete Jakob, wenn ich dein Wohlwollen gefunden habe, dann
nimm das Geschenk aus meiner Hand an! Denn dafür habe ich dein Angesicht gesehen, wie man
das Angesicht Gottes sieht, und du bist mir wohlwollend begegnet. 11 Nimm doch mein
Begrüßungsgeschenk an, das man dir überbracht hat. Denn Gott hat mir Wohlwollen erwiesen,
und ich habe alles, was ich brauche. Er drängte ihn, bis er annahm. 12 Darauf machte Esau den
Vorschlag: Brechen wir auf, und ziehen wir weiter. Ich will an deiner Seite ziehen. 13 Jakob
entgegnete ihm: Mein Herr weiß, daß die Kinder noch Schonung brauchen; auch habe ich für
säugende Schafe und Rinder zu sorgen. Überanstrengt man sie nur einen einzigen Tag, so geht das
ganze Vieh ein. 14 Mein Herr ziehe doch seinem Knecht voraus. Ich aber will mich dem
gemächlichen Gang der Viehherden vor mir und dem Schritt der Kinder anpassen, bis ich zu
meinem Herrn nach Seïr komme.

Genesis 33, 1–14

Jakobs Versöhnung mit Esau

1 Jakob ließ sich in dem Land nieder, in dem sich sein Vater als Fremder aufgehalten hatte, in
Kanaan. 2 Das ist die Geschlechterfolge nach Jakob: Als Josef siebzehn Jahre zählte, also noch
jung war, weidete er mit seinen Brüdern, den Söhnen Bilhas und Silpas, der Frauen seines Vaters,
die Schafe und Ziegen. Josef hinterbrachte ihrem Vater, was die Brüder Böses taten. 3 Israel
liebte Josef unter allen seinen Söhnen am meisten, weil er ihm noch in hohem Alter geboren
worden war. Er ließ ihm einen Ärmelrock machen. 4 Als seine Brüder sahen, daß ihr Vater ihn
mehr liebte als alle seine Brüder, haßten sie ihn und konnten mit ihm kein gutes Wort mehr
reden. 18 Sie sahen ihn von weitem. Bevor er jedoch nahe an sie herangekommen war, faßten
sie den Plan, ihn umzubringen. 19 Sie sagten zueinander: Dort kommt ja dieser Träumer.
20 Jetzt aber auf, erschlagen wir ihn, und werfen wir ihn in eine der Zisternen. Sagen wir, ein wildes
Tier habe ihn gefressen. Dann werden wir ja sehen, was aus seinen Träumen wird. 21 Ruben
hörte das und wollte ihn aus ihrer Hand retten. Er sagte: Begehen wir doch keinen Mord.
22 Und Ruben sagte zu ihnen: Vergießt kein Blut! Werft ihn in die Zisterne da in der Steppe, aber
legt nicht Hand an ihn! Er wollte ihn nämlich aus ihrer Hand retten und zu seinem Vater zurück-
bringen. 23 Als Josef bei seinen Brüdern angekommen war, zogen sie ihm sein Gewand aus,
den Ärmelrock, den er anhatte, 24 packten ihn und warfen ihn in die Zisterne. Die Zisterne war
leer; es war kein Wasser darin. 25 Als sie dann beim Essen saßen und aufblickten, sahen sie, daß
gerade eine Karawane von Ismaelitern aus Gilead kam. Ihre Kamele waren mit Tragakant, Mastix
und Ladanum beladen. Sie waren unterwegs nach Ägypten. 26 Da schlug Juda seinen Brüdern
vor: Was haben wir davon, wenn wir unseren Bruder erschlagen und sein Blut zudecken?
27 Kommt, verkaufen wir ihn den Ismaelitern. Wir wollen aber nicht Hand an ihn legen, denn er
ist doch unser Bruder und unser Verwandter. Seine Brüder waren einverstanden. 28 Midiani-
tische Kaufleute kamen vorbei. Da zogen sie Josef aus der Zisterne heraus und verkauften ihn für
zwanzig Silberstücke an die Ismaeliter. Diese brachten Josef nach Ägypten.

Genesis 37, 1–4 und 18–28

Josef wird von seinen Brüdern verkauft

17 Da sagte der Pharao zu Josef: In meinem Traum stand ich am Nilufer. 18 Aus dem Nil
stiegen sieben wohlgenährte, stattliche Kühe und weideten im Riedgras. 19 Nach ihnen stiegen
sieben andere Kühe herauf, elend, sehr häßlich und mager. Nie habe ich in ganz Ägypten so
häßliche Kühe gesehen. 20 Die mageren und häßlichen Kühe fraßen die sieben ersten, fetten
auf. 21 Sie verschwanden in ihrem Bauch, aber man merkte nicht, daß sie darin waren; sie
sahen genauso elend aus wie vorher. Dann wachte ich auf. 22 Weiter sah ich in meinem
Traum: Auf einem einzigen Halm gingen sieben volle, schöne Ähren auf. 23 Nach ihnen
wuchsen sieben taube, kümmerliche, vom Ostwind ausgedörrte Ähren. 24 Die kümmerlichen
Ähren verschlangen die sieben schönen Ähren. Ich habe das den Wahrsagern erzählt, aber keiner
konnte mir die Deutung sagen. 25 Darauf sagte Josef zum Pharao: Der Traum des Pharao ist
ein und derselbe. Gott sagt dem Pharao an, was er vorhat: 26 Die sieben schönen Kühe sind
sieben Jahre, und die sieben schönen Ähren sind sieben Jahre. Es ist ein und derselbe Traum.
27 Die sieben mageren und häßlichen Kühe, die nachher heraufkamen, sind sieben Jahre, und die
sieben leeren, vom Ostwind ausgedörrten Ähren sind sieben Jahre Hungersnot. 28 Das ist es,
was ich meinte, als ich zum Pharao sagte: Gott ließ den Pharao sehen, was er vorhat: 29 Sieben
Jahre kommen, da wird großer Überfluß in ganz Ägypten sein. 30 Nach ihnen aber werden
sieben Jahre Hungersnot heraufziehen: Da wird der ganze Überfluß in Ägypten vergessen sein,
und Hunger wird das Land auszehren. 31 Dann wird man nichts mehr vom Überfluß im Land
merken wegen des Hungers, der danach kommt; denn er wird sehr drückend sein. 32 Daß aber
der Pharao gleich zweimal träumte, bedeutet: Die Sache steht bei Gott fest, und Gott wird sie bald
ausführen. 33 Nun sehe sich der Pharao nach einem klugen, weisen Mann um und setze ihn
über Ägypten.

Genesis 41, 17–33

Josef deutet den Traum des Pharaos

1 Josef vermochte sich vor all den Leuten, die um ihn standen, nicht mehr zu halten und rief:
Schafft mir alle Leute hinaus! So stand niemand bei Josef, als er sich seinen Brüdern zu erkennen
gab. 2 Er begann so laut zu weinen, daß es die Ägypter hörten; auch am Hof des Pharao hörte
man davon. 3 Josef sagte zu seinen Brüdern: Ich bin Josef. Ist mein Vater noch am Leben?
Seine Brüder waren zu keiner Antwort fähig, weil sie fassungslos vor ihm standen. 4 Josef sagte
zu seinen Brüdern: Kommt doch näher zu mir her! Als sie näher herangetreten waren, sagte er: Ich
bin Josef, euer Bruder, den ihr nach Ägypten verkauft habt. 5 Jetzt aber laßt es euch nicht mehr
leid sein, und grämt euch nicht, weil ihr mich hierher verkauft habt. Denn um Leben zu erhalten,
hat mich Gott vor euch hergeschickt. 6 Ja, zwei Jahre sind es jetzt schon, daß der Hunger im
Land wütet. Und noch fünf Jahre stehen bevor, in denen man weder pflügen noch ernten wird.
7 Gott aber hat mich vor euch hergeschickt, um von euch im Land einen Rest zu erhalten und
viele von euch eine große Rettungstat erleben zu lassen. 8 Also nicht ihr habt mich hierher
geschickt, sondern Gott. Er hat mich zum Vater für den Pharao gemacht, zum Herrn für sein
ganzes Haus und zum Gebieter über ganz Ägypten. 9 Zieht eiligst zu meinem Vater hinauf,
und meldet ihm: So hat dein Sohn Josef gesagt: Gott hat mich zum Herrn für ganz Ägypten
gemacht. Komm herunter zu mir, laß dich nicht aufhalten!

Genesis 45, 1–9

Josef gibt sich seinen Brüdern zu erkennen

25 Sie zogen also von Ägypten hinauf und kamen nach Kanaan zu ihrem Vater Jakob. 26 Sie
berichteten ihm: Josef ist noch am Leben. Er ist sogar Herr über ganz Ägypten. Jakobs Herz aber
blieb unbewegt; denn er glaubte ihnen nicht. 27 Als sie ihm aber alles erzählten, was Josef zu
ihnen gesagt hatte, und als er die Wagen sah, die Josef geschickt hatte, um ihn zu holen, lebte der
Geist Jakobs, ihres Vaters, wieder auf, 28 und Israel sagte: Genug! Mein Sohn Josef lebt noch.
Ich will hingehen und ihn sehen, bevor ich sterbe. 1 Israel brach auf mit allem, was ihm
gehörte. Er kam nach Beerscheba und brachte dem Gott seines Vaters Isaak Schlachtopfer dar.
2 Da sprach Gott in seiner nächtlichen Vision zu Israel: Jakob! Jakob! Hier bin ich!, antwortete er.
3 Gott sprach: Ich bin Gott, der Gott deines Vaters. Fürchte dich nicht, nach Ägypten hinab-
zuziehen; denn zu einem großen Volk mache ich dich dort. 4 Ich selbst ziehe mit dir hinunter
nach Ägypten, und ich führe dich auch selbst wieder herauf. Josef wird dir die Augen zudrücken.
5 Jakob brach von Beerscheba auf. Die Söhne Israels hoben ihren Vater Jakob, ihre Kinder und
ihre Frauen auf die Wagen, die der Pharao geschickt hatte, um ihn zu holen. 6 Sie nahmen ihr
Vieh und ihre Habe, die sie in Kanaan erworben hatten, und gelangten nach Ägypten, Jakob und
mit ihm alle seine Nachkommen. 7 Seine Söhne und Enkel, seine Töchter und Enkelinnen,
alle seine Nachkommen brachte er mit nach Ägypten.

Genesis 45, 25–28 und 46, 1–7

Jakob zieht nach Ägypten

8 In Ägypten kam ein neuer König an die Macht, der Josef nicht gekannt hatte. 9 Er sagte zu
seinem Volk: Seht nur, das Volk der Israeliten ist größer und stärker als wir. 10 Gebt acht! Wir
müssen überlegen, was wir gegen sie tun können, damit sie sich nicht weiter vermehren. Wenn ein
Krieg ausbricht, können sie sich unseren Feinden anschließen, gegen uns kämpfen und sich des
Landes bemächtigen. 11 Da setzte man Fronvögte über sie ein, um sie durch schwere Arbeit
unter Druck zu setzen. Sie mußten für den Pharao die Städte Pitom und Ramses als Vorratslager
bauen. 12 Je mehr man sie aber unter Druck hielt, um so stärker vermehrten sie sich und breite-
ten sie sich aus, so daß die Ägypter vor ihnen das Grauen packte. 13 Daher gingen sie hart
gegen die Israeliten vor und machten sie zu Sklaven. 14 Sie machten ihnen das Leben schwer
durch harte Arbeit mit Lehm und Ziegeln und durch alle möglichen Arbeiten auf den Feldern. So
wurden die Israeliten zu harter Sklavenarbeit gezwungen. 15 Zu den hebräischen Hebammen
– die eine hieß Schifra, die andere Pua – sagte der König von Ägypten: 16 Wenn ihr den
Hebräerinnen Geburtshilfe leistet, dann achtet auf das Geschlecht! Ist es ein Knabe, so laßt ihn
sterben! Ist es ein Mädchen, dann kann es am Leben bleiben. 17 Die Hebammen aber
fürchteten Gott und taten nicht, was ihnen der König von Ägypten gesagt hatte, sondern ließen
die Kinder am Leben. 18 Da rief der König von Ägypten die Hebammen zu sich und sagte zu
ihnen: Warum tut ihr das und laßt die Kinder am Leben? 19 Die Hebammen antworteten dem
Pharao: Bei den hebräischen Frauen ist es nicht wie bei den Ägypterinnen, sondern wie bei den
Tieren: Wenn die Hebamme zu ihnen kommt, haben sie schon geboren. 20 Gott verhalf den
Hebammen zu Glück; das Volk aber vermehrte sich weiter und wurde sehr stark. 21 Weil die
Hebammen Gott fürchteten, schenkte er ihnen Kindersegen. 22 Daher gab der Pharao seinem
ganzen Volk den Befehl: Alle Knaben, die den Hebräern geboren werden, werft in den Nil! Die
Mädchen dürft ihr alle am Leben lassen. 1 Ein Mann aus einer levitischen Familie ging hin und
nahm eine Frau aus dem gleichen Stamm. 2 Sie wurde schwanger und gebar einen Sohn. Weil
sie sah, daß es ein schönes Kind war, verbarg sie es drei Monate lang. 3 Als sie es nicht mehr
verborgen halten konnte, nahm sie ein Binsenkästchen, dichtete es mit Pech und Teer ab, legte
den Knaben hinein und setzte ihn am Nilufer im Schilf aus.

Exodus 1, 8–22 und 2, 1–3

Moses auf dem Nil

4 Seine Schwester blieb in der Nähe stehen, um zu sehen, was mit ihm geschehen würde. 5 Die
Tochter des Pharao kam herab, um im Nil zu baden. Ihre Dienerinnen gingen unterdessen am
Nilufer auf und ab. Auf einmal sah sie im Schilf das Kästchen und ließ es durch ihre Magd holen.
6 Als sie es öffnete und hineinsah, lag ein weinendes Kind darin. Sie bekam Mitleid mit ihm, und
sie sagte: Das ist ein Hebräerkind. 7 Da sagte seine Schwester zur Tochter des Pharao: Soll ich
zu den Hebräerinnen gehen und dir eine Amme rufen, damit sie dir das Kind stillt? 8 Die
Tochter des Pharao antwortete ihr: Ja, geh! Das Mädchen ging und rief die Mutter des Knaben
herbei. 9 Die Tochter des Pharao sagte zu ihr: Nimm das Kind mit, und still es mir! Ich werde
dich dafür entlohnen. Die Frau nahm das Kind zu sich und stillte es.

Exodus 2, 4–9

Moses' wunderbare Errettung

1 Der Herr sprach zu Mose: Hiermit mache ich dich für den Pharao zum Gott; dein Bruder Aaron
soll dein Prophet sein. 2 Du sollst alles sagen, was ich dir auftrage; dein Bruder Aaron soll es
dem Pharao sagen, und der Pharao muß die Israeliten aus seinem Land fortziehen lassen. 3 Ich
aber will das Herz des Pharao verhärten, und dann werde ich meine Zeichen und Wunder in
Ägypten häufen. 4 Der Pharao wird nicht auf euch hören. Deshalb werde ich meine Hand auf
Ägypten legen und unter gewaltigem Strafgericht meine Scharen, mein Volk, die Israeliten, aus
Ägypten führen. 5 Erst wenn ich meine Hand gegen die Ägypter ausstrecke, werden sie
erkennen, daß ich der Herr bin, und dann werde ich die Israeliten aus ihrer Mitte heraus-
führen. 6 Mose und Aaron taten, was ihnen der Herr aufgetragen hatte. So machten sie es.
7 Mose war achtzig Jahre und Aaron dreiundachtzig Jahre alt, als sie mit dem Pharao ver-
handelten. 8 Der Herr sprach zu Mose und Aaron: 9 Wenn der Pharao zu euch sagt: Tut
doch ein Wunder zu eurer Beglaubigung!, dann sag zu Aaron: Nimm deinen Stab, und wirf ihn
vor den Pharao hin! Er wird zu einer Schlange werden. 10 Als Mose und Aaron zum Pharao
kamen, taten sie, was ihnen der Herr aufgetragen hatte: Aaron warf seinen Stab vor den Pharao
und seine Diener hin, und er wurde zu einer Schlange. 11 Da rief auch der Pharao Weise und
Beschwörungspriester, und sie, die Wahrsager der Ägypter, taten mit Hilfe ihrer Zauberkunst das
gleiche: 12 Jeder warf seinen Stab hin, und die Stäbe wurden zu Schlangen. Doch Aarons Stab
verschlang die Stäbe der Wahrsager. 13 Das Herz des Pharao aber blieb hart, und er hörte nicht
auf sie. So hatte es der Herr vorausgesagt.

Exodus 7, 1–13

Moses vor dem Pharao

1 Wieder sprach der Herr zu Mose: Geh zum Pharao, und sag zu ihm: So spricht Jahwe, der Gott
der Hebräer: Laß mein Volk ziehen, damit sie mich verehren können. 2 Wenn du dich
weigerst, sie ziehen zu lassen, und sie immer noch festhältst, 3 wird die Hand Jahwes dein Vieh
auf dem Feld, die Pferde und Esel, die Kamele und Rinder, die Schafe und Ziegen, überfallen und
über sie eine sehr schwere Seuche bringen. 4 Aber Jahwe wird einen Unterschied zwischen dem
Vieh Israels und dem Vieh der Ägypter machen; nichts von dem, was den Israeliten gehört, wird
eingehen. 5 Auch den Zeitpunkt hat Jahwe schon festgesetzt: Morgen wird Jahwe das im
Lande tun. 6 Am folgenden Tag tat es der Herr. Alles Vieh der Ägypter ging ein, vom Vieh der
Israeliten aber ging kein einziges Stück ein. 7 Der Pharao erkundigte sich, und wirklich: Vom
Vieh Israels war kein einziges Stück eingegangen. Doch der Pharao verschloß sein Herz und ließ
das Volk nicht ziehen.

Exodus 9, 1–7

Die Pest

21 Da sprach der Herr zu Mose: Streck deine Hand zum Himmel aus; dann wird eine Finsternis
über Ägypten kommen, und es wird stockdunkel werden. 22 Mose streckte seine Hand zum
Himmel aus, und schon breitete sich tiefe Finsternis über ganz Ägypten aus, drei Tage lang.
23 Man konnte einander nicht sehen und sich nicht von der Stelle rühren, drei Tage lang. Wo
aber die Israeliten wohnten, blieb es hell. 24 Da ließ der Pharao Mose rufen und sagte: Geht
und verehrt Jahwe! Nur eure Schafe, Ziegen und Rinder sollen bleiben. Eure Kinder dürfen mit-
ziehen. 25 Mose erwiderte: Selbst wenn du uns Schlacht- und Brandopfer mitgäbest, damit wir
sie Jahwe, unserem Gott, darbringen, 26 müßten unsere Herden doch mitgehen, keine Klaue
darf zurückbleiben. Denn aus unseren Herden nehmen wir das Opfer, mit dem wir Jahwe,
unseren Gott, verehren; aber mit welchem Opfertier wir Jahwe verehren sollen, wissen wir nicht,
ehe wir dort angekommen sind. 27 Der Herr verhärtete das Herz des Pharao, so daß er sie nicht
ziehen lassen wollte. 28 Der Pharao sagte zu Mose: Weg von mir! Hüte dich, mir jemals wieder
unter die Augen zu treten. Denn an dem Tag, an dem du mir unter die Augen trittst, mußt du
sterben. 29 Da sagte Mose: Gut, dein Wort soll gelten. Ich werde dir nie mehr unter die Augen
treten.

Exodus 10, 21–29

Die Finsternis

21 Da rief Mose alle Ältesten Israels zusammen und sagte zu ihnen: Holt Schafe oder Ziegen für
eure Sippenverbände herbei, und schlachtet das Paschalamm! 22 Dann nehmt einen Ysop-
zweig, taucht ihn in die Schüssel mit Blut, und streicht etwas von dem Blut in der Schüssel auf den
Türsturz und auf die beiden Türpfosten! Bis zum Morgen darf niemand von euch das Haus ver-
lassen. 23 Der Herr geht umher, um die Ägypter mit Unheil zu schlagen. Wenn er das Blut am
Türsturz und an den beiden Türpfosten sieht, wird er an der Tür vorübergehen und dem Ver-
nichter nicht erlauben, in eure Häuser einzudringen und euch zu schlagen. 24 Haltet euch an
diese Anordnung! Sie gelte dir und deinen Nachkommen als feste Regel. 25 Wenn ihr in das
Land kommt, das euch der Herr gibt, wie er gesagt hat, so begeht diese Feier! 26 Und wenn
euch eure Söhne fragen: Was bedeutet diese Feier?, 27 dann sagt: Es ist das Pascha-Opfer zur
Ehre des Herrn, der in Ägypten an den Häusern der Israeliten vorüberging, als er die Ägypter mit
Unheil schlug, unsere Häuser aber verschonte. Das Volk verneigte sich und warf sich nieder.
28 Dann gingen die Israeliten und taten, was der Herr Mose und Aaron befohlen hatte. So
machten sie es. 29 Es war Mitternacht, als der Herr alle Erstgeborenen in Ägypten erschlug,
vom Erstgeborenen des Pharao, der auf dem Thron saß, bis zum Erstgeborenen des Gefangenen
im Kerker, und jede Erstgeburt beim Vieh.

Exodus 12, 21–29

Die Tötung der Erstgeborenen

30 Da standen der Pharao, alle seine Diener und alle Ägypter noch in der Nacht auf, und großes
Wehgeschrei erhob sich bei den Ägyptern; denn es gab kein Haus, in dem nicht ein Toter war.
31 Der Pharao ließ Mose und Aaron noch in der Nacht rufen und sagte: Auf, verlaßt mein Volk,
ihr beide und die Israeliten! Geht und verehrt Jahwe, wie ihr gesagt habt. 32 Auch eure Schafe,
Ziegen und Rinder nehmt mit, wie ihr gesagt habt. Geht und betet auch für mich! 33 Die
Ägypter drängten das Volk, eiligst das Land zu verlassen, denn sie sagten: Sonst kommen wir
noch alle um. 34 Das Volk nahm den Brotteig ungesäuert mit; sie wickelten ihre Backschüsseln
in Kleider ein und luden sie sich auf die Schultern. 35 Die Israeliten taten, was Mose gesagt
hatte. Sie erbaten von den Ägyptern Geräte aus Silber und Gold und auch Gewänder. 36 Der
Herr ließ das Volk bei den Ägyptern Gunst finden, so daß sie auf ihre Bitte eingingen. Auf diese
Weise plünderten sie die Ägypter aus. 37 Die Israeliten brachen von Ramses nach Sukkot auf.
Es waren an die sechshunderttausend Mann zu Fuß, nicht gerechnet die Kinder.

Exodus 12, 30–37

Der Pharao fordert Moses auf, Ägypten zu verlassen

21 Mose streckte seine Hand über das Meer aus, und der Herr trieb die ganze Nacht das Meer
durch einen starken Ostwind fort. Er ließ das Meer austrocknen, und das Wasser spaltete sich.
22 Die Israeliten zogen auf trockenem Boden ins Meer hinein, während rechts und links von
ihnen das Wasser wie eine Mauer stand. 23 Die Ägypter setzten ihnen nach; alle Pferde des
Pharao, seine Streitwagen und Reiter zogen hinter ihnen ins Meer hinein. 24 Um die Zeit der
Morgenwache blickte der Herr aus der Feuer- und Wolkensäule auf das Lager der Ägypter und
brachte es in Verwirrung. 25 Er hemmte die Räder an ihren Wagen und ließ sie nur schwer
vorankommen. Da sagte der Ägypter: Ich muß vor Israel fliehen; denn Jahwe kämpft auf ihrer
Seite gegen Ägypten. 26 Darauf sprach der Herr zu Mose: Streck deine Hand über das Meer,
damit das Wasser zurückflutet und den Ägypter, seine Wagen und Reiter zudeckt. 27 Mose
streckte seine Hand über das Meer, und gegen Morgen flutete das Meer an seinen alten Platz
zurück, während die Ägypter auf der Flucht ihm entgegenliefen. So trieb der Herr die Ägypter
mitten ins Meer. 28 Das Wasser kehrte zurück und bedeckte Wagen und Reiter, die ganze
Streitmacht des Pharao, die den Israeliten ins Meer nachgezogen war. Nicht ein einziger von
ihnen blieb übrig. 29 Die Israeliten aber waren auf trockenem Boden mitten durch das Meer
gezogen, während rechts und links von ihnen das Wasser wie eine Mauer stand. 30 So rettete
der Herr an jenem Tag Israel aus der Hand der Ägypter. Israel sah die Ägypter tot am Strand
liegen. 31 Als Israel sah, daß der Herr mit mächtiger Hand an den Ägyptern gehandelt hatte,
fürchtete das Volk den Herrn. Sie glaubten an den Herrn und an Mose, seinen Knecht.

Exodus 14, 21–31

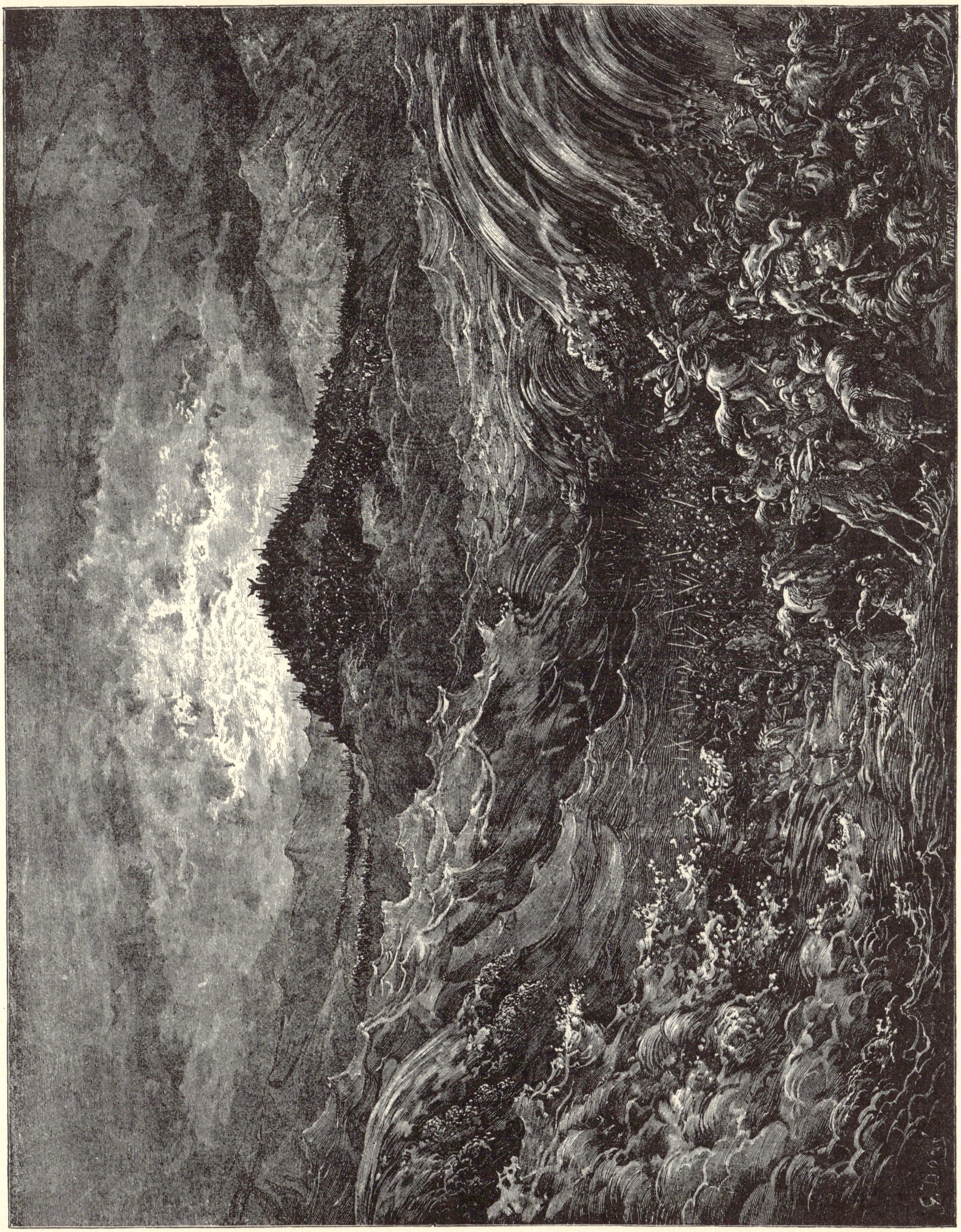

Des Pharaos Untergang im Roten Meer

7 Mose ging und rief die Ältesten des Volkes zusammen. Er legte ihnen alles vor, was der Herr ihm
aufgetragen hatte. 8 Das ganze Volk antwortete einstimmig und erklärte: Alles, was der Herr
gesagt hat, wollen wir tun. Mose überbrachte dem Herrn die Antwort des Volkes. 9 Der Herr
sprach zu Mose: Ich werde zu dir in einer dichten Wolke kommen; das Volk soll es hören, wenn
ich mit dir rede, damit sie auch an dich immer glauben. Da berichtete Mose dem Herrn, was das
Volk gesagt hatte. 10 Der Herr sprach zu Mose: Geh zum Volk! Ordne an, daß sie sich heute
und morgen heilig halten und ihre Kleider waschen. 11 Sie sollen sich für den dritten Tag
bereithalten. Am dritten Tag nämlich wird der Herr vor den Augen des ganzen Volkes auf den
Berg Sinai herabsteigen. 12 Zieh um das Volk eine Grenze, und sag: Hütet euch, auf den Berg
zu steigen oder auch nur seinen Fuß zu berühren. Jeder, der den Berg berührt, wird mit dem Tod
bestraft. 13 Keine Hand soll den Berg berühren. Wer es aber tut, soll gesteinigt oder mit Pfeilen
erschossen werden; ob Tier oder Mensch, niemand darf am Leben bleiben. Erst wenn das Horn
ertönt, dürfen sie auf den Berg steigen. 14 Mose stieg vom Berg zum Volk hinunter und
ordnete an, das Volk solle sich heilig halten und seine Kleider waschen. 15 Er sagte zum Volk:
Haltet euch für den dritten Tag bereit! Berührt keine Frau! 16 Am dritten Tag, im Morgen-
grauen, begann es zu donnern und zu blitzen. Schwere Wolken lagen über dem Berg, und ge-
waltiger Hörnerschall erklang. Das ganze Volk im Lager begann zu zittern. 17 Mose führte es
aus dem Lager hinaus Gott entgegen. Unten am Berg blieben sie stehen. 18 Der ganze Sinai war
in Rauch gehüllt, denn der Herr war im Feuer auf ihn herabgestiegen. Der Rauch stieg vom Berg
auf wie Rauch aus einem Schmelzofen. Der ganze Berg bebte gewaltig.

Exodus 19, 7–18

Der dritte Tag am Sinai

19 Und der Hörnerschall wurde immer lauter. Mose redete, und Gott antwortete im Donner.
20 Der Herr war auf den Sinai, auf den Gipfel des Berges, herabgestiegen. Er hatte Mose zu sich
auf den Gipfel des Berges gerufen, und Mose war hinaufgestiegen. 21 Da sprach der Herr zu
Mose: Geh hinunter, und schärf dem Volk ein, sie sollen nicht neugierig sein und nicht versuchen,
zum Herrn vorzudringen; sonst müßten viele von ihnen umkommen. 22 Auch die Priester,
die sich dem Herrn nähern, müssen sich geheiligt haben, damit der Herr in ihre Reihen keine
Bresche reißt. 23 Mose entgegnete dem Herrn: Das Volk kann nicht auf den Sinai steigen.
Denn du selbst hast uns eingeschärft: Zieh eine Grenze um den Berg, und erklär ihn für heilig!
24 Doch der Herr sprach zu ihm: Geh hinunter, und komm zusammen mit Aaron wieder
herauf! Die Priester aber und das Volk sollen nicht versuchen, hinaufzusteigen und zum Herrn
vorzudringen, sonst reißt er in ihre Reihen eine Bresche. 25 Da ging Mose zum Volk hinunter
und sagte es ihnen.

Exodus 19, 19–25

Moses steigt vom Sinai

1 Der Herr sprach zu Mose: 2 Schick einige Männer aus, die das Land Kanaan erkunden, das
ich den Israeliten geben will. Aus jedem Väterstamm sollt ihr einen Mann aussenden, und zwar
jeweils einen der führenden Männer. 3 Da schickte Mose von der Wüste Paran die Männer aus,
wie es der Herr befohlen hatte. Sie alle waren führende Männer unter den Israeliten, 4 und das
sind ihre Namen: aus dem Stamm Ruben Schamua, der Sohn Sakkurs; 5 aus dem Stamm
Simeon Schafat, der Sohn Horis; 6 aus dem Stamm Juda Kaleb, der Sohn Jefunnes; 7 aus
dem Stamm Issachar Jigal, der Sohn Josefs; 8 aus dem Stamm Efraim Hoschea, der Sohn Nuns;
9 aus dem Stamm Benjamin Palti, der Sohn Rafus; 10 aus dem Stamm Sebulon Gadiël, der
Sohn Sodis; 11 aus dem Josefstamm Manasse Gadi, der Sohn Susis; 12 aus dem Stamm Dan
Ammiël, der Sohn Gemallis; 13 aus dem Stamm Ascher Setur, der Sohn Michaels; 14 aus
dem Stamm Naftali Nachbi, der Sohn Wofsis; 15 aus dem Stamm Gad Gëuël, der Sohn
Machis. 16 Das waren die Namen der Männer, die Mose zur Erkundigung des Landes aus-
sandte. Hoschea aber, den Sohn Nuns, nannte Mose Josua. 17 Als Mose sie ausschickte, um
Kanaan erkunden zu lassen, sagte er zu ihnen: Zieht von hier durch den Negeb, und steigt hinauf
ins Gebirge! 18 Seht, wie das Land beschaffen ist und ob das Volk, das darin wohnt, stark oder
schwach ist, ob es klein oder groß ist; 19 seht, wie das Land beschaffen ist, in dem das Volk
wohnt, ob es gut ist oder schlecht, und wie die Städte angelegt sind, in denen es wohnt, ob sie offen
oder befestigt sind 20 und ob das Land fett oder mager ist, ob es dort Bäume gibt oder nicht.
Habt Mut, und bringt Früchte des Landes mit! Es war gerade die Zeit der ersten Trauben. 21 Da
zogen die Männer hinauf und erkundeten das Land von der Wüste Zin bis Rehob bei Lebo-
Hamat. 22 Sie durchzogen zuerst den Negeb und kamen bis Hebron. Dort lebten Ahiman,
Scheschai und Talmai, Söhne des Anak. Hebron war sieben Jahre vor der Stadt Zoan, die in
Ägypten liegt, erbaut worden. 23 Von dort kamen sie in das Traubental. Dort schnitten sie eine
Rebe mit einer Weintraube ab und trugen sie zu zweit auf einer Stange, dazu auch einige Granat-
äpfel und Feigen. 24 Den Ort nannte man später Traubental wegen der Traube, die die Israe-
liten dort abgeschnitten hatten. 25 Vierzig Tage, nachdem man sie zur Erkundung des Landes
ausgeschickt hatte, machten sie sich auf den Rückweg. 26 Sie kamen zu Mose und Aaron und
zu der ganzen Gemeinde der Israeliten in die Wüste Paran nach Kadesch. Sie berichteten ihnen
und der ganzen Gemeinde und zeigten ihnen die Früchte des Landes. 27 Sie erzählten Mose:
Wir kamen in das Land, in das du uns geschickt hast: Es ist wirklich ein Land, in dem Milch und
Honig fließen; das hier sind seine Früchte.

Numeri 13, 1–27

Die Kundschafter kehren aus Kanaan zurück

20 Der Herr sprach zu Mose und Aaron: 21 Sondert euch von dieser Gemeinde ab! Ich will ihr
auf einen Schlag ein Ende bereiten. 22 Da warfen sie sich auf ihr Gesicht nieder und sagten:
Gott, du Gott der Geister, die alle Menschen beleben, ein einzelner Mensch sündigt, und du willst
der ganzen Gemeinde zürnen? 23 Der Herr antwortete Mose: 24 Sag der Gemeinde:
Entfernt euch aus der Nähe der Zelte Korachs, Datans und Abirams! 25 Da stand Mose auf
und ging zu Datan und Abiram, und die Ältesten Israels folgten ihm. 26 Dann sagte er zur
Gemeinde: Geht aus der Nähe der Zelte dieser niederträchtigen Leute weg, und rührt nichts von
dem an, was ihnen gehört, sonst werdet auch ihr wegen aller ihrer Sünden hingerafft. 27 Da
entfernten sie sich aus der Nähe der Zelte Korachs, Datans und Abirams. Datan und Abiram
waren herausgekommen und standen am Eingang ihrer Zelte, zusammen mit ihren Frauen,
Söhnen und kleinen Kindern. 28 Dann sagte Mose: Daran sollt ihr erkennen, daß der Herr
mich gesandt hat, damit ich alle diese Taten vollbringe, und daß ich nicht aus eigenem Antrieb
gehandelt habe: 29 Wenn diese Leute sterben, wie jeder Mensch stirbt, und wenn sie nur so wie
jeder andere Mensch Rechenschaft ablegen müssen, dann hat der Herr mich nicht gesandt.
30 Wenn aber der Herr etwas ganz Ungewöhnliches tut, wenn die Erde ihren Rachen aufreißt
und sie verschlingt zusammen mit allem, was ihnen gehört, wenn sie also lebend in die Unterwelt
hinabstürzen, dann werdet ihr erkennen, daß diese Leute den Herrn beleidigt haben. 31 Kaum
hatte er das gesagt, da spaltete sich der Boden unter ihnen, 32 die Erde öffnete ihren Rachen
und verschlang sie samt ihrem Haus, mit allen Menschen, die zu Korach gehörten, und mit ihrem
ganzen Besitz.

Numeri 16, 20–32

Die Bestrafung Korachs

1 Im ersten Monat kam die ganze Gemeinde der Israeliten in die Wüste Zin, und das Volk ließ
sich in Kadesch nieder. Dort starb Mirjam und wurde auch dort begraben. 2 Da die Gemeinde
kein Wasser hatte, rotteten sich gegen Mose und Aaron zusammen. 3 Das Volk geriet mit
Mose in Streit; sie sagten: Wären wir doch umgekommen wie unsere Brüder, die vor den Augen
des Herrn gestorben sind. 4 Warum habt ihr das Volk des Herrn in diese Wüste geführt? Nur
damit wir hier zusammen mit unserem Vieh sterben? 5 Wozu habt ihr uns aus Ägypten hier-
her geführt? Nur um uns an diesen elenden Ort zu bringen, eine Gegend ohne Korn und Feigen,
ohne Wein und Granatäpfel? Nicht einmal Trinkwasser gibt es. 6 Mose und Aaron verließen
die Versammlung, gingen zum Eingang des Offenbarungszeltes und warfen sich auf ihr Gesicht
nieder. Da erschien ihnen die Herrlichkeit des Herrn. 7 Der Herr sprach zu Mose: 8 Nimm
deinen Stab; dann versammelt die Gemeinde, du und dein Bruder Aaron, und sagt vor ihren
Augen zu dem Felsen, er solle sein Wasser fließen lassen. Auf diese Weise wirst du für sie Wasser
aus dem Felsen fließen lassen und ihnen und ihrem Vieh zu trinken geben. 9 Mose holte den
Stab von seinem Platz vor dem Herrn, wie der Herr ihm befohlen hatte. 10 Mose und Aaron
riefen die Versammlung vor dem Felsen zusammen, und Mose sagte zu ihnen: Hört, ihr
Meuterer, können wir euch wohl aus diesem Felsen Wasser fließen lassen? 11 Dann hob er
seine Hand hoch und schlug mit seinem Stab zweimal auf den Felsen. Da kam Wasser heraus, viel
Wasser, und die Gemeinde und ihr Vieh konnten trinken.

Numeri 20, 1–11

Das Wasser aus dem Felsen

1 Als der kanaanitische König von Arad, der im Negeb saß, hörte, daß Israel auf dem Weg von
Atarim heranzog, griff er die Israeliten an und machte einige Gefangene. 2 Da gelobte Israel
dem Herrn: Wenn du mir dieses Volk in meine Gewalt gibst, dann weihe ich ihre Städte dem
Untergang. 3 Der Herr hörte auf Israel und gab die Kanaaniter in seine Gewalt. Israel weihte sie
und ihre Städte dem Untergang. Daher nannte man den Ort Horma (Untergangsweihe). 4 Die
Israeliten brachen vom Berg Hor auf und schlugen die Richtung zum Schilfmeer ein, um Edom
zu umgehen. Unterwegs aber verlor das Volk den Mut, 5 es lehnte sich gegen Gott und gegen
Mose auf und sagte: Warum habt ihr uns aus Ägypten heraufgeführt? Etwa damit wir in der
Wüste sterben? Es gibt weder Brot noch Wasser. Dieser elenden Nahrung sind wir überdrüssig.
6 Da schickte der Herr Giftschlangen unter das Volk. Sie bissen die Menschen, und viele Israeliten
starben. 7 Die Leute kamen zu Mose und sagten: Wir haben gesündigt, denn wir haben uns
gegen den Herrn und gegen dich aufgelehnt. Bete zum Herrn, daß er uns von den Schlangen
befreit. Da betete Mose für das Volk. 8 Der Herr antwortete Mose: Mach dir eine Schlange,
und häng sie an einer Fahnenstange auf! Jeder, der gebissen wird, wird am Leben bleiben, wenn er
sie ansieht. 9 Mose machte also eine Schlange aus Kupfer und hängte sie an einer Fahnenstange
auf. Wenn nun jemand von einer Schlange gebissen wurde und zu der Kupferschlange aufblickte,
blieb er am Leben.

Numeri 21, 1–9

Die kupferne Schlange

21 Am Morgen stand Bileam auf, sattelte seinen Esel und ging mit den Hofleuten aus Moab.
22 Aber Gott wurde zornig, weil Bileam mitging, und der Engel des Herrn trat Bileam in feind-
licher Absicht in den Weg, als Bileam, begleitet von zwei jungen Männern, auf seinem Esel dahin-
ritt. 23 Der Esel sah den Engel des Herrn auf dem Weg stehen, mit dem gezückten Schwert in
der Hand, und er verließ den Weg und wich ins Feld aus. Da schlug ihn Bileam, um ihn auf den
Weg zurückzubringen. 24 Darauf stellte sich der Engel des Herrn auf den engen Weg zwischen
den Weinbergen, der zu beiden Seiten Mauern hatte. 25 Als der Esel den Engel des Herrn sah,
drückte er sich an der Mauer entlang und drückte dabei das Bein Bileams gegen die Mauer. Da
schlug ihn Bileam wieder. 26 Der Engel des Herrn ging weiter und stellte sich an eine besonders
enge Stelle, wo es weder rechts noch links eine Möglichkeit gab auszuweichen. 27 Als der Esel
den Engel des Herrn sah, ging er unter Bileam in die Knie. Bileam aber wurde wütend und schlug
den Esel mit dem Stock. 28 Da öffnete der Herr dem Esel den Mund, und der Esel sagte zu
Bileam: Was habe ich dir getan, daß du mich jetzt schon zum drittenmal schlägst? 29 Bileam
erwiderte dem Esel: Weil du mich zum Narren hältst. Hätte ich ein Schwert dabei, dann hätte ich
dich schon umgebracht. 30 Der Esel antwortete Bileam: Bin ich nicht dein Esel, auf dem du seit
eh und je bis heute geritten bist? War es etwa je meine Gewohnheit, mich so gegen dich zu be-
nehmen? Da mußte Bileam zugeben: Nein. 31 Nun öffnete der Herr dem Bileam die Augen,
und er sah den Engel des Herrn auf dem Weg stehen, mit dem gezückten Schwert in der Hand. Da
verneigte sich Bileam und warf sich auf sein Gesicht nieder. 32 Der Engel des Herrn sagte zu
ihm: Warum hast du deinen Esel dreimal geschlagen? Ich bin dir feindlich in den Weg getreten,
weil mir der Weg, den du gehst, zu abschüssig ist. 33 Der Esel hat mich gesehen und ist mir
schon dreimal ausgewichen. Wäre er mir nicht ausgewichen, dann hätte ich dich vielleicht jetzt
schon umgebracht, ihn aber am Leben gelassen. 34 Bileam antwortete dem Engel des Herrn:
Ich habe gesündigt, aber nur, weil ich nicht wußte, daß du mir im Weg standest. Jetzt aber will ich
umkehren, wenn dir mein Vorhaben nicht recht ist. 35 Der Engel des Herrn antwortete
Bileam: Geh mit den Männern, aber rede nichts, außer was ich dir sage. Da ging Bileam mit den
Hofleuten Balaks. 36 Als Balak hörte, daß Bileam kam, ging er ihm entgegen bis zur Grenz-
stadt Moabs am Arnon, unmittelbar an der Grenze.

Numeri 22, 21–36

Bileam und sein Esel

9 Darauf sagte Josua zu den Israeliten: Kommt her, und hört die Worte des Herrn, eures Gottes!
10 Dann sagte Josua: Daran sollt ihr erkennen, daß ein lebendiger Gott mitten unter euch ist: Er
wird die Kanaaniter, die Hetiter, Hiwiter, Perisiter, Girgaschiter, Amoriter und Jebusiter vor euren
Augen vertreiben. 11 Seht, die Bundeslade des Herrn der ganzen Erde zieht vor euch her durch
den Jordan. 12 Wählt nun zwölf Männer aus den Stämmen Israels aus, aus jedem Stamm
einen! 13 Sobald die Füße der Priester, die die Lade des Herrn tragen, des Herrn der ganzen
Erde, im Wasser des Jordan stehen, wird das Wasser des Jordan, das von oben herabkommt, wie
abgeschnitten sein und wie ein Wall dastehen. 14 Als dann das Volk seine Zelte verließ und
aufbrach, um den Jordan zu überschreiten, gingen die Priester, die die Bundeslade trugen, an der
Spitze des Volkes. 15 Und als die Träger der Lade an den Jordan kamen und die Füße der
Priester, die die Lade trugen, das Wasser berührten – der Jordan war aber während der ganzen
Erntezeit über alle Ufer getreten –, 16 da blieben die Fluten des Jordan stehen. Das von oben
herabkommende Wasser stand wie ein Wall in weiter Entfernung, bei der Stadt Adam, die in der
Nähe von Zaretan liegt. Die zum Meer der Araba, zum Salzmeer, hinabfließenden Fluten da-
gegen liefen vollständig ab, und das Volk zog Jericho gegenüber durch den Jordan. 17 Die
Priester, die die Bundeslade des Herrn trugen, standen, während ganz Israel trockenen Fußes hin-
durchzog, fest und sicher mitten im Jordan auf trockenem Boden, bis das ganze Volk den Jordan
durchschritten hatte.

Josua 3, 9–17

Die Israeliten überschreiten den Jordan

10 Dem Volk aber befahl Josua: Erhebt kein Kriegsgeschrei, und laßt eure Stimmen nicht hören!
Kein Wort komme aus eurem Mund bis zu dem Tag, an dem ich zu euch sage: Erhebt das Kriegs-
geschrei! Dann sollt ihr losschreien. 11 Darauf ließ er die Lade des Herrn um die Stadt herum-
ziehen und sie einmal umkreisen. Dann kam man zum Lager zurück und übernachtete im Lager.
12 Früh am anderen Morgen brach Josua auf, und die Priester trugen die Lade des Herrn.
13 Sieben Priester trugen die sieben Widderhörner der Lade des Herrn voraus und bliesen ständig
die Hörner. Die bewaffneten Männer zogen vor ihnen her, und die Nachhut folgte der Lade des
Herrn. Man blies ständig die Hörner. 14 So zogen sie auch am zweiten Tag einmal um die Stadt
herum und kehrten wieder ins Lager zurück. Das machten sie sechs Tage lang. 15 Am siebten
Tag aber brachen sie beim Anbruch der Morgenröte auf und zogen, wie gewohnt, um die Stadt,
siebenmal; nur an diesem Tag zogen sie siebenmal um die Stadt. 16 Als die Priester beim
siebtenmal die Hörner bliesen, sagte Josua zum Volk: Erhebt das Kriegsgeschrei! Denn der Herr
hat die Stadt in eure Gewalt gegeben. 17 Die Stadt mit allem, was in ihr ist, soll zu Ehren des
Herrn dem Untergang geweiht sein. Nur die Dirne Rahab und alle, die bei ihr im Haus sind, sollen
am Leben bleiben, weil sie die Boten versteckt hat, die wir ausgeschickt hatten. 18 Hütet euch
aber davor, von dem, was dem Untergang geweiht ist, etwas zu begehren und wegzunehmen;
sonst weiht ihr das Lager Israels dem Untergang und stürzt es ins Unglück. 19 Alles Gold und
Silber und die Geräte aus Bronze und Eisen sollen dem Herrn geweiht sein und in den Schatz des
Herrn kommen. 20 Darauf erhob des Volk das Kriegsgeschrei, und die Widderhörner wurden
geblasen. Als das Volk den Hörnerschall hörte, brach es in lautes Kriegsgeschrei aus. Die Stadt-
mauer stürzte in sich zusammen, und das Volk stieg in die Stadt hinein, jeder an der nächstbesten
Stelle. So eroberten sie die Stadt. 21 Mit scharfem Schwert weihten sie alles, was in der Stadt
war, dem Untergang, Männer und Frauen, Kinder und Greise, Rinder, Schafe und Esel.

Josua 6, 10–21

Die Mauern von Jericho stürzen ein

22 Zu den beiden Männern, die das Land erkundet hatten, sagte Josua: Geht zu dem Haus der
Dirne, und holt von dort die Frau und alles, was ihr gehört, wie ihr es geschworen habt. 23 Da
gingen die jungen Männer, die Kundschafter, und holten Rahab, ihren Vater, ihre Mutter, ihre
Brüder und alles, was ihr gehörte; sie führten ihre ganze Verwandtschaft (aus der Stadt) heraus und
wiesen ihnen einen Platz außerhalb des Lagers Israels an. 24 Die Stadt aber und alles, was darin
war, brannte man nieder; nur das Silber und Gold und die Geräte aus Bronze und Eisen brachte
man in den Schatz im Haus des Herrn. 25 Die Dirne Rahab und die Familie ihres Vaters und
alles, was ihr gehörte, ließ Josua am Leben. So wohnt ihre Familie bis heute mitten in Israel; denn
Rahab hatte die Boten versteckt, die Josua ausgesandt hatte, um Jericho auskundschaften zu
lassen. 26 Damals schwor Josua: Verflucht beim Herrn sei der Mann, der es unternimmt, diese
Stadt Jericho wieder aufzubauen. Seinen Erstgeborenen soll es ihn kosten, wenn er sie neu
gründet, und seinen Jüngsten, wenn er ihre Tore wieder aufrichtet. 27 Der Herr war mit Josua,
und sein Ruhm verbreitete sich im ganzen Land.

Josua 6, 22–27

Josua verschont Rahab

19 Josua sagte zu Achan: Mein Sohn, gib dem Herrn, dem Gott Israels, die Ehre, und leg vor ihm
ein Geständnis ab! Sag mir offen, was du getan hast, und verheimliche mir nichts. 20 Achan
antwortete Josua: Es ist wahr, ich habe mich gegen den Herrn, den Gott Israels, versündigt. Das
und das habe ich getan: 21 Ich sah unter der Beute einen schönen Mantel aus Schinar, außer-
dem zweihundert Schekel Silber und einen Goldbarren, der fünfzig Schekel wog. Ich wollte es
haben und nahm es an mich. Es ist in meinem Zelt im Boden vergraben, das Silber an unterster
Stelle. 22 Josua schickte Boten, und sie liefen zum Zelt, und wirklich: die Sachen waren im Zelt
Achans vergraben, das Silber an unterster Stelle. 23 Sie holten alles aus dem Zelt heraus, brach-
ten es zu Josua und allen Israeliten und breiteten es vor dem Herrn aus. 24 Da nahm Josua
Achan, den Sohn Serachs, ebenso das Silber und den Mantel und den Goldbarren, seine Söhne
und Töchter, seine Rinder, Esel und Schafe, sein Zelt und seine ganze Habe. Er und ganz Israel
brachten alles ins Tal Achor. 25 Dann sagte Josua: Womit du uns ins Unglück gestürzt hast,
damit stürzt dich der Herr heute ins Unglück. Und ganz Israel steinigte Achan. [Sie verbrannten
sie im Feuer und steinigten sie.] 26 Man errichtete über ihm einen großen Steinhaufen, der bis
zum heutigen Tag zu sehen ist, und der Herr ließ ab von seinem glühenden Zorn. Deshalb nennt
man diesen Ort bis heute Achor-Tal (Unglückstal).

Josua 7, 19–26

Die Steinigung Achans

12 Dann nahm er etwa fünftausend Mann und legte sie westlich der Stadt, zwischen Bet-El und
Ai, in einen Hinterhalt. 13 So stellten sie das Volk auf: Das Lager war im Norden der Stadt und
der Hinterhalt westlich der Stadt. Josua aber verbrachte die Nacht unten im Tal. 14 Als das der
König von Ai sah, brach er mit den Männern der Stadt am Morgen in aller Eile auf und zog mit
seinem ganzen Volk zum (sogenannten) Versammlungsplatz vor der Steppe, um gegen Israel zu
kämpfen. Er wußte nicht, daß man ihm im Rücken der Stadt einen Hinterhalt gelegt hatte.
15 Josua und die Israeliten ließen sich von ihnen schlagen und flohen zur Wüste hin. 16 Nun
wurde das ganze Volk, das noch in der Stadt war, zu ihrer Verfolgung aufgeboten. Sie verfolgten
Josua und wurden so von der Stadt weggelockt. 17 Niemand blieb in Ai [und Bet-El] zurück;
alle rückten aus, ließen die Stadt ohne Schutz zurück und verfolgten die Israeliten. 18 Da sagte
der Herr zu Josua: Streck das Sichelschwert in deiner Hand gegen Ai aus; denn ich gebe es in deine
Gewalt. Josua streckte das Sichelschwert in seiner Hand gegen Ai aus. 19 Als er seine Hand aus-
streckte, brachen die Männer im Hinterhalt eiligst aus ihrer Stellung hervor, stürmten in die Stadt,
nahmen sie ein und steckten sie sogleich in Brand. 20 Als die Männer von Ai sich umwandten,
sahen sie plötzlich aus der Stadt Rauch zum Himmel aufsteigen. Aber sie konnten weder vor
noch zurück und hatten keine Möglichkeit zur Flucht. Denn das Volk, das zur Wüste hin ge-
flohen war, wandte sich nun gegen den Verfolger. 21 Als nämlich Josua und ganz Israel sahen,
daß aus der Stadt Rauch aufstieg, daß also die Männer aus dem Hinterhalt die Stadt einge-
nommen hatten, machten sie kehrt und schlugen die Männer von Ai.

Die Zerstörung der Stadt Ai

1 Adoni-Zedek, der König von Jerusalem, hörte, daß Josua Ai erobert und dem Untergang
geweiht hatte – wie er es mit Jericho und seinem König gemacht hatte, so hatte er es auch mit Ai
und seinem König gemacht – und daß die Einwohner von Gibeon mit den Israeliten Frieden
geschlossen hatten und weiterhin mitten unter ihnen leben durften. 2 Da bekam er große
Angst; denn die Stadt Gibeon war ebenso groß wie die Städte mit Königssitz; sie war größer als Ai,
und alle ihre Männer waren kampferprobte Krieger. 3 Darum sandte Adoni-Zedek, der König
von Jerusalem, Boten an Hoham, den König von Hebron, an Piram, den König von Jarmut, an
Jafia, den König von Lachisch, und an Debir, den König von Eglon, und ließ ihnen sagen:
4 Zieht herauf zu mir, und helft mir! Wir wollen Gibeon schlagen, weil es mit Josua und den
Israeliten Frieden geschlossen hat. 5 Da sammelten sich die fünf Könige der Amoriter und
zogen mit ihren ganzen Heeren hinauf: der König von Jerusalem, der König von Hebron, der
König von Jarmut, der König von Lachisch und der König von Eglon. Sie belagerten Gibeon und
eröffneten den Kampf gegen die Stadt. 6 Darauf sandten die Männer von Gibeon (Boten) zu
Josua ins Lager nach Gilgal und ließen ihm sagen: Laß deine Knechte nicht im Stich! Zieh schnell
herauf zu uns, rette uns, und komm uns zu Hilfe; denn alle Amoriterkönige, die das Bergland
bewohnen, haben sich gegen uns zusammengetan. 7 Da zog Josua mit dem ganzen Heer, mit
allen kampferprobten Männern, von Gilgal herauf. 8 Der Herr sagte zu Josua: Fürchte dich
nicht vor ihnen; denn ich gebe sie in deine Gewalt. Keiner von ihnen kann dir standhalten.
9 Nachdem Josua die ganze Nacht von Gilgal her auf dem Marsch gewesen war, stieß er plötzlich
auf sie. 10 Der Herr versetzte sie beim Anblick der Israeliten in Verwirrung, so daß Josua ihnen
bei Gibeon eine schwere Niederlage beibringen konnte. Er verfolgte sie in Richtung auf die Steige
von Bet-Horon und schlug sie bis nach Aseka und Makkeda zurück. 11 Als sie auf der Flucht
vor Israel an den Abhang von Bet-Horon kamen, warf der Herr große Steine auf sie vom Himmel
her, bis nach Aseka hin, so daß viele umkamen. Es kamen mehr durch die Hagelsteine um, als die
Israeliten mit dem Schwert töteten.

Josuas Sieg über die Amoriter

12 Damals, als der Herr die Amoriter den Israeliten preisgab, redete Josua mit dem Herrn; dann
sagte er in Gegenwart der Israeliten: Sonne, bleib stehen über Gibeon / und du, Mond, über dem
Tal von Ajalon! – 13 Und die Sonne blieb stehen, / und der Mond stand still, / bis das Volk an
seinen Feinden Rache genommen hatte. Das steht im «Buch des Aufrechten». Die Sonne blieb
also mitten am Himmel stehen, und ihr Untergang verzögerte sich, ungefähr einen ganzen Tag
lang. 14 Weder vorher noch nachher hat es je einen solchen Tag gegeben, an dem der Herr auf
die Stimme eines Menschen gehört hätte; der Herr kämpfte nämlich für Israel. 15 Danach
kehrte Josua und mit ihm ganz Israel in das Lager nach Gilgal zurück. 16 Die fünf Könige aber
waren geflohen und hatten sich in der Höhe bei Makkeda versteckt. 17 Da meldete man Josua:
Wir haben die fünf Könige gefunden; sie haben sich in der Höhle bei Makkeda versteckt.
18 Josua sagte: Wälzt große Steine vor den Eingang der Höhle, und stellt einige Männer davor,
um die Könige zu bewachen. 19 Ihr (anderen) aber bleibt nicht stehen, sondern verfolgt die
Feinde, und macht auch noch die Nachhut nieder! Laßt sie nicht bis zu ihren Städten gelangen;
denn der Herr, euer Gott, hat sie in eure Gewalt gegeben. 20 So brachten Josua und die Israe-
liten ihnen endgültig eine schwere Niederlage bei, die sie völlig vernichtete; nur einige Flüchtlinge
konnten entkommen und in die festen Städte gelangen.

Josua gebietet der Sonne stillzustehen

1 Der Engel des Herrn kam von Gilgal nach Bochim hinauf und sagte: Ich habe euch aus Ägypten
heraufgeführt und euch in das Land gebracht, das ich euren Vätern mit einem Eid zugesichert
hatte. Ich hatte gesagt: Ich werde meinen Bund mit euch niemals aufheben; 2 aber ihr dürft
keinen Bund mit den Bewohnern dieses Landes schließen, und ihre Altäre sollt ihr niederreißen.
Doch ihr habt auf meine Stimme nicht gehört. Warum habt ihr das getan? 3 Deshalb sage ich
euch jetzt: Ich werde sie nicht vor euren Augen vertreiben, sondern sie sollen euch Widerstand
leisten, und ihre Götter sollen euch zu Fall bringen. 4 Als der Engel des Herrn das zum Volk
gesagt hatte, brachen alle Israeliten in lautes Weinen aus. 5 Darum nannten sie jenen Ort
Bochim (Ort des Weinens). Und sie brachten dort dem Herrn Opfer dar. 6 Als Josua das Volk
ziehen ließ, machten sich die Israeliten auf den Weg, um das Land in Besitz zu nehmen; jeder
(ging) zu seinem Erbbesitz. 7 Und das Volk diente dem Herrn, solange Josua lebte und solange
die Ältesten am Leben waren, die Josua überlebten und all die großen Taten des Herrn gesehen
hatten, die er für Israel getan hatte.

Richter 2, 1–7

Die Erscheinung des Engels

15 Und der Herr brachte Sisera, alle seine Wagen und seine ganze Streitmacht [mit scharfem
Schwert] vor den Augen Baraks in große Verwirrung. Sisera sprang vom Wagen und floh zu Fuß.
16 Barak verfolgte die Wagen und das Heer bis nach Haroschet-Gojim. Das ganze Heer Siseras
fiel unter dem scharfen Schwert; nicht ein einziger Mann blieb übrig. 17 Sisera war zu Fuß zum
Zelt der Jaël, der Frau des Keniters Heber, geflohen; denn zwischen Jabin, dem König von Hazor,
und der Familie des Keniters Heber herrschte Frieden. 18 Jaël ging Sisera entgegen und sagte zu
ihm: Kehr ein, Herr, kehr ein bei mir, hab keine Angst! Da begab er sich zu ihr ins Zelt, und sie
deckte ihn mit einem Teppich zu. 19 Er sagte zu ihr: Gib mir doch etwas Wasser zu trinken, ich
habe Durst. Sie öffnete einen Schlauch mit Milch und gab ihm zu trinken; dann deckte sie ihn
wieder zu. 20 Er sagte zu ihr: Stell dich an den Zelteingang, und wenn einer kommt und dich
fragt: Ist jemand hier?, dann antworte: Nein. 21 Doch Jaël, die Frau Hebers, holte einen Zelt-
pflock, nahm einen Hammer in die Hand, ging leise zu Sisera hin und schlug ihm den Zeltpflock
durch die Schläfe, so daß er noch in den Boden drang. So fand Sisera, der vor Erschöpfung ein-
geschlafen war, den Tod. 22 Da erschien gerade Barak, der Sisera verfolgte. Jaël ging ihm ent-
gegen und sagte: Komm, ich zeige dir den Mann, den du suchst. Er ging mit ihr hinein; da sah er
Sisera tot am Boden liegen, mit dem Pflock in seiner Schläfe.

Richter 4, 15–22

Jaël und Sisera

1 Debora und Barak, der Sohn Abinoams, sangen an jenem Tag dieses Lied: 2 Daß Führer
Israel führten / und das Volk sich bereit zeigte, / dafür preist den Herrn! 3 Hört, ihr Könige,
horcht auf, ihr Fürsten! / Ich will dem Herrn zu Ehren singen, / ich will zu Ehren des Herrn, / des
Gottes Israels, spielen. 4 Herr, als du auszogst aus Seir, / als du vom Grünland Edoms heran-
schrittest, / da bebte die Erde, die Himmel ergossen sich, / ja, aus den Wolken ergoß sich das
Wasser. 5 Die Berge wankten vor dem Blick des Herrn [das ist der Sinai,] / vor dem Blick des
Herrn, des Gottes Israels. 6 In den Tagen Schamgars, des Sohnes des Anat, / in den Tagen Jaëls
lagen die Wege verlassen da; / wer unterwegs war, mußte Umwege machen. 7 Bewohner des
offenen Landes gab es nicht mehr, / es gab sie nicht mehr in Israel, / bis du dich erhobst, Debora, /
bis du dich erhobst, Mutter in Israel. 8 Man hatte sich neue Götter erwählt. / Es gab kein Brot
an den Toren. / Schild und Speer waren nicht mehr zu sehen / bei den Vierzigtausend in Israel.
9 Mein Herz gehört Israels Führern. / Ihr, die ihr bereit seid im Volk, / preist den Herrn! 10 Ihr,
die ihr auf weißen Eselinnen reitet, / die ihr auf Teppichen sitzt, / die ihr auf der Straße dahinzieht,
singt! 11 Horch, sie jubeln zwischen den Tränken; / dort besingt man die rettenden Taten des
Herrn, / seine hilfreiche Tat an den Bauern in Israel. / Damals zog das Volk des Herrn hinab zu
den Toren. 12 Auf, auf, Debora! Auf, auf, sing ein Lied! / Erheb dich, Barak, / führ deine
Gefangenen heim, / Sohn Abinoams! 13 Dann steige herab, / was übrig ist unter den Herr-
lichen des Volkes. / Der Herr steige herab / mit mir unter den Helden.

Richter 5, 1–13

Deboras Siegeslied

1 Am frühen Morgen brach Jerubbaal – das ist Gideon – mit allen Leuten, die er bei sich hatte, auf,
und sie errichteten bei der Harod-Quelle ihr Lager; das Lager Midians war nördlich davon beim
Hügel More in der Ebene. 2 Der Herr sagte zu Gideon: Die Leute, die du bei dir hast, sind zu
zahlreich, als daß ich Midian in deine Gewalt geben könnte. Sonst könnte sich Israel mir gegen-
über rühmen und sagen: Meine eigene Hand hat mich gerettet. 3 Ruf daher so laut, daß die
Leute es hören: Wer sich fürchtet und Angst hat, soll umkehren. Gideon musterte sie, und darauf
kehrten von den Leuten zweiundzwanzigtausend um, während zehntausend bei ihm blieben.
4 Doch der Herr sagte zu Gideon: Die Leute sind immer noch zu zahlreich. Führ sie hinab ans
Wasser; dort will ich sie für dich mustern. Von wem ich sagen werde: Er soll mit dir gehen!, der soll
mitgehen, und jeder, von dem ich zu dir sagen werde: Dieser soll nicht mit dir gehen!, der soll
nicht mitgehen. 5 Gideon führte die Leute zum Wasser hinab, und der Herr sagte zu ihm: Stell
alle, die das Wasser mit der Zunge auflecken, wie es ein Hund tut, auf einen besonderen Platz, und
ebenso alle, die sich zum Trinken hinknien. 6 Die Zahl derer, die das Wasser aufleckten, betrug
dreihundert Mann. Alle übrigen Leute aber knieten sich hin, um das Wasser zu trinken, indem sie
es mit der Hand um Mund führten. 7 Der Herr sagte zu Gideon: Durch die dreihundert Mann,
die (das Wasser) aufgeleckt haben, will ich euch retten; ich werde Midian in deine Gewalt geben.
Alle übrigen Leute sollen nach Hause gehen.

Gideons Wahl der Krieger

15 Als Gideon die Erzählung von dem Traum und seine Deutung hörte, warf er sich nieder und
betete. Dann kehrte er ins Lager Israels zurück und rief: Auf! Der Herr hat das Lager Midians in
eure Gewalt gegeben. 16 Gideon teilte die dreihundert Mann in drei Abteilungen und gab
allen Männern Widderhörner und leere Krüge in die Hand; in den Krügen waren Fackeln.
17 Er sagte zu ihnen: Seht auf mich, und macht alles ebenso wie ich! Paßt auf: Ich gehe nun an den
Rand des Lagers (der Midianiter), und das, was ich mache, müßt auch ihr machen. 18 Wenn ich
und alle, die bei mir sind, das Widderhorn blasen, dann müßt auch ihr rings um das ganze Lager
eure Hörner blasen und rufen: Für den Herrn und Gideon! 19 Gideon und die hundert Mann,
die bei ihm waren, gelangten zu Beginn der mittleren Nachtwache an den Rand des Lagers (der
Midianiter); man hatte gerade die Wachen aufgestellt. Sie bliesen das Widderhorn und zer-
schlugen die Krüge, die sie in der Hand hatten. 20 Nun bliesen auch die beiden anderen
Abteilungen ihre Hörner, zerschlugen die Krüge, ergriffen mit der linken Hand die Fackeln,
während sie in der rechten Hand die Widderhörner hielten, um zu blasen, und schrien: Das
Schwert für den Herrn und Gideon! 21 Dabei blieben sie rings um das Lager stehen, jeder an
dem Platz, wo er gerade war. Im Lager liefen alle durcheinander, schrien und flohen. 22 Als die
dreihundert Männer ihre Hörner bliesen, richtete der Herr im ganzen Lager das Schwert des einen
gegen den andern. Alle im Lager flohen bis nach Bet-Schitta, Zereda, Sefat-Abel-Mehola und
Tabbat. 23 Nun wurden die Israeliten aus Naftali, Ascher und ganz Manasse aufgeboten, um
die Midianiter zu verfolgen. 24 Außerdem schickte Gideon Boten im ganzen Bergland von
Efraim umher und ließ sagen: Zieht hinab gegen Midian, und nehmt ihm die Wasserstellen weg
bis nach Bet-Bara, und (besetzt) den Jordanübergang! So wurden alle Männer Efraims zusammen-
gerufen, und sie besetzten die Wasserstellen bis Bet-Bara und den Jordanübergang.

Richter 7, 15–24

Gideons Sieg über die Midianiter

1 Abimelech, der Sohn Jerubbaals, ging nach Sichem zu den Brüdern seiner Mutter und sagte zu
ihnen und zur ganzen Sippe der Familie seiner Mutter: 2 Redet doch allen Bürgern von
Sichem zu und sagt: Was ist besser für euch: wenn siebzig Männer über euch herrschen, alle
Söhne Jerubbaals, oder wenn nur ein Mann über euch herrscht? Denkt auch daran, daß ich euer
Fleisch und Bein bin. 3 Da redeten die Brüder seiner Mutter seinetwegen allen Bürgern
Sichems zu, und zwar genau mit seinen Worten, so daß sich ihr Herz Abimelech zuwandte. Denn
sie sagten sich: Er ist unser Bruder. 4 Sie gaben ihm siebzig Silberstücke aus dem Tempel des
«Baal des Bundes», und Abimelech warb damit Männer an, die nichts zu verlieren hatten und zu
allem fähig waren; sie wurden sein Gefolge. 5 Dann drang er in das Haus seines Vaters in Ofra
ein und brachte seine Brüder, die Söhne Jerubbaals, siebzig Mann, auf ein und demselben Stein
um. Nur Jotam, der jüngste Sohn Jerubbaals, blieb übrig, weil er sich versteckt hatte. 6 Da ver-
sammelten sich alle Bürger von Sichem und Bet-Millo, zogen zu der Eiche, die bei Sichem steht,
und machten Abimelech zum König.

Richter 9, 1–6

Die Ermordung der Kinder Jerubbaals

50 Dann zog Abimelech nach Tebez, belagerte die Stadt und nahm sie ein. 51 Mitten in der
Stadt aber war eine starke Burg. Dorthin flohen alle Männer und Frauen, alle Bürger der Stadt. Sie
schlossen hinter sich zu und stiegen auf das Dach der Burg. 52 Abimelech rückte an die Burg
heran und eröffnete den Kampf gegen sie. Als er sich dem Burgtor näherte, um es in Brand zu
stecken, 53 warf eine Frau Abimelech einen Mühlstein auf den Kopf und zerschmetterte ihm
den Schädel. 54 Da rief er seinen Waffenträger und sagte zu ihm: Schnell, zieh dein Schwert,
und töte mich! Man soll nicht von mir sagen: Eine Frau hat ihn umgebracht. Der junge Mann
durchbohrte ihn, und er starb. 55 Als die Israeliten sahen, daß Abimelech tot war, ging jeder
zurück in seinen Heimatort. 56 So ließ Gott das Verbrechen, das Abimelech an seinem Vater
begangen hatte, als er seine siebzig Brüder umbrachte, auf ihn selbst zurückfallen. 57 Auch auf
die Einwohner von Sichem ließ Gott alles Böse, das sie getan hatten, zurückfallen. So kam über sie
der Fluch Jotams, des Sohnes Jerubbaals.

Richter 9, 50–57

Der Tod Abimelechs

29 Da kam der Geist des Herrn über Jiftach, und Jiftach zog durch Gilead und Manasse nach
Mizpa in Gilead, und von Mizpa in Gilead zog er gegen die Ammoniter. 30 Jiftach legte dem
Herrn ein Gelübde ab und sagte: Wenn du die Ammoniter wirklich in meine Gewalt gibst
31 und wenn ich wohlbehalten von den Ammonitern zurückkehre, dann soll, was immer mir (als
erstes) aus der Tür meines Hauses entgegenkommt, dem Herrn gehören, und ich will es ihm als
Brandopfer darbringen. 32 Darauf zog Jiftach gegen die Ammoniter in den Kampf, und der
Herr gab sie in seine Gewalt. 33 Er schlug sie im ganzen Gebiet zwischen Aroër und Minnit bis
hin nach Abel-Keramim vernichtend (und nahm) zwanzig Städte (ein). So wurden die Ammo-
niter vor den Augen der Israeliten gedemütigt. 34 Als Jiftach nun nach Mizpa zu seinem Haus
zurückkehrte, da kam ihm seine Tochter entgegen; sie tanzte zur Pauke. Sie war sein einziges
Kind; er hatte weder einen Sohn noch eine andere Tochter. 35 Als er sie sah, zerriß er seine
Kleider und sagte: Weh, meine Tochter! Du machst mich niedergeschlagen und stürzt mich ins
Unglück. Ich habe dem Herrn mit eigenem Mund etwas versprochen und kann nun nicht mehr
zurück. 36 Sie erwiderte ihm: Mein Vater, wenn du dem Herrn mit eigenem Mund etwas ver-
sprochen hast, dann tu mit mir, was du versprochen hast, nachdem dir der Herr Rache an deinen
Feinden, den Ammonitern, verschafft hat.

Richter 11, 29–36

Jiftachs Tochter geht ihrem Vater entgegen

37 Und sie sagte zu ihrem Vater: Nur das eine möge mir gewährt werden: Laß mir noch zwei
Monate Zeit, damit ich in die Berge gehe und zusammen mit meinen Freundinnen meine Jugend
beweine. 38 Er entgegnete: Geh nur!, und ließ sie für zwei Monate fort. Sie aber ging mit ihren
Freundinnen hin und beweinte ihre Jugend in den Bergen. 39 Als zwei Monate zu Ende waren,
kehrte sie zu ihrem Vater zurück, und er tat mit ihr, was er gelobt hatte; sie aber hatte noch mit
keinem Mann Verkehr gehabt. So wurde es Brauch in Israel, 40 daß Jahr für Jahr die Töchter
Israels (in die Berge) gehen und die Tochter des Gileaditers Jiftach beklagen, vier Tage lang, jedes
Jahr.

Richter 11, 37–40

Jiftachs Tochter mit ihren Freundinnen

1 Als Simson (eines Tages) nach Timna hinabging, fiel sein Blick auf eine der jungen Philisterin-
nen aus Timna. 2 Als er wieder heraufkam, teilte er seinem Vater und seiner Mutter mit und
sagte: Ich habe in Timna eine junge Philisterin gesehen. Gebt sie mir doch zur Frau! 3 Sein
Vater und seine Mutter erwiderten ihm: Gibt es denn unter den Töchtern deiner Stammesbrüder
und in meinem ganzen Volk keine Frau, so daß du fortgehen und eine Frau von diesen unbe-
schnittenen Philistern heiraten mußt? Simson antwortete seinem Vater: Gib mir diese, denn sie
gefällt mir. 4 Sein Vater und seine Mutter wußten nicht, daß es vom Herrn so geplant war, weil
er einen Anlaß zum Kampf mit den Philistern suchte. Damals herrschten nämlich die Philister
über Israel. 5 Simson ging [mit seinem Vater und seiner Mutter] nach Timna. Als sie bei den
Weinbergen von Timna waren, kam ihm plötzlich ein brüllender junger Löwe entgegen. 6 Da
kam der Geist des Herrn über Simson, und Simson zerriß den Löwen mit bloßen Händen, als
würde er ein Böckchen zerreißen. Aber seinem Vater und seiner Mutter teilte er nicht mit, was er
getan hatte. 7 Dann ging er hinab und redete mit der Frau, und sie gefiel Simson.

Richter 14, 1–7

Simson tötet einen Löwen

7 Darauf sagte ihnen Simson: Wenn ihr es so macht, dann werde ich nicht mehr aufhören, bis ich
an euch Rache genommen habe. 8 Und er schlug ihnen mit gewaltigen Schlägen die Knochen
entzwei. Dann ging er weg und hauste in der Felsenhöhle von Etam. 9 Die Philister zogen nach
Juda herauf, schlugen dort ihr Lager auf und besetzten die Gegend von Lehi. 10 Die Männer
von Juda fragten sie: Warum seid ihr gegen uns gezogen? Sie antworteten: Wir sind heraufge-
kommen, um Simson gefangenzunehmen und es mit ihm so zu machen, wie er es mit uns
gemacht hat. 11 Da zogen dreitausend Männer aus Juda zur Felsenhöhle von Etam hinab und
sagten zu Simson: Weißt du nicht, daß die Philister unsere Herren sind? Was hast du uns da ange-
tan? Er antwortete ihnen: Wie sie es mit mir gemacht haben, so habe ich es mit ihnen gemacht.
12 Sie erwiderten ihm: Wir sind herabgekommen, um dich zu fesseln und in die Gewalt der
Philister zu geben. Simson sagte zu ihnen: Schwört mir, daß ihr selber nicht über mich herfallen
werdet. 13 Sie antworteten ihm: Nein, wir wollen dich nur fesseln und in ihre Gewalt geben,
aber töten wollen wir dich nicht. Sie fesselten ihn also mit zwei neuen Stricken und führten ihn
aus der Felsenhöhle weg. 14 Als er nach Lehi hinaufkam und die Philister ihm mit Triumph-
geschrei entgegenliefen, kam der Geist des Herrn über ihn. Die Stricke an seinen Armen wurden
wie Fäden, die vom Feuer versengt werden, und die Fesseln fielen von seinen Händen. 15 Er
fand den noch blutigen Kinnbacken eines Esels, ergriff ihn mit der Hand und erschlug damit
tausend Männer.

Simson schlägt die Philister

1 Als Simson (eines Tages) nach Gaza kam, sah er dort eine Dirne und ging zu ihr. 2 Als man den Leuten von Gaza berichtete: Simson ist hier!, suchten sie überall (nach ihm) und lauerten ihm [die ganze Nacht] am Stadttor auf. Die ganze Nacht über verhielten sie sich still und sagten: Wir warten bis zum Morgengrauen, dann bringen wir ihn um. 3 Simson aber schlief bis gegen Mitternacht. Dann stand er auf, packte die Flügel des Stadttors mit den beiden Pfosten und riß sie zusammen mit dem Riegel heraus. Er lud alles auf seine Schultern und trug es auf den Gipfel des Berges, der Hebron gegenüberliegt.

Richter 16, 1–3

Simson hebt die Tore von Gaza aus

4 Danach verliebte sich Simson in eine Frau im Tal Sorek; sie hieß Delila. 5 Die Fürsten der
Philister kamen zu ihr und sagten zu ihr: Versuch, ihn zu betören und herauszufinden, wodurch
er so große Kraft besitzt und wie wir ihn überwältigen und fesseln können, um ihn zu bezwingen.
Jeder von uns gibt dir dann elfhundert Silberstücke. 15 Darauf sagte sie zu ihm: Wie kannst du
sagen: Ich liebe dich!, wenn mir dein Herz nicht gehört? Jetzt hast du mich dreimal belogen und
mir nicht gesagt, wodurch du so große Kraft besitzt. 16 Als sie ihm mit ihrem Gerede jeden Tag
zusetzte und ihn (immer mehr) bedrängte, wurde er es zum Sterben leid; 17 er offenbarte ihr
alles und sagte zu ihr: Ein Schermesser ist mir noch nicht an die Haare gekommen; denn ich bin
von Geburt an Gott als Nasiräer geweiht. Würden mir die Haare geschoren, dann würde meine
Kraft mich verlassen; ich würde schwach und wäre wie jeder andere Mensch. 18 Nun merkte
Delila, daß er ihr alles offenbart hatte. Sie schickte jemand zu den Philisterfürsten, um sie zu rufen
und ihnen sagen zu lassen: Kommt her! Diesmal hat er mir alles offenbart. Die Philisterfürsten
kamen zu ihr herauf und brachten das Geld mit. 19 Delila ließ Simson auf ihren Knien ein-
schlafen, [rief einen Mann] und schnitt dann die sieben Locken auf seinem Kopf ab. So begann
sie ihn zu schwächen, und seine Kraft wich von ihm. 20 Dann rief sie: Simson, die Philister
kommen! Er erwachte aus seinem Schlaf und dachte: Ich werde auch diesmal wie bisher ent-
kommen und die Fesseln abschütteln. Denn er wußte nicht, daß der Herr ihn verlassen hatte.
21 Da packten ihn die Philister und stachen ihm die Augen aus. Sie führten ihn nach Gaza hinab
und fesselten ihn mit Bronzeketten, und er mußte im Gefängnis die Mühle drehen. 22 Doch
sein Haar, das man abgeschnitten hatte, fing wieder an zu wachsen.

Richter 16, 4–5 und 15–22

Simson und Delila

24 Als das Volk Simson sah, priesen sie ihren Gott und sagten: Unser Gott hat unseren Feind / in
unsere Gewalt gegeben, / ihn, der unser Land verwüstet hat, / der so viele von uns erschlagen hat.
25 Als sie guter Dinge waren, sagten sie: Ruft Simson her, wir wollen unseren Spaß mit ihm
treiben. Und sie ließen Simson aus dem Gefängnis holen, damit er ihr Spaßmacher sei. Sie stellten
ihn zwischen die Säulen. 26 Simson aber sagte zu dem Jungen, der ihn an der Hand führte: Laß
mich los, ich will die Säulen betasten, von denen das Haus getragen wird, und mich daranlehnen.
27 Das Haus war voll von Männern und Frauen; alle Fürsten der Philister waren da, und auf dem
Flachdach saßen etwa dreitausend Männer und Frauen. Sie alle wollten Simson als Spaßmacher
sehen. 28 Simson aber rief zum Herrn und sagte: Herr und Gott, denk doch an mich, und gib
mir nur noch dieses eine Mal die Kraft, mein Gott, damit ich an den Philistern Rache nehmen
kann, wenigstens für eines von meinen beiden Augen. 29 Dann packte Simson die beiden
Mittelsäulen, von denen das Haus getragen wurde, und stemmte sich gegen sie, gegen die eine mit
der rechten Hand und gegen die andere mit der linken. 30 Er sagte: So mag ich denn zu-
sammen mit den Philistern sterben. Er streckte sich mit aller Kraft, und das Haus stürzte über den
Fürsten und über allen Leuten, die darin waren, zusammen. So war die Zahl derer, die er bei
seinem Tod tötete, größer als die, die er während seines Lebens getötet hatte.

Richter 16, 24–30

Simsons Tod

18 Er antwortete ihm: Wir sind auf der Durchreise von Betlehem in Juda zum entlegensten Teil
des Gebirges Efraim. Von dort komme ich; ich war nach Betlehem in Juda gegangen und bin nun
auf dem Weg nach Hause. Aber hier findet sich niemand, der mich in sein Haus aufnimmt,
19 obwohl wir alles dabei haben, Stroh und Futter für unsere Esel und auch Brot und Wein für
mich, deine Magd und den Knecht, der bei deinem Diener ist. Es fehlt also an nichts. 20 Der
alte Mann entgegnete: Sei mir willkommen! Was dir fehlt, das laß nur meine Sorge sein; auf dem
Platz jedenfalls darfst du nicht übernachten. 21 Und er führte ihn in sein Haus und schüttete
den Eseln Futter vor. Sie wuschen sich die Füße und aßen und tranken. 22 Während sie sich's
nun wohl sein ließen, umringten plötzlich einige Männer aus der Stadt, übles Gesindel, das Haus,
schlugen an die Tür und sagten zu dem alten Mann, dem Besitzer des Hauses: Bring den Mann
heraus, der in dein Haus gekommen ist; wir wollen unseren Mutwillen mit ihm treiben. 23 Der
Besitzer des Hauses ging zu ihnen hinaus und sagte zu ihnen: Nein, meine Brüder, so etwas
Schlimmes dürft ihr nicht tun. Dieser Mann ist als Gast in mein Haus gekommen; darum dürft ihr
keine solche Schandtat begehen. 24 Da ist meine jungfräuliche Tochter und seine Nebenfrau.
Sie will ich zu euch hinausbringen; ihr könnt sie euch gefügig machen und mit ihnen tun, was
euch gefällt. Aber an diesem Mann dürft ihr keine solche Schandtat begehen. 25 Doch die
Männer wollten nicht auf ihn hören. Da ergriff der Levit seine Nebenfrau und brachte sie zu
ihnen auf die Straße hinaus. Sie mißbrauchten sie und trieben die ganze Nacht hindurch bis zum
Morgen ihren Mutwillen mit ihr. Sie ließen sie erst gehen, als die Morgenröte heraufzog. 26 Als
der Morgen anbrach, kam die Frau zurück; vor der Haustür des Mannes, bei dem ihr Herr wohnte,
brach sie zusammen und blieb dort liegen, bis es hell wurde. 27 Ihr Herr stand am Morgen auf,
öffnete die Haustür und ging hinaus, um seine Reise fortzusetzen. Da lag die Frau, seine Neben-
frau, zusammengebrochen am Eingang des Hauses, die Hände auf der Schwelle.

Richter 19, 18–27

Die Frau des Leviten Efraim

28 Er sagte zu ihr: Steh auf, wir wollen gehen! Doch sie antwortete nicht. Da legte er sie auf den
Esel und machte sich auf die Heimreise. 29 Als er nach Hause gekommen war, nahm er ein
Messer, ergriff seine Nebenfrau, zerschnitt sie in zwölf Stücke, Glied für Glied, und schickte sie in
das ganze Gebiet Israels. 30 Jeder, der das sah, sagte: So etwas ist noch nie geschehen, so etwas
hat man nicht erlebt, seit die Söhne Israels aus Ägypten heraufgezogen sind, bis zum heutigen
Tag. Denkt darüber nach, beratet, und sagt (was ihr dazu meint)!

Richter 19, 28–30

Efraim führt seine Frau fort

15 Das Volk hatte Mitleid mit Benjamin; denn der Herr hatte eine Lücke in die Stämme Israels
gerissen. 16 Die Ältesten der Gemeinde sagten: Wie können wir den übrigen Männern Frauen
verschaffen, da in Benjamin die Frauen ausgerottet sind? 17 Und sie sagten: Der Besitz der
übriggebliebenen Benjaminiter ist ja noch immer da. Kein Stamm darf in Israel ausgelöscht
werden. 18 Von unseren Töchtern können wir ihnen jedoch keine als Frauen geben; denn die
Israeliten haben geschworen: Verflucht sei, wer den Benjaminitern eine Frau gibt. 19 Sie sagten
also: Da ist doch Jahr für Jahr ein Fest des Herrn in Schilo nördlich von Bet-El, östlich der Straße,
die von Bet-El nach Sichem führt, südlich von Lebona. 20 Und sie forderten die Benjaminiter
auf: Geht hin und legt euch in den Weinbergen dort auf die Lauer! 21 Wenn ihr dann seht, wie
die Töchter Schilos herauskommen, um im Reigen zu tanzen, dann kommt aus den Weinbergen
hervor, und jeder von euch soll sich von den Töchtern Schilos eine Frau rauben. Dann geht heim
ins Land Benjamin! 22 Wenn dann ihre Väter oder Brüder kommen und bei uns Klage
erheben, werden wir zu ihnen sagen: Vergebt ihnen; denn wir konnten im Kampf (gegen Jabesch)
nicht für jeden eine Frau gewinnen, und ihr selbst kontet sie ihnen nicht geben; sonst hättet ihr
euch schuldig gemacht. 23 Die Benjaminiter machten es so, und jeder nahm sich eines von den
tanzenden Mädchen, die sie raubten. Dann kehrten sie in ihren Erbbesitz zurück, bauten die
Städte wieder auf und wohnten darin. 24 Auch die Israeliten gingen dann in Bet-El wieder aus-
einander, jeder zu seinem Stamm und zu seiner Sippe. Jeder zog heim in seinen Erbbesitz.

Richter 21, 15–24

Die Kinder Benjamins rauben die Töchter Schilos

5 Dann starben auch Machlon und Kiljon, und Noomi blieb allein, ohne ihren Mann und ohne
ihre beiden Söhne. 6 Da brach sie mit ihren Schwiegertöchtern auf, um aus dem Grünland
Moabs heimzukehren; denn sie hatte dort gehört, der Herr habe sich seines Volkes angenommen
und ihm Brot gegeben. 7 Sie verließ zusammen mit ihren beiden Schwiegertöchtern den Ort,
wo sie sich aufgehalten hatte. Als sie nun auf dem Heimweg in das Land Juda waren, 8 sagte
Noomi zu ihren Schwiegertöchtern: Kehrt doch beide heim zu euren Müttern! Der Herr erweise
euch Liebe, wie ihr sie den Toten und mir erwiesen habt. 9 Der Herr lasse jede von euch
Geborgenheit finden bei einem Gatten. Damit küßte sie beide zum Abschied: doch Orpa und
Rut begannen laut zu weinen 10 und sagten zu ihr: Nein, wir wollen mit dir zu deinem Volk
gehen. 11 Noomi sagte: Kehrt doch um, meine Töchter! Warum wollt ihr mit mir ziehen?
Habe ich etwa in meinem Leib noch Söhne, die eure Männer werden könnten? 12 Kehrt um,
meine Töchter, und geht; denn ich bin zu alt, noch einem Mann zu gehören. Selbst wenn ich
dächte, ich habe noch Hoffnung, ja, wenn ich noch diese Nacht einem Mann gehörte und gar
Söhne bekäme: 13 Wolltet ihr warten, bis sie erwachsen sind? Wolltet ihr euch so lange ab-
schließen und ohne einen Mann leben? Nein, meine Töchter! Mir täte es bitter leid um euch;
denn mich hat die Hand des Herrn getroffen. 14 Da weinten sie noch lauter. Doch dann gab
Orpa ihrer Schwiegermutter den Abschiedskuß, während Rut nicht von ihr ließ. 15 Noomi
sagte: Du siehst, deine Schwägerin kehrt heim zu ihrem Volk und zu ihrem Gott. Folge ihr doch!
16 Rut antwortete: Dränge mich nicht, dich zu verlassen und umzukehren. Wohin du gehst,
dahin gehe auch ich, und wo du bleibst, da bleibe auch ich. Dein Volk ist mein Volk, und dein
Gott ist mein Gott. 17 Wo du stirbst, da sterbe auch ich, da will ich begraben sein. Der Herr soll
mir dies und das antun – nur der Tod wird mich von dir scheiden.

Rut 1, 5–17

Noomi, Rut und Orpa

2 Eines Tages sagte die Moabiterin Rut zu Noomi: Ich möchte aufs Feld gehen und Ähren lesen,
wo es mir jemand erlaubt. Sie antwortete ihr: Geh, Tochter! 3 Rut ging hin und las auf dem
Feld hinter den Schnittern her. Dabei war sie auf ein Grundstück des Boas aus dem Geschlecht
Elimelechs geraten. 4 Und nun kam Boas von Betlehem dazu. Er sagte zu den Schnittern: Der
Herr sei mit euch! Sie antworteten ihm: Der Herr segne dich. 5 Boas fragte seinen Knecht, der
die Schnitter beaufsichtigte: Wem gehört dieses Mädchen da? 6 Der Knecht antwortete: Es ist
eine junge Moabiterin, die mit Noomi aus dem Grünland Moabs gekommen ist. 7 Sie hat
gesagt: Ich möchte gern Ähren lesen und bei den Garben hinter den Schnittern her sammeln. So
kam sie zu uns und hielt aus vom Morgen bis jetzt und gönnte sich kaum Ruhe.

Rut 2, 2–7

Rut auf dem Acker des Boas

11 Sie stellten die Lade des Herrn auf den Wagen und auch die Tasche mit den goldenen Mäusen
und den Abbildern ihrer Geschwüre. 12 Die Kühe aber gingen geradewegs in Richtung Bet-
Schemesch; sie folgten genau der Straße, wichen weder nach rechts noch nach links ab und
brüllten immerzu. Die Fürsten der Philister folgten ihnen bis zur Grenze von Bet-Schemesch.
13 Die Leute von Bet-Schemesch waren gerade im Tal bei der Weizenernte. Als sie aufblickten
und die Lade sahen, freuten sie sich sehr darüber. 14 Als der Wagen bis zum Feld Joschuas von
Bet-Schemesch gekommen war, blieb er stehen. Dort lag ein großer Stein. Sie spalteten das Holz
des Wagens und brachten die Kühe dem Herrn als Brandopfer dar. [15 Die Leviten hatten die
Lade des Herrn und die Tasche, die neben ihr stand und in der goldene Gegenstände waren,
herabgehoben und auf den großen Stein gestellt. Die Männer von Bet-Schemesch brachten an
jenem Tag dem Herrn Brandopfer und Schlachtopfer dar.] 16 Die fünf Fürsten der Philister
sahen zu; dann kehrten sie am gleichen Tag nach Ekron zurück.

1 Samuel 6, 11–16

Die Rückkehr der Bundeslade

1 Samuel sagte zu Saul: Der Herr hatte mich gesandt, um dich zum König seines Volkes Israel zu salben. Darum gehorche jetzt den Worten des Herrn! 2 So spricht der Herr der Heere: Ich habe beobachtet, was Amalek Israel angetan hat: Es hat sich ihm in den Weg gestellt, als Israel aus Ägypten heraufzog. 3 Darum zieh jetzt in den Kampf, und schlag Amalek! Weihe alles, was ihm gehört, dem Untergang! Schone es nicht, sondern töte Männer und Frauen, Kinder und Säuglinge, Rinder und Schafe, Kamele und Esel! 4 Saul bot das Volk auf und musterte es in Telaim. Es waren zweihunderttausend Mann Fußvolk [und zehntausend Mann aus Juda]. 5 Saul rückte bis zur Stadt der Amalekiter vor und legte im Bachtal einen Hinterhalt. 7 Saul aber schlug die Amalekiter (im ganzen Gebiet) zwischen Hawila und der Gegend von Schur, das Ägypten gegenüberliegt. 8 Agag, den König von Amalek, brachte er lebend in seine Gewalt; das ganze Volk aber weihte er mit scharfem Schwert dem Untergang. 32 Darauf sagte Samuel: Bringt Agag, den König von Amalek, zu mir! Agag wurde in Fesseln zu ihm gebracht und sagte: Wahrhaftig, die Bitterkeit des Todes ist gewichen. 33 Samuel aber erwiderte: Wie dein Schwert die Frauen um ihre Kinder gebracht, / so sei unter den Frauen deine Mutter kinderlos gemacht. Und Samuel hieb vor den Augen des Herrn in Gilgal Agag in Stücke.

1 Samuel 15, 1–5, 7–8 und 32–33

Samuel tötet Agag

45 David antwortete dem Philister: Du kommst zu mir mit Schwert, Speer und Sichelschwert, ich
aber komme zu dir im Namen des Herrn der Heere, des Gottes der Schlachtreihen Israels, den du
verhöhnt hast. 46 Heute wird dich der Herr mir ausliefern. Ich werde dich erschlagen und dir
den Kopf abhauen. Die Leichen des Heeres der Philister werde ich noch heute den Vögeln des
Himmels und den wilden Tieren (zum Fraß) geben. Alle Welt soll erkennen, daß Israel einen Gott
hat. 47 Auch alle, die hier versammelt sind, sollen erkennen, daß der Herr nicht durch Schwert
und Speer Rettung verschafft; denn es ist ein Krieg des Herrn, und er wird euch in unsere Gewalt
geben. 48 Als der Philister weiter vorrückte und immer näher an David herankam, lief auch
David von der Schlachtreihe (der Israeliten) aus schnell dem Philister entgegen. 49 Er griff in
seine Hirtentasche, nahm einen Stein heraus, schleuderte ihn ab und traf den Philister an der Stirn.
Der Stein drang in die Stirn ein, und der Philister fiel mit dem Gesicht zu Boden. 50 So besiegte
David den Philister mit einer Schleuder und einem Stein; er traf den Philister und tötete ihn, ohne
ein Schwert in der Hand zu haben. 51 Dann lief David hin und trat neben den Philister. Er
ergriff sein Schwert, zog es aus der Scheide, schlug ihm den Kopf ab und tötete ihn. Als die
Philister sahen, daß ihr starker Mann tot war, flohen sie. 52 Die Männer von Israel und Juda
aber griffen an, erhoben das Kriegsgeschrei und verfolgten die Philister bis nach Gat und bis vor
die Tore von Ekron. Von Schaarajim bis nach Gat und Ekron lagen die erschlagenen Philister am
Weg. 53 Nach der Verfolgung kehrten die Israeliten zurück und plünderten das Lager der
Philister.

Samuel 17, 45–5

David mit dem Haupte Goliats

5 David zog ins Feld, und überall, wohin Saul ihn schickte, hatte er Erfolg, so daß Saul ihn an die
Spitze seiner Krieger stellte. David war beim ganzen Volk und bei den Dienern Sauls beliebt.
6 Als sie nach Davids Sieg über den Philister heimkehrten, zogen die Frauen aus allen Städten
Israels König Saul singend und tanzend mit Handpauken, Freudenrufen und Zimbeln entgegen.
7 Die Frauen spielten und riefen voll Freude: Saul hat Tausend erschlagen, / David aber Zehn-
tausend. 8 Saul wurde darüber sehr zornig. Das Lied mißfiel ihm, und er sagte: David geben sie
Zehntausend, mir aber geben sie nur Tausend. Jetzt fehlt ihm nur noch die Königswürde.
9 Von diesem Tag an war Saul gegen David voll Argwohn. 10 Am folgenden Tag kam über
Saul wieder ein böser Gottesgeist, so daß er in seinem Haus in Raserei geriet. David aber spielte wie
jeden Tag. Saul hatte den Speer in der Hand. 11 Saul dachte: Ich will David an die Wand
spießen!, und schleuderte den Speer, aber David wich ihm zweimal aus.

1 Samuel 18, 5–11

Saul wirft den Speer nach David

6 Saul hörte auf Jonatan und schwor: So wahr der Herr lebt: David soll nicht umgebracht werden.
7 Jonatan rief David und berichtete ihm alles. Dann führte Jonatan David zu Saul, und David war
wieder in Sauls Dienst wie vorher. 8 Der Krieg ging weiter, und David zog wieder gegen die
Philister in den Kampf. Er brachte ihnen eine schwere Niederlage bei, und sie ergriffen die Flucht.
9 Doch wieder kam vom Herrn ein böser Geist über Saul, während er in seinem Haus saß und den
Speer in der Hand hielt und David auf der Zither spielte. 10 Da versuchte Saul, David mit dem
Speer an die Wand zu spießen; aber er wich Saul aus, so daß der Speer in die Wand fuhr. David
floh und brachte sich in Sicherheit. Noch in derselben Nacht 11 schickte Saul Boten zum Haus
Davids, die ihm auflauern und ihn am nächsten Morgen töten sollten. Doch Michal, Davids Frau,
warnte ihn und sagte: Wenn du dich nicht noch in dieser Nacht in Sicherheit bringst, wirst du
morgen früh umgebracht. 12 Michal ließ David durch das Fenster hinab, so daß er fliehen und
sich in Sicherheit bringen konnte. 13 Dann nahm Michal das Götterbild, legte es in Davids
Bett, umgab seinen Kopf mit einem Geflecht von Ziegenhaaren und deckte es mit einem
Kleidungsstück zu. 14 Als nun Saul die Boten schickte, die David holen sollten, sagte sie: Er ist
krank. 15 Saul schickte die Boten (zurück), um nach David zu sehen, und befahl: Bringt ihn im
Bett zu mir her; er soll umgebracht werden. 16 Als die Boten kamen, entdeckten sie im Bett ein
Götterbild mit einem Geflecht von Ziegenhaaren um den Kopf. 17 Das sagte Saul zu Michal:
Warum hast du mich so betrogen und meinen Feind entkommen lassen, so daß er sich in Sicher-
heit bringen konnte? Michal antwortete Saul: Er hat zu mir gesagt: Laß mich weggehen, sonst
bringe ich dich um. 18 David floh also und brachte sich in Sicherheit. Er kam zu Samuel nach
Rama und erzählte ihm alles, was Saul ihm angetan hatte. Dann ging er zusammen mit Samuel ins
Prophetenhaus, und beide blieben dort.

1 Samuel 19, 6–18

Davids Flucht

3 Da nahm Saul dreitausend Mann, ausgesuchte Leute aus ganz Israel, und zog aus, um David und
seine Männer bei den Steinbock-Felsen zu suchen. 4 Auf seinem Weg kam er zu einigen Schaf-
hürden. Dort war eine Höhle. Saul ging hinein, um seine Notdurft zu verrichten. David aber und
seine Männer saßen hinten in der Höhle. 5 Da sagten die Männer zu David: Das ist der Tag,
von dem der Herr zu dir gesagt hat: Sieh her, ich gebe deinen Feind in deine Gewalt, und du
kannst mit ihm machen, was dir richtig erscheint. Da stand David auf und schnitt heimlich einen
Zipfel von Sauls Mantel ab. 6 Hinterher aber schlug David das Gewissen, weil er einen Zipfel
vom Mantel Sauls abgeschnitten hatte. 7 Er sagte zu seinen Männern: Der Herr bewahre mich
davor, meinem Gebieter, dem Gesalbten des Herrn, so etwas anzutun und Hand an ihn zu legen;
denn er ist der Gesalbte des Herrn. 8 Und David fuhr seine Leute mit scharfen Worten an und
ließ nicht zu, daß sie sich an Saul vergriffen. Als Saul die Höhle verlassen hatte und seinen Weg
fortsetzte, 9 stand auch David auf, verließ die Höhle und rief Saul nach: Mein Herr und König!
Als Saul sich umblickte, verneigte sich David bis zur Erde und warf sich (vor ihm) nieder.
10 Dann sagte David zu Saul: Warum hörst du auf die Worte von Leuten, die sagen: Gib acht,
David will dein Verderben. 11 Doch heute kannst du mit eigenen Augen sehen, daß der Herr
dich heute in der Höhle in meine Gewalt gegeben hat. Man hat mir gesagt, ich solle dich töten;
aber ich habe dich geschont. Ich sagte: Ich will nicht die Hand an meinen Herrn legen; denn er ist
der Gesalbte des Herrn. 12 Sieh her, mein Vater! Hier, der Zipfel deines Mantels ist in meiner
Hand. Wenn ich einen Zipfel deines Mantels abgeschnitten und dich nicht getötet habe, dann
kannst du erkennen und einsehen, daß ich weder Bosheit noch Aufruhr im Sinn habe und daß
ich mich nicht gegen dich versündigt habe; du aber stellst mir nach, um mir das Leben zu
nehmen.

1 Samuel 24, 3–12

David zeigt Saul, daß er ihn geschont hat

9 Die Frau antwortete ihm: Du weißt doch selbst, was Saul getan hat: Er hat die Totenbeschwörer
und die Wahrsager im Land ausgerottet. Warum stellst du mir eine Falle, um mich zu töten?
10 Saul aber schwor ihr beim Herrn und sagte: So wahr der Herr lebt: Es soll dich in dieser Sache
keine Schuld treffen. 11 Die Frau sagte: Wen soll ich für dich heraufsteigen lassen? Er ant-
wortete: Laß Samuel für mich heraufsteigen! 12 Als die Frau Samuel erblickte, schrie sie laut
auf und sagte zu Saul: Warum hast du mich getäuscht? Du bist ja Saul! 13 Der König sagte zu
ihr: Hab keine Angst! Was siehst du denn? Die Frau antwortete Saul: Ich sehe einen Geist aus der
Erde heraufsteigen. 14 Er fragte sie: Wie sieht er aus? Sie antwortete: Ein alter Mann steigt
herauf; er ist in einen Mantel gehüllt. Da erkannte Saul, daß es Samuel war. Er verneigte sich mit
dem Gesicht zur Erde und warf sich zu Boden. 15 Und Samuel sagte zu Saul: Warum hast du
mich aufgestört und mich heraufsteigen lassen? Saul antwortete: Ich bin in großer Bedrängnis.
Die Philister führen Krieg gegen mich, und Gott ist von mir gewichen und hat mir keine Antwort
mehr gegeben, weder durch die Propheten noch durch die Träume. Darum habe ich dich gerufen,
damit du mir sagst, was ich tun soll. 16 Samuel erwiderte: Warum fragst du mich? Der Herr ist
doch von dir gewichen und ist dein Feind geworden. 17 Er hat getan, was er durch mich ange-
kündigt hatte: Der Herr hat dir das Königtum aus der Hand gerissen und hat es einem anderen,
nämlich David, gegeben. 18 Weil du nicht auf die Stimme des Herrn gehört und seinen
glühenden Zorn an Amalek nicht vollstreckt hast, darum hat dir der Herr heute das getan.
19 Der Herr wird auch Israel zusammen mit dir in die Gewalt der Philister geben, und morgen
wirst du samt deinen Söhnen bei mir sein; auch das Heerlager Israels wird der Herr in die Gewalt
der Philister geben. 20 Da fiel Saul der Länge nach jäh zu Boden; so sehr war er über die Worte
Samuels erschrocken. Es war auch keine Kraft mehr in ihm, weil er den ganzen Tag und die ganze
Nacht keinen Bissen gegessen hatte.

1 Samuel 28, 9–20

Saul und die Totenbeschwörerin

1 Als die Philister gegen Israel kämpften, flohen die Israeliten vor ihnen; viele waren gefallen und
lagen erschlagen auf dem Gebirge von Gilboa. 2 Die Philister verfolgten Saul und seine Söhne
und erschlugen Sauls Söhne Jonatan, Abinadab und Malkischua. 3 Um Saul selbst entstand
ein schwerer Kampf. Die Bogenschützen hatten ihn getroffen, und er war sehr schwer verwundet.
4 Da sagte Saul zu seinem Waffenträger: Zieh dein Schwert, und durchbohre mich damit! Sonst
kommen diese Unbeschnittenen, durchbohren mich und treiben ihren Mutwillen mit mir. Der
Waffenträger wollte es nicht tun; denn er hatte große Angst. Da nahm Saul selbst das Schwert und
stürzte sich hinein. 5 Als der Waffenträger sah, daß Saul tot war, stürzte auch er sich in sein
Schwert und starb zusammen mit Saul. 6 So kamen Saul, seine drei Söhne, sein Waffenträger
und alle seine Männer an jenem Tag gemeinsam ums Leben. 7 Als die Israeliten auf der
anderen Seite der Ebene und jenseits des Jordan sahen, daß die Israeliten geflohen und daß Saul
und seine Söhne tot waren, verließen sie ihre Städte und flohen. Dann kamen die Philister und
besetzten die Städte.

1 Samuel 31, 1–7

Sauls Tod

5 Und der König befahl Joab, Abischai und Ittai: Geht mir mit dem Jungen, mit Abschalom,
schonend um! Alle Leute hörten, wie der König seinen Anführern wegen Abschalom diese
Anweisung gab. 6 Die Leute zogen ins Feld, den Israeliten entgegen, und im Wald Efraim kam
es zur Schlacht. 7 Die Israeliten wurden von den Leuten Davids geschlagen und erlitten eine
schwere Niederlage; an jenem Tag fielen zwanzigtausend von ihnen. 8 Der Kampf breitete sich
über die ganze dortige Gegend aus, und der Wald verschlang an jenem Tag mehr Krieger als das
Schwert. 9 Plötzlich kam Abschalom in das Blickfeld der Krieger Davids; er ritt auf einem
Maultier. Als das Maultier unter den Ästen einer großen Eiche hindurchlief, blieb Abschalom mit
dem Kopf fest an der Eiche hängen, so daß er zwischen Himmel und Erde schwebte und das
Maultier unter ihm weglief. 10 Jemand sah es und meldete Joab: Ich habe gerade Abschalom
an einer Eiche hängen sehen. 11 Joab sagte zu dem Mann, der ihm das meldete: Wenn du es
gesehen hast, warum hast du ihn nicht sofort an Ort und Stelle niedergestoßen? Ich hätte dir dann
gern zehn Silberstücke und einen Gürtel gegeben. 12 Der Mann antwortete Joab: Auch wenn
ich tausend Silberstücke auf die Hand ausgezahlt erhielte, würde ich meine Hand nicht gegen den
Sohn des Königs erheben; denn der König hat dir, Abischai und Ittai vor unseren Ohren be-
fohlen: Gebt mir auf den Jungen, auf Abschalom, acht! 13 Hätte ich heimtückisch gehandelt
und ihm etwas getan – dem König bleibt ohnehin nichts verborgen –, dann würdest du dich (aus
der Sache) heraushalten. 14 Joab erwiderte: Ich kann mich nicht noch länger mit dir aufhalten.
Und er nahm drei Spieße in die Hand und stieß sie Abschalom, der noch lebend an der Eiche
hing, ins Herz. 15 Die zehn Waffenträger Joabs umringten Abschalom und schlugen ihn tot.

2 Samuel 18, 5–15

Abschaloms Tod

24 David saß zwischen den beiden Toren. Der Späher aber war auf das Dach des Tores, auf die
Mauer, gestiegen, und als er Ausschau hielt, sah er einen einzelnen Mann herbeilaufen. 25 Der
Späher rief dem König die Meldung zu. Der König sagte: Wenn er allein ist, dann bringt er eine
gute Nachricht. Während der Mann herankam, 26 sah der Späher noch einen anderen herbei-
eilen und rief zum Tor hinab: Da läuft noch ein einzelner Mann herbei. Der König sagte: Auch er
bringt eine gute Nachricht. 27 Darauf sagte der Späher: Ich sehe, der erste läuft in der Art des
Ahimaaz, des Sohnes Zadoks. Und der König sagte: Das ist ein guter Mann, er kommt mit einer
guten Nachricht. 28 Ahimaaz rief dem König den Friedensgruß zu, warf sich vor ihm mit dem
Gesicht zur Erde nieder und sagte: Gepriesen sei der Herr, dein Gott, der (dir) die Männer ausge-
liefert hat, die ihre Hand gegen meinen Herrn, den König, erhoben haben. 29 Der König
fragte: Geht es dem Jungen, Abschalom, gut? Ahimaaz antwortete: Ich sah ein großes Getümmel,
als Joab den Knecht des Königs, deinen Knecht, wegschickte; darum weiß ich nicht, was da
geschah. 30 Der König befahl: Tritt zur Seite, und stell dich hierher! Ahimaaz trat zur Seite und
blieb dort stehen. 31 Da kam auch der Kuschiter und sagte: Mein Herr, der König, lasse sich die
gute Nachricht bringen, daß der Herr dir heute Recht verschafft hat gegenüber allen, die sich
gegen dich erhoben hatten. 32 Der König fragte den Kuschiter: Geht es dem Jungen, Ab-
schalom, gut? Der Kuschiter antwortete: Wie dem jungen Mann möge es allen Feinden meines
Herrn, des Königs, ergehen, allen, die sich in böser Absicht gegen dich erhoben haben. 1 Da
zuckte der König zusammen, stieg in den oberen Raum des Tores hinauf und weinte. Während er
hinaufging, rief er (immer wieder): Mein Sohn Abschalom, mein Sohn, mein Sohn Abschalom!
Wäre ich doch an deiner Stelle gestorben, Abschalom, mein Sohn, mein Sohn! 2 Man meldete
Joab: Der König weint und trauert um Abschalom. 3 So wurde der Tag der Rettung für das
ganze Volk zu einem Trauertag; denn die Leute hörten an diesem Tag: Der König ist voll Schmerz
wegen seines Sohnes. 4 Die Leute schlichen sich an jenem Tag in die Stadt, wie sich Leute
davonschleichen, die Schande auf sich geladen haben, weil sie im Kampf geflohen sind. 5 Der
König aber hatte sein Gesicht verhüllt und rief laut: Mein Sohn Abschalom! Abschalom, mein
Sohn, mein Sohn!

2 Samuel 18, 24–32 und 19, 1–5

David beweint den Tod Abschaloms

4 Dann kamen die Männer Judas (nach Hebron) und salbten David dort zum König über das
Haus Juda. Als man David berichtete, daß die Einwohner von Jabesch-Gilead Saul begraben
hatten, 5 schickte er Boten zu den Männern von Jabesch-Gilead und ließ ihnen sagen: Ihr sollt
vom Herrn gesegnet sein, weil ihr Saul, eurem Herrn, dieses Wohlwollen erwiesen und ihn be-
graben habt. 6 Möge der Herr euch jetzt auch sein Wohlwollen und seine Treue erweisen; auch
ich will euch dafür Gutes tun, daß ihr das getan habt. 7 Nun aber zeigt euren Mut, und seid
tapfer; denn Saul, euer Herr, ist tot, mich aber hat das Haus Juda zu seinem König gesalbt.
8 Doch Abner, der Sohn Ners, der Heerführer Sauls, hatte Ischbaal, den Sohn Sauls, mit sich nach
Mahanajim genommen 9 und ihn (dort) zum König über Gilead, Ascher, Jesreel, Efraim und
Benjamin und über ganz Israel gemacht. 10 Sauls Sohn Ischbaal war vierzig Jahre alt, als er
König von Israel wurde, und er war zwei Jahre König; nur das Haus Juda stand hinter David.
11 Die Zeit, die David in Hebron König über das Haus Juda war, betrug sieben Jahre und sechs
Monate. 12 Abner, der Sohn Ners, zog mit den Knechten Ischbaals, des Sohnes Sauls, von
Mahanajim nach Gibeon. 13 Auch Joab, der Sohn der Zeruja, und die Knechte Davids waren
ausgezogen; sie trafen mit ihnen am Teich von Gibeon zusammen. Die einen blieben diesseits,
die anderen jenseits des Teiches. 14 Da sagte Abner zu Joab: Die jungen Männer könnten doch
zu einem Kampfspiel vor uns antreten. Joab erwiderte: Sie sollen antreten. 15 Sie stellten sich
also auf, und es wurde abgezählt: zwölf für Benjamin und Ischbaal, den Sohn Sauls, und zwölf
von den Leuten Davids. 16 Jeder faßte seinen Gegner am Kopf und stieß ihm das Schwert in
die Seite, so daß alle miteinander fielen. Deshalb nannte man diesen Ort bei Gibeon: Helkat-
Hazzurim (Feld der Steinmesser). 17 Der Kampf wurde an jenem Tag sehr hart. Abner und die
Israeliten wurden von den Leuten Davids geschlagen.

2 Samuel 2, 4–17

Kampf der Knechte Ischbaals und Davids

26 Joab kämpfte gegen Rabba, (die Stadt) der Ammoniter, und er eroberte die Königsstadt.
27 Darauf schickte Joab Boten zu David und ließ ihm sagen: Ich habe gegen Rabba gekämpft und
dabei auch die Wasserstadt eingenommen. 28 Darum versammle jetzt den Rest des Heeres,
belagere die Stadt und nimm sie selbst ein, damit nicht ich sie einnehme und mein Name über ihr
ausgerufen wird. 29 David sammelte also das ganze Heer, zog nach Rabba, kämpfte gegen die
Stadt und nahm sie ein. 30 Dann nahm er ihrem König die Krone vom Haupt, deren Gewicht
ein Talent Gold betrug und an der ein kostbarer Stein war; sie wurde nun Davids Krone. Und er
schaffte eine sehr große Beute aus der Stadt fort. 31 Auch ihre Einwohner führte er fort und
stellte sie an die Steinsägen, an die eisernen Spitzhacken und an die eisernen Äxte und ließ sie in
den Ziegeleien arbeiten. So machte er es mit allen Städten der Ammoniter. Dann kehrte David
mit dem ganzen Heer nach Jerusalem zurück.

2 Samuel 12, 26–31

David straft die Ammoniter

1 Zur Zeit Davids herrschte drei Jahre hintereinander eine Hungersnot. Da suchte David den
Herrn auf (um ihn zu befragen). Der Herr sagte: Auf Saul und seinem Haus lastet eine Blutschuld,
weil er die Gibeoniter getötet hat. 2 Da rief der König die Gibeoniter zu sich und redete mit
ihnen. Die Gibeoniter stammten nicht von den Söhnen Israels ab, sondern von einem Rest der
Amoriter. Obwohl die Israeliten sich ihnen gegenüber mit einem Eid (zum Wohlwollen) ver-
pflichtet hatten, versuchte Saul in seinem Eifer für die Söhne Israels und Judas, sie zu vernichten.
3 David sagte also zu den Gibeonitern: Was soll ich für euch tun? Womit kann ich Sühne leisten,
damit ihr dem Erbe des Herrn wieder Segen bringt? 4 Die Gibeoniter antworteten ihm: Wir
wollen weder Silber noch Gold von Saul und seinem Haus; auch steht es uns nicht zu, jemand in
Israel zu töten. David sagte: Was meint ihr, was soll ich für euch tun? 5 Sie sagten zum König:
Der Mann, der uns vernichten wollte und der darauf aus war, uns auszurotten, so daß wir uns in
keinem Gebiet Israels mehr hätten halten können, 6 von dessen Söhnen soll man uns sieben
Männer geben. Wir wollen sie vor dem Herrn im Gibea Sauls, des vom Herrn Erwählten, hin-
richten. Der König antwortete: Ich will sie euch geben. 7 Merib-Baal, den Sohn Jonatans, des
Sohnes Sauls, aber verschonte der König wegen der Abmachung zwischen David und Jonatan,
dem Sohn Sauls, die sie mit einem Eid beim Herrn bekräftigt hatten. 8 Der König nahm
Armoni und Merib-Baal, die beiden Söhne, die Rizpa, die Tochter Ajas, dem Saul geboren hatte,
und die fünf Söhne, die Michal, die Tochter Sauls, dem Adriël, dem Sohn Barsillais aus Mehola,
geboren hatte. 9 Er lieferte sie den Gibeonitern aus, die sie auf dem Berg vor dem Angesicht des
Herrn hinrichteten; so kamen alle sieben auf einmal um. Sie wurden in den ersten Tagen der
Ernte getötet, zu Beginn der Gerstenernte. 10 Rizpa, die Tochter Ajas, aber nahm Sackleinen
und legte es für sich auf den Felsen, und (sie blieb dort) bei den Toten vom Beginn der Ernte, bis
sich Wasser vom Himmel über die Toten ergoß. Sie ließ nicht zu, daß bei Tag die Vögel des
Himmels und bei Nacht die Tiere des Feldes an sie herankamen.

2 Samuel 21, 1–10

Rizpa schützt die Leichen ihrer Söhne

15 Wieder einmal kam es zum Krieg zwischen den Philistern und Israel. David zog mit seinen
Leuten hinab. Als sie gegen die Philister kämpften, wurde David müde. 16 Ischbi aus Nob, ein
Rafaïter, dessen Bronze-Speer dreihundert Schekel wog und der mit einem neuen Schwert um-
gürtet war, sagte, er werde David erschlagen. 17 Aber Abischai, der Sohn der Zeruja, kam David
zu Hilfe und schlug den Philister tot. Damals leisteten die Männer Davids ihm folgenden Schwur:
Du wirst nicht mehr mit uns in den Kampf ziehen, damit du nicht die Leuchte Israels auslöschst.

2 Samuel 21, 15–17

Abischai rettet David

10 Dann aber schlug David das Gewissen, weil er das Volk gezählt hatte, und er sagte zum Herrn:
Ich habe schwer gesündigt, weil ich das getan habe. Doch vergib deinem Knecht seine Schuld,
Herr; denn ich habe sehr unvernünftig gehandelt. 11 Als David am Morgen aufstand, war
bereits folgendes Wort des Herrn an den Propheten Gad, den Seher Davids, ergangen: 12 Geh
und sag zu David: So spricht der Herr: Dreierlei lege ich dir vor. Wähl dir eines davon! Das werde
ich dir antun. 13 Gad kam zu David, teilte ihm das Wort mit und sagte: Was soll über dich
kommen? Sieben Jahre Hungersnot in deinem Land? Oder drei Monate, in denen dich deine
Feinde verfolgen und du vor ihnen fliehen mußt? Oder soll drei Tage lang die Pest in deinem
Land wüten? Überleg dir sehr genau, was ich dem, der mich gesandt hat, als Antwort überbringen
soll. 14 Da sagte David zu Gad: Ich habe große Angst. Wir wollen lieber dem Herrn in die
Hände fallen, denn seine Barmherzigkeit ist groß; den Menschen aber möchte ich nicht in die
Hände fallen. 15 Da ließ der Herr über Israel eine Pest kommen; sie dauerte von jenem Morgen
an bis zu dem festgesetzten Zeitpunkt, und es starben zwischen Dan und Beerscheba siebzig-
tausend Menschen im Volk.

2 Samuel 24, 10–15

Die Pest in Israel

16 Damals kamen zwei Dirnen und traten vor den König. 17 Die eine sagte: Bitte, Herr, ich
und diese Frau wohnen im gleichen Haus, und ich habe dort in ihrem Beisein geboren. 18 Am
dritten Tag nach meiner Niederkunft gebar auch diese Frau. Wir waren beisammen; kein Fremder
war bei uns im Haus, nur wir beide waren dort. 19 Nun starb der Sohn dieser Frau während der
Nacht; denn sie hatte ihn im Schlaf erdrückt. 20 Sie stand mitten in der Nacht auf, nahm mir
mein Kind weg, während deine Magd schlief, und legte es an ihre Seite. Ihr totes Kind aber legte
sie an meine Seite. 21 Als ich am Morgen aufstand, um mein Kind zu stillen, war es tot. Als ich
es aber am Morgen genau ansah, war es nicht mein Kind, das ich geboren hatte. 22 Da rief die
andere Frau: Nein, mein Kind lebt, und dein Kind ist tot. Doch die erste entgegnete: Nein, dein
Kind ist tot, und mein Kind lebt. So stritten sie vor dem König. 23 Da begann der König: Diese
sagt: Mein Kind lebt, und dein Kind ist tot! und jene sagt: Nein, dein Kind ist tot, und mein Kind
lebt. 24 Und der König fuhr fort: Holt mir ein Schwert! Man brachte es vor den König.
25 Nun entschied er: Schneidet das lebende Kind entzwei, und gebt eine Hälfte der einen und
eine Hälfte der anderen! 26 Doch nun bat die Mutter des lebenden Kindes den König – es regte
sich nämlich in ihr die mütterliche Liebe zu ihrem Kind: Bitte, Herr, gebt ihr das lebende Kind,
und tötet es nicht! Doch die andere rief: Es soll weder mir noch dir gehören. Zerteilt es! 27 Da
befahl der König: Gebt jener das lebende Kind, und tötet es nicht; denn sie ist seine Mutter.
28 Ganz Israel hörte von dem Urteil, das der König gefällt hatte, und sie schauten mit Ehrfurcht
zu ihm auf; denn sie erkannten, daß die Weisheit Gottes in ihm war, wenn er Recht sprach.

1 Könige 3, 16–28

Das salomonische Urteil

15 Hiram, der König von Tyrus, sandte seine Diener zu Salomo; denn er hatte gehört, daß man
ihn anstelle seines Vaters zum König gesalbt habe. Hiram war nämlich zeitlebens ein Freund
Davids gewesen. 16 Und Salomo ließ Hiram sagen: 17 Du weißt selbst, daß mein Vater
David durch Kriege verhindert war, dem Namen des Herrn, seines Gottes, ein Haus zu bauen, da
seine Feinde ihn bedrängten, bis der Herr sie ihm unter die Füße legte. 18 Jetzt aber hat mir der
Herr, mein Gott, ringsum Ruhe verschafft. Es gibt keinen Widersacher mehr und keine Gefahr.
19 Darum gedenke ich, dem Namen des Herrn, meines Gottes, ein Haus zu bauen; denn er hat
meinem Vater David zugesagt: Dein Sohn, den ich an deiner Stelle auf deinen Thron setzen
werde, wird meinem Namen das Haus bauen. 20 Befiehl nun, daß man auf dem Libanon
Zedern für mich fällt. Meine Knechte sollen mit deinen Knechten arbeiten. Den Lohn für deine
Knechte werde ich dir geben, ganz wie du bestimmst. Du weißt ja selbst, daß wir niemand haben,
der so gut Holz fällen kann wie die Leute von Sidon. 21 Als Hiram die Botschaft Salomos ver-
nahm, freute er sich sehr und rief aus: Gepriesen sei heute Jahwe, der David einen weisen Sohn als
Herrscher über dieses große Volk gegeben hat. 22 Er ließ Salomo sagen: Ich habe die Botschaft
vernommen, die du an mich gesandt hast, und werde deinen Wunsch nach Zedern- und
Zypressenholz erfüllen. 23 Meine Leute werden es vom Libanon an das Meer schaffen. Ich
lasse es dann auf dem Meer an den Ort flößen, den du mir nennen wirst. Dort lasse ich es wieder
auseinandernehmen, so daß du es abholen kannst. Du aber erfülle meinen Wunsch, und sende
Lebensmittel für mein Haus! 24 Also lieferte Hiram so viel Zedern- und Zypressenholz, wie
Salomo wollte, 25 und Salomo gab Hiram zwanzigtausend Kor Weizen zum Unterhalt seines
Hofes und zwanzig Kor feinstes Öl. Diese Menge lieferte Salomo Jahr für Jahr an Hiram.

1 Könige 5, 15–25

Die Zedern des Libanon beim Tempelbau

1 Die Königin von Saba hörte vom Ruf Salomos und kam, um ihn mit Rätselfragen auf die Probe
zu stellen. 2 Sie kam nach Jerusalem mit sehr großem Gefolge, mit Kamelen, die Balsam, eine
gewaltige Menge Gold und Edelsteine trugen, trat bei Salomo ein und redete mit ihm über alles,
was sie sich vorgenommen hatte. 3 Salomo gab ihr Antwort auf alle Fragen. Es gab nichts, was
dem König verborgen war und was er ihr nicht hätte sagen können. 4 Als nun die Königin von
Saba die ganze Weisheit Salomos erkannte, als sie den Palast sah, den er gebaut hatte, 5 die
Speisen auf seiner Tafel, die Sitzplätze seiner Beamten, das Aufwarten der Diener und ihre
Gewänder, seine Getränke und sein Opfer, das er im Haus des Herrn darbrachte, da stockte ihr der
Atem. 6 Sie sagte zum König: Was ich in meinem Land über dich und deine Weisheit gehört
habe, ist wirklich wahr. 7 Ich wollte es nicht glauben, bis ich nun selbst gekommen bin und es
mit eigenen Augen gesehen habe. Und wahrlich, nicht einmal die Hälfte hat man mir berichtet;
deine Weisheit und deine Vorzüge übertreffen alles, was ich gehört habe. 8 Glücklich sind
deine Männer, glücklich diese deine Diener, die allezeit vor dir stehen und deine Weisheit hören.
9 Gepriesen sei Jahwe, dein Gott, der an dir Gefallen fand und dich auf den Thron Israels setzte.
Weil Jahwe Israel ewig liebt, hat er dich zum König bestellt, damit du Recht und Gerechtigkeit
übst.

1 Könige 10, 1–9

Salomon empfängt die Königin von Saba

23 So übertraf König Salomo alle Könige der Erde an Reichtum und Weisheit. 24 Alle Welt
begehrte ihn zu sehen und die Weisheit zu hören, die Gott in sein Herz gelegt hatte. 25 Alle
brachten ihm Jahr für Jahr ihre Gaben: silberne und goldene Gefäße, Gewänder, Waffen, Balsam,
Pferde und Maultiere. 26 Salomo beschaffte sich Wagen und Besatzung dazu. Er hatte vier-
zehnhundert Wagen und zwölftausend Mann als Besatzung und brachte sie in die Wagenstädte
sowie in die Umgebung des Königs nach Jerusalem. 27 Der König machte das Silber in Jeru-
salem so häufig wie die Steine und die Zedern so zahlreich wie die Maulbeerfeigenbäume in der
Schefela. 28 Man bezog die Pferde für Salomo aus Ägypten und Koë; die Händler des Königs
kauften sie in Koë. 29 Ein Wagen, der aus Ägypten kam, kostete sechshundert und ein Pferd
hundertfünfzig Silberschekel. Ebenso trieb man Handel mit allen hetitischen und aramäischen
Königen.

1 Könige 10, 23–29

Der weise Salomon

20 Während sie bei Tisch saßen, erging das Wort des Herrn an den Propheten, der ihn zurück-
geholt hatte, 21 und er rief es dem Gottesmann aus Juda zu: So spricht der Herr: Weil du gegen
den Befehl des Herrn gehandelt und das Verbot übertreten hast, das dir der Herr, dein Gott, auf-
erlegt hat, 22 weil du zurückgekehrt bist und an dem Ort gegessen und getrunken hast, an dem
zu essen und zu trinken er dir verboten hatte, darum soll deine Leiche nicht in das Grab deiner
Väter kommen. 23 Nachdem der Gottesmann gegessen und getrunken hatte, sattelte der
Prophet, der ihn zurückgeholt hatte, für ihn den Esel. 24 Er zog fort; doch unterwegs fiel ihn
ein Löwe an und tötete ihn. Seine Leiche lag hingestreckt am Weg, und der Esel stand neben ihr.
Auch der Löwe blieb neben der Leiche stehen. 25 Die Leute, die vorübergingen, sahen die
Leiche am Weg liegen und den Löwen neben ihr stehen. Sie kamen und erzählten es in der Stadt,
in der der alte Prophet wohnte. 26 Als der Prophet, der ihn vom Weg zurückgeholt hatte, da-
von hörte, sagte er: Das ist der Gottesmann, der gegen den Befehl des Herrn gehandelt hat. Darum
hat ihn der Herr dem Löwen preisgegeben, und dieser hat ihn zerrissen und getötet, wie es der
Herr ihm angekündigt hatte. 27 Dann befahl er seinen Söhnen: Sattelt mir den Esel! Sie taten
es, 28 und er machte sich auf und fand die Leiche am Weg hingestreckt; der Esel und der Löwe
standen neben ihr. Der Löwe hatte die Leiche nicht gefressen und den Esel nicht zerrissen.
29 Der Prophet hob nun die Leiche auf, legte sie auf den Esel und kam mit ihr in die Stadt zurück,
um dem Gottesmann die Totenklage zu halten und ihn zu begraben.

1 Könige 13, 20–29

Der Tod des Propheten von Bet-El

17 Nach einiger Zeit erkrankte der Sohn der Witwe, der das Haus gehörte. Die Krankheit ver-
schlimmerte sich so, daß zuletzt kein Atem mehr in ihm war. 18 Da sagte sie zu Elija: Was habe
ich mit dir zu schaffen, Mann Gottes? Du bist nur zu mir gekommen, um an meine Sünde zu
erinnern und meinem Sohn den Tod zu bringen. 19 Er antwortete ihr: Gib mir deinen Sohn!
Und er nahm ihn von ihrem Schoß, trug ihn in das Obergemach hinauf, in dem er wohnte, und
legte ihn auf sein Bett. 20 Dann rief er zum Herrn und sagte: Herr, mein Gott, willst du denn
auch über die Witwe, in deren Haus ich wohne, Unheil bringen und ihren Sohn sterben lassen?
21 Hierauf streckte er sich dreimal über den Knaben hin, rief zum Herrn und flehte: Herr, mein
Gott, laß doch das Leben in diesen Knaben zurückkehren! 22 Der Herr erhörte das Gebet
Elijas. Das Leben kehrte in den Knaben zurück, und er lebte wieder auf. 23 Elija nahm ihn,
brachte ihn vom Obergemach in das Haus hinab und gab ihn seiner Mutter zurück mit den
Worten: Sieh, dein Sohn lebt. 24 Da sagte die Frau zu Elija: Jetzt weiß ich, daß du ein Mann
Gottes bist und daß das Wort des Herrn wirklich in deinem Mund ist.

1 Könige 17, 17–24

Elija erweckt den Sohn der Witwe

30 Nun forderte Elija das ganze Volk auf: Tretet her zu mir! Sie kamen, und Elija baute den
zerstörten Altar Jahwes wieder auf. 31 Er nahm zwölf Steine, nach der Zahl der Stämme der
Söhne Jakobs, zu dem der Herr gesagt hatte: Israel soll dein Name sein. 32 Er fügte die Steine
zu einem Altar für den Namen des Herrn, zog rings um den Altar einen Graben und grenzte eine
Fläche ab, die zwei Sea Saat hätte aufnehmen können. 33 Sodann schichtete er das Holz auf,
zerteilte den Stier und legte ihn auf das Holz. 34 Nun befahl er: Füllt vier Krüge mit Wasser,
und gießt es über das Brandopfer und das Holz! Hierauf sagte er: Tut es noch einmal! Und sie
wiederholten es. Dann sagte er: Tut es zum drittenmal! Und sie taten es zum drittenmal. 35 Das
Wasser lief rings um den Altar. Auch den Graben füllte er mit Wasser. 36 Zu der Zeit nun, da
man das Speiseopfer darzubringen pflegt, trat der Prophet Elija an den Altar und rief: Herr, Gott
Abrahams, Isaaks und Israels, heute soll man erkennen, daß du Gott bist in Israel, daß ich dein
Knecht bin und all das in deinem Auftrag tue. 37 Erhöre mich, Herr, erhöre mich! Dieses Volk
soll erkennen, daß du, Herr, der wahre Gott bist und daß du sein Herz zur Umkehr wendest.
38 Da kam das Feuer des Herrn herab und verzehrte das Brandopfer, das Holz, die Steine und die
Erde. Auch das Wasser im Graben leckte es auf. 39 Das ganze Volk sah es, warf sich auf das
Angesicht nieder und rief: Jahwe ist Gott, Jahwe ist Gott! 40 Elija aber befahl ihnen: Ergreift
die Propheten des Baal! Keiner von ihnen soll entkommen. Man ergriff sie, und Elija ließ sie zum
Bach Kischon hinabführen und dort töten.

1 Könige 18, 30–40

Elija tötet die Propheten des Baal

1 Ahab erzählte Isebel alles, was Elija getan, auch daß er alle Propheten mit dem Schwert getötet
habe. 2 Sie schickte einen Boten zu Elija und ließ ihm sagen: Die Götter sollen mir dies und das
antun, wenn ich morgen um diese Zeit dein Leben nicht dem Leben eines jeden von ihnen gleich
mache. 3 Elija geriet in Angst, machte sich auf und ging weg, um sein Leben zu retten. Er kam
nach Beerscheba in Juda und ließ dort seinen Diener zurück. 4 Er selbst ging eine Tagereise
weit in die Wüste hinein. Dort setzte er sich unter einen Ginsterstrauch und wünschte sich den
Tod. Er sagte: Nun ist es genug, Herr. Nimm mein Leben; denn ich bin nicht besser als meine
Väter. 5 Dann legte er sich unter den Ginsterstrauch und schlief ein. Doch ein Engel rührte ihn
an und sprach: Steh auf und iß! 6 Als er um sich blickte, sah er neben seinem Kopf Brot, das in
glühender Asche gebacken war, und einen Krug mit Wasser. Er aß und trank und legte sich wieder
hin. 7 Doch der Engel des Herrn kam zum zweitenmal, rührte ihn an und sprach: Steh auf und
iß! Sonst ist der Weg zu weit für dich. 8 Da stand er auf, aß und trank und wanderte, durch diese
Speise gestärkt, vierzig Tage und vierzig Nächte bis zum Gottesberg Horeb.

1 Könige 19, 1–8

Elija und der Engel

21 Als dann auch der König von Israel ausrückte, vernichtete er die Pferde und Kriegswagen und
bereitete den Aramäern eine schwere Niederlage. 22 Da erschien der Prophet wieder beim
König von Israel und sagte zu ihm: Sammle deine Kräfte, und überleg dir gut, was du zu tun hast;
denn um die Jahreswende wird der König von Aram abermals gegen dich ziehen. 23 Zum
König von Aram hatten nämlich seine Ratgeber gesagt: Ihr Gott ist ein Gott der Berge; darum
waren sie uns überlegen. Wenn wir aber in der Ebene mit ihnen kämpfen, dann werden wir sie
bestimmt besiegen. 24 Tu also folgendes: Entfern die Könige aus ihrer Stellung, und ersetze sie
durch Statthalter! 25 Dann sammle ein ebenso großes Heer, wie du es verloren hast, und eben-
soviele Pferde und Kriegswagen, wie du zuvor hattest. Wir werden in der Ebene mit ihnen
kämpfen und sie gewiß besiegen. Ben-Hadad befolgte ihren Rat. 26 Um die Jahreswende
musterte er die Aramäer und rückte zum Krieg gegen Israel bis Afek vor. 27 Auch die Israeliten
wurden gemustert und mit Lebensmitteln versehen. Sie zogen den Aramäern entgegen und
lagerten ihnen gegenüber wie ein paar kleine Ziegenherden; die Aramäer aber füllten die ganze
Gegend. 28 Nun trat der Gottesmann zum König von Israel hin und sagte: So spricht der Herr:
Weil die Aramäer sagen, daß der Herr ein Gott der Berge und nicht ein Gott der Ebenen sei, gebe
ich diese ganze gewaltige Menge in deine Hand; und ihr werdet erkennen, daß ich der Herr bin.
29 Sie lagen dann sieben Tage einander gegenüber. Am siebten Tag kam es zur Schlacht, und die
Israeliten töteten vom aramäischen Fußvolk hunderttausend Mann an einem Tag.

Ahab schlägt die Aramäer

29 Darauf zog der König von Israel mit Joschafat, dem König von Juda, gegen Ramot-Gilead.
30 Der König von Israel sagte zu Joschafat: Ich will mich verkleiden und so in den Kampf ziehen.
Du aber behalte deine Gewänder an! So ging der König von Israel verkleidet in den Kampf.
31 Der König von Aram hatte aber den zweiunddreißig Obersten seiner Kriegswagen befohlen:
Greift niemanden an, er sei hohen oder niederen Ranges, außer den König von Israel! 32 Als
daher die Obersten der Kriegswagen Joschafat erblickten und ihn für den König von Israel
hielten, stürmten sie auf ihn ein, so daß er um Hilfe schrie. 33 Doch als sie sahen, daß er nicht
der König von Israel war, ließen sie von ihm ab. 34 Ein Mann aber spannte aufs Geratewohl
seinen Bogen und traf den König von Israel zwischen Panzer und Leibgurt. Dieser befahl daher
seinem Wagenlenker: Wende um, und bring mich aus der Schlacht; denn ich bin verwundet.
35 Da aber die Schlacht an jenem Tag heftig wurde, blieb der König im Kampf gegen die Aramäer
aufrecht im Wagen stehen. Am Abend starb er. Das Blut der Wunde war in das Innere des
Wagens geflossen.

1 Könige 22, 29–35

Ahabs Tod

5 Die Boten aber kehrten zum König zurück, und er fragte sie: Wie kommt es, daß ihr schon
zurück seid? 6 Sie antworteten ihm: Ein Mann kam uns entgegen und trug uns auf: Kehrt zum
König zurück, der euch gesandt hat, und sagt zu ihm: So spricht der Herr: Gibt es denn keinen
Gott in Israel, so daß du Boten aussenden mußt, die Beelzebul, den Gott von Ekron, befragen
sollen? Darum wirst du von dem Lager, auf das du dich gelegt hast, nicht mehr aufstehen; denn du
mußt sterben. 7 Da fragte er sie: Wie sah der Mann aus, der euch entgegenkam und diese
Worte zu euch sprach? 8 Sie erwiderten: Er trug einen Mantel aus Ziegenhaaren und hatte
einen ledernen Gurt um die Hüften. Da sagte er: Das war Elija aus Tischbe. 9 Er sandte nun den
Hauptmann über Fünfzig und seine Leute zu ihm. Dieser stieg zu Elija hinauf, der auf dem Gipfel
des Berges saß, und rief ihm zu: Mann Gottes, der König befiehlt dir herabzukommen.
10 Doch Elija antwortete dem Hauptmann der Fünfzig: Wenn ich ein Mann Gottes bin, so falle
Feuer vom Himmel und verzehre dich und deine Fünfzig. Sogleich fiel Feuer vom Himmel und
verzehrte ihn und seine Leute. 11 Darauf sandte der König einen anderen Hauptmann über
Fünfzig und seine Leute zu ihm. Auch dieser ergriff das Wort und rief Elija zu: Mann Gottes, so
spricht der König: Komm sofort herab! 12 Doch Elija antwortete ihnen: Wenn ich ein Mann
Gottes bin, so falle Feuer vom Himmel und verzehre dich und deine Fünfzig. Sogleich fiel das
Feuer Gottes vom Himmel und verzehrte ihn und seine Leute. 13 Nun schickte der König
einen dritten Hauptmann über Fünfzig und seine Leute. Dieser kam hinauf, kniete vor Elija
nieder und flehte ihn an: Mann Gottes, möchte doch mein Leben und das Leben deiner fünfzig
Knechte kostbar sein in deinen Augen. 14 Feuer ist vom Himmel gefallen und hat die ersten
zwei Hauptleute und ihre fünfzig Mann verzehrt. Möchte nun mein Leben kostbar sein in deinen
Augen.

2 Könige 1, 5–14

Elija läßt Feuer vom Himmel fallen

1 An dem Tag, da der Herr Elija im Wirbelsturm in den Himmel aufnehmen wollte, ging Elija mit
Elischa von Gilgal weg. 2 Er sagte zu Elischa: Bleib hier; denn der Herr hat mich nach Bet-El
gesandt. Doch Elischa erwiderte: So wahr der Herr lebt, und so wahr du lebst: Ich verlasse dich
nicht. So gingen sie nach Bet-El. 3 Dort kamen die Prophetenjünger, die in Bet-El waren, zu
Elischa heraus und sagten zu ihm: Weißt du, daß der Herr heute deinen Meister über dein Haupt
hinweg aufnehmen wird? Er antwortete: Auch ich weiß es. Seid still! 4 Elija aber sagte zu ihm:
Bleib hier, Elischa; denn der Herr hat mich nach Jericho gesandt. Elischa erwiderte: So wahr der
Herr lebt, und so wahr du lebst: Ich verlasse dich nicht. So kamen sie nach Jericho. 5 Dort
traten die Prophetenjünger, die in Jericho waren, an Elischa heran und sagten zu ihm: Weißt du,
daß der Herr heute deinen Meister über dein Haupt hinweg aufnehmen wird? Er antwortete
ihnen: Auch ich weiß es. Seid still! 6 Elija aber bat ihn: Bleib hier; denn der Herr hat mich an
den Jordan gesandt. Elischa erwiderte: So wahr der Herr lebt, und so wahr du lebst: Ich verlasse
dich nicht. So gingen beide miteinander. 7 Fünfzig Prophetenjünger folgten ihnen und blieben
dann seitwärts in einiger Entfernung stehen. Die beiden traten an den Jordan. 8 Hier nahm
Elija seinen Mantel, rollte ihn zusammen und schlug mit ihm auf das Wasser. Dieses teilte sich
nach beiden Seiten, und sie schritten trockenen Fußes hindurch. 9 Als sie drüben ange-
kommen waren, sagte Elija zu Elischa: Sprich eine Bitte aus, die ich dir erfüllen soll, bevor ich von
dir weggenommen werde. Elischa antwortete: Möchten mir doch zwei Anteile deines Geistes zu-
fallen. 10 Elija entgegnete: Du hast etwas Schweres erbeten. Wenn du siehst, wie ich von dir
weggenommen werde, wird es dir zuteil werden. Sonst aber wird es nicht geschehen. 11 Wäh-
rend sie miteinander gingen und redeten, erschien ein feuriger Wagen mit feurigen Pferden und
trennte beide voneinander. Elija fuhr im Wirbelsturm zum Himmel empor.

2 Könige 2, 1–11

Elija fährt im Feuerwagen

15 Die Prophetenjünger von Jericho, die in der Nähe standen, sahen ihn und sagten: Der Geist des
Elija ruht auf Elischa. Sie kamen ihm entgegen und warfen sich vor ihm zur Erde nieder.
16 Dann sagten sie zu ihm: Unter deinen Knechten sind fünfzig starke Männer. Sie sollen auf die
Suche nach deinem Meister gehen. Der Geist des Herrn könnte ihn fortgetragen und auf einem
der Berge oder in einem der Täler niedergesetzt haben. Doch Elischa entgegnete: Schickt
niemand! 17 Als sie aber heftig darauf bestanden, sagte er: Schickt sie also hin! Sie schickten
fünfzig Mann aus, und diese suchten drei Tage lang. Da sie ihn nicht fanden, 18 kehrten sie zu
Elischa zurück. Er hielt sich noch in Jericho auf und sagte zu ihnen: Habe ich euch nicht gesagt:
Ihr sollt nicht hingehen? 19 Die Männer der Stadt sagten zu Elischa: Unser Herr sieht, daß
man in dieser Stadt gut wohnen kann; nur das Wasser ist ungesund, und in der Gegend gibt es
viele Fehlgeburten. 20 Elischa befahl: Bringt mir eine neue Schüssel, und schüttet Salz hinein!
Man brachte sie ihm, 21 und er ging zur Wasserquelle und warf das Salz hinein mit den
Worten: So spricht der Herr: Ich mache dieses Wasser gesund. Es wird keinen Tod und keine
Fehlgeburt mehr verursachen. 22 Daher ist das Wasser bis zum heutigen Tag gesund, wie es
Elischa vorausgesagt hatte. 23 Von dort ging er nach Bet-El. Während er den Weg hinaufstieg,
kamen junge Burschen aus der Stadt und verspotteten ihn: Sie riefen ihm zu: Kahlkopf, komm
herauf! Kahlkopf, komm herauf! 24 Er wandte sich um, sah sie an und verfluchte sie im
Namen des Herrn. Da kamen zwei Bären aus dem Wald und zerrissen zweiundvierzig junge
Leute.

2 Könige 2, 15–24

Elischa flucht den Knaben von Bet-El

24 Danach sammelte Ben-Hadad, der König von Aram, seine ganze Streitmacht, zog gegen
Samaria und belagerte es. 25 In der eingeschlossenen Stadt entstand eine große Hungersnot, so
daß der Kopf eines Esels achtzig Silberschekel kostete und ein Viertelkab Milchsterne fünf Silber-
schekel. 26 Als der König von Israel einmal auf der Mauer vorbeischritt, rief ihm eine Frau zu:
Hilf mir, mein Herr und König! 27 Er antwortete: Wenn dir der Herr nicht hilft, wie soll ich dir
helfen? Soll es etwas von der Tenne oder von der Kelter sein? 28 Dann fragte er sie: Was fehlt
dir? Sie sagte: Diese Frau hat von mir verlangt: Gib deinen Sohn her, damit wir ihn heute aufessen.
Meinen Sohn werden wir dann morgen verzehren. 29 So haben wir meinen Sohn gekocht und
aufgegessen. Als ich aber am nächsten Tag zu ihr sagte: Gib jetzt deinen Sohn her, damit wir ihn
verzehren, hatte sie ihren Sohn versteckt. 30 Als der König die Worte der Frau hörte, zerriß er
seine Kleider, und da er auf der Mauer entlang ging, sah das Volk, daß er ein Bußgewand auf dem
bloßen Leib trug.

2 Könige 6, 24–30

Die Hungersnot in Samaria

22 Als Joram Jehu sah, fragte er: Kommst du in friedlicher Absicht, Jehu? Doch dieser erwiderte:
Wie sollte ich in friedlicher Absicht kommen, solange die Unzucht deiner Mutter Isebel und ihre
vielen Zaubereien andauern? 23 Da lenkte Joram um und wollte fliehen, während er Ahasja
zurief: Verrat, Ahasja! 24 Doch Jehu ergriff den Bogen und traf Joram zwischen die Schultern,
so daß der Pfeil sein Herz durchbohrte und er in seinem Wagen niedersank. 25 Dann befahl
Jehu seinem Adjutanten Bidkar: Nimm ihn, und wirf ihn auf den Acker Nabots aus Jesreel. Denk
daran: Ich und du fuhren auf unseren Gespannen hinter seinem Vater Ahab her, als der Herr
dieses Wort über ihn verkünden ließ: 26 Fürwahr, ich habe gestern das Blut Nabots und seiner
Söhne gesehen – Spruch des Herrn. Ich werde an dir auf diesem Acker Vergeltung üben – Spruch
des Herrn. Nimm ihn also, und wirf ihn auf den Acker, wie es der Herr gesagt hat. 27 Als
Ahasja, der König von Juda, dies sah, floh er in Richtung Bet-Gan. Doch Jehu verfolgte ihn und
rief: Schlagt auch diesen nieder! Man schlug ihn beim Anstieg nach Gur, das bei Jibleam liegt, im
Wagen nieder. Er kam noch bis Megiddo, wo er starb. 28 Seine Diener brachten ihn nach
Jerusalem und begruben ihn bei seinen Vätern in seinem Grab in der Davidstadt. 29 Im elften
Jahr Jorams, des Sohnes Ahabs, war Ahasja König von Juda geworden. 30 Als Jehu nach Jesreel
kam und Isebel dies erfuhr, legte sie Schminke auf ihre Augen, schmückte ihr Haupt und schaute
durch das Fenster hinab. 31 Während dann Jehu an das Tor trat, rief sie ihm zu: Geht es Simri,
dem Mörder seines Herrn, gut? 32 Jehu schaute zum Fenster empor und fragte: Ist jemand da,
der zu mir hält? Zwei oder drei Hofleute sahen zu ihm herab, 33 und er befahl ihnen: Werft sie
herunter! Sie warfen sie herunter, und Isebels Blut bespritzte die Wand und die Pferde, die sie
zertraten.

2 Könige 9, 22–33

Jehu läßt Isebel aus dem Fenster werfen

34 Dann ging Jehu hinein, um zu essen und zu trinken. Schließlich befahl er: Seht nach dieser
Verfluchten, und begrabt sie; denn sie ist eine Königstochter. 35 Doch als sie hinkamen, um sie
zu begraben, fanden sie von ihr nur noch den Schädel, die Füße und die Hände. 36 Und sie
kamen zurück, um es ihm zu melden. Er aber sagte: Das ist das Wort, das der Herr durch seinen
Knecht Elija aus Tischbe verkündet hat: Auf der Flur von Jesreel werden die Hunde das Fleisch
Isebels fressen. 37 Die Leiche Isebels soll wie Mist auf dem Feld in der Flur Jesreels liegen, so
daß man nicht mehr sagen kann: Das ist Isebel.

Jehus Genossen finden Isebels Überreste

1 Als Atalja, die Mutter Ahasjas, sah, daß ihr Sohn tot war, ging sie daran, die ganze Nach-
kommenschaft der königlichen Familie auszurotten. 2 Doch Joscheba, die Tochter des Königs
Joram und Schwester Ahasjas, nahm Joasch, den Sohn Ahasjas, aus dem Kreis der Königssöhne,
die ermordet werden sollten, weg und brachte ihn heimlich mit seiner Amme in die Betten-
kammer. Dort versteckte sie ihn vor Atalja, so daß er nicht getötet wurde. 3 Er blieb sechs Jahre
bei ihr im Haus des Herrn verborgen, während Atalja das Land regierte. 4 Im siebten Jahr
bestellte der Priester Jojada die Hundertschaftsführer der Karer und Läufer zu sich. Er führte sie in
das Haus des Herrn, schloß mit ihnen ein Abkommen, ließ sie im Haus des Herrn schwören und
zeigte ihnen den Sohn des Königs. 12 Dann führte Jojada den Königssohn heraus und über-
reichte ihm den Stirnreif und das Königsgesetz. So machten sie ihn zum König, salbten ihn,
klatschten in die Hände und riefen: Es lebe der König! 13 Als Atalja das Geschrei des Volkes
hörte, kam sie zu den Leuten in das Haus des Herrn. 14 Da sah sie den König am gewohnten
Platz bei der Säule stehen; die Obersten und die Trompeter waren bei ihm, und alle Bürger des
Landes waren voller Freude und bliesen die Trompeten. Atalja zerriß ihre Kleider und schrie:
Verrat, Verrat! 15 Doch der Priester Jojada befahl den Hundertschaftsführern, die das Kom-
mando über die Truppen hatten: Führt sie durch die Reihen hinaus, und schlagt jeden mit dem
Schwert nieder, der ihr folgen will; denn – so sagte der Priester – sie soll nicht im Haus des Herrn
getötet werden. 16 Da legte man Hand an sie, und als sie an den Weg kam, auf dem man die
Pferde zum Palast des Königs führt, wurde sie dort getötet.

2 Könige 11, 1–4 und 12–16

Ataljas Tod

18 Darum wurde der Herr über Israel sehr zornig. Er verstieß es von seinem Angesicht, so daß der
Stamm Juda allein übrigblieb. 19 Doch auch Juda befolgte nicht die Befehle des Herrn, seines
Gottes, sondern ahmte die Bräuche nach, die Israel eingeführt hatte. 20 Darum verwarf der
Herr das ganze Geschlecht Israels. Er demütigte sie und gab sie Räubern preis; schließlich verstieß
er sie von seinem Angesicht. 21 Er hatte Israel vom Haus David losgerissen, und sie hatten
Jerobeam, den Sohn Nebats, als König eingesetzt. Jerobeam aber machte Israel vom Herrn
abtrünnig und verführte es zu schwerer Sünde. 22 Die Israeliten begingen all die Sünden, die
Jerobeam begangen hatte, und ließen nicht von ihnen ab. 23 Schließlich verstieß der Herr
Israel von sich, wie er es durch seine Knechte, die Propheten, angedroht hatte. So wanderte Israel
aus seinem Land weg in die Verbannung nach Assur und blieb dort bis zum heutigen Tag.
24 Der König von Assur brachte Leute aus Babel, Kuta, Awa, Hamat und Sefarwajim in das Land
und siedelte sie anstelle der Israeliten in den Städten Samariens an. Sie nahmen Samarien in Besitz
und ließen sich in seinen Städten nieder. 25 In der ersten Zeit, in der sie dort wohnten, erwiesen
sie dem Herrn keine Verehrung. Er schickte deshalb Löwen unter sie, die manche von ihnen
töteten.

2 Könige 17, 18–25

König Kyrus gibt die Gefäße des Tempels heraus

29 Und das soll für dich (Hiskija) ein Vorzeichen sein: In diesem Jahr ißt man, was von selbst
nachwächst, im nächsten Jahr, was wild wächst; im dritten Jahr aber sollt ihr wieder säen und
ernten, die Weinberge bepflanzen und ihre Früchte genießen. 30 Wer vom Haus Juda ent-
ronnen und übriggeblieben ist, wird wieder unten Wurzeln treiben und oben Frucht tragen.
31 Denn von Jerusalem wird ein Rest ausziehen, vom Berg Zion ziehen die Geretteten hinaus.
Der leidenschaftliche Eifer des Herrn wird das vollbringen. 32 Darum – so spricht der Herr
über den König von Assur: Er wird nicht in diese Stadt eindringen; er wird keinen einzigen Pfeil
hineinschießen, er wird nicht unter dem Schutz seines Schildes gegen sie anrennen und keinen
Damm gegen sie aufschütten. 33 Auf dem Weg, auf dem er gekommen ist, wird er wieder
zurückkehren. Aber in diese Stadt wird er nicht eindringen – Spruch des Herrn. 34 Ich werde
diese Stadt beschützen und retten, um meinetwillen und um meines Knechtes David willen.
35 In jener Nacht zog der Engel des Herrn aus und erschlug im Lager der Assyrer hundertfünf-
undachtzigtausend Mann. Als man am nächsten Morgen aufstand, fand man sie alle als Leichen.

2 Könige 19, 29–35

Der Engel des Herrn schlägt das Heer der Assyrer

1 Zidkija hatte sich gegen den König von Babel empört. Im neunten Regierungsjahr, am zehnten
Tag des zehnten Monats, rückte Nebukadnezzar, der König von Babel, mit seiner ganzen Streit-
macht vor Jerusalem und belagerte es. Man errichtete ringsherum einen Belagerungswall. 2 Bis
zum elften Jahr des Königs Zidkija wurde die Stadt belagert. 3 Am neunten Tag des vierten
Monats war in der Stadt die Hungersnot groß geworden, und die Bürger des Landes hatten kein
Brot mehr. 4 Damals wurden Breschen in die Stadtmauer geschlagen. Der König und alle
Krieger verließen die Stadt bei Nacht auf dem Weg durch das Tor zwischen den beiden Mauern,
das zum königlichen Garten hinausführt, obwohl die Chaldäer rings um die Stadt lagen. Sie
schlugen die Richtung nach der Araba ein. 5 Aber die chaldäischen Truppen setzten dem
König nach und holten ihn in den Niederungen von Jericho ein, nachdem alle seine Truppen ihn
verlassen und sich zerstreut hatten. 6 Man ergriff den König und brachte ihn nach Ribla, zum
König von Babel, und dieser sprach über ihn das Urteil 7 Die Söhne Zidkijas machte man vor
dessen Augen nieder. Zidkija ließ er blenden, in Fesseln legen und nach Babel bringen.

2 Könige 25, 1–7

Nebukadnezzar ermordet die Kinder Zidkijas

13 Während ganz Juda, mit Kindern, Frauen und Söhnen, vor dem Herrn stand, 14 kam
mitten in der Versammlung der Geist des Herrn über Jahasiël, den Sohn Secharjas, des Sohnes
Benajas, des Sohnes Jëiëls, des Sohnes Mattanjas, einen Leviten von den Söhnen Asafs. 15 Er
rief: Ihr Judäer alle, ihr Einwohner Jerusalems und du, König Joschafat, merkt auf! So spricht der
Herr zu euch: Fürchtet euch nicht, und erschreckt nicht vor diesem großen Heerhaufen; denn
nicht eure, sondern Gottes Sache ist der Krieg. 16 Zieht morgen gegen sie hinab! Sie werden die
Steige von Ziz heraufkommen, und ihr werdet am Ausgang des Tals vor der Wüste Jeruël auf sie
stoßen 17 Doch werdet ihr nicht kämpfen müssen. Tretet an, bleibt aber stehen, und seht zu,
wie der Herr euch Rettung verschafft. Juda und Jerusalem, fürchtet euch nicht, und habt keine
Angst! Morgen sollt ihr vor ihren Augen ausrücken, und der Herr wird mit euch sein. 18 Da
verneigte sich Joschafat mit dem Gesicht zur Erde. Auch alle Judäer und die Einwohner Jerusa-
lems fielen vor dem Herrn nieder und beteten ihn an. 19 Darauf erhoben sich von den Leviten
die Nachkommen Kehats, und zwar die Nachkommen Korachs, um den Herrn, den Gott Israels,
mit lauter und mächtiger Stimme zu preisen. 20 Früh am nächsten Morgen zogen sie in die
Wüste von Tekoa. Beim Aufbruch trat Joschafat hin und rief: Hört mir zu, Juda und ihr Ein-
wohner Jerusalems! Vertraut auf den Herrn, euren Gott, dann werdet ihr bestehen. Vertraut auf
seine Propheten, dann werdet ihr Erfolg haben. 21 Nachdem er sich mit dem Volk beraten
hatte, stellte er Sänger für den Herrn auf, die in heiligem Schmuck dem kampfbereiten Heer
voranzogen, Loblieder sangen und riefen: Dankt dem Herrn; denn seine Huld währt ewig.
22 Während sie den Jubelruf und Lobpreis anstimmten, führte der Herr Feinde aus dem Hinter-
halt gegen die Ammoniter, Moabiter und die Bewohner des Berglands Seïr, die gegen Juda
gezogen waren, so daß sie geschlagen wurden. 23 Darauf stellten sich die Ammoniter und
Moabiter gegen die Bewohner des Berglands Seïr, weihten sie dem Untergang und vernichteten
sie. Nachdem sie die Bewohner Seïrs vollends aufgerieben hatten, gerieten sie selbst gegenein-
ander zu ihrem eigenen Verderben. 24 Als daher die Judäer an die Stelle kamen, von der aus
man die Wüste überschauen konnte, und ihren Blick auf die feindlichen Scharen richteten, sahen
sie nur Leichen am Boden liegen; keiner war entkommen.

2 Chronik 20, 13–24

Joschaphats Sieg über die Ammoniter und Moabiter

1 Im ersten Jahr des Königs Kyrus von Persien sollte sich erfüllen, was der Herr durch Jeremia
gesprochen hatte. Darum erweckte der Herr den Geist des Königs Kyrus von Persien, und Kyrus
ließ in seinem ganzen Reich mündlich und schriftlich den Befehl verkünden: 2 So spricht der
König Kyrus von Persien: Der Herr, der Gott des Himmels, hat mir alle Reiche der Erde verliehen.
Er selbst hat mir aufgetragen, ihm in Jerusalem in Juda ein Haus zu bauen. 3 Jeder unter euch,
der zu seinem Volk gehört – sein Gott sei mit ihm –, der soll nach Jerusalem in Juda hinaufziehen
und das Haus des Herrn, des Gottes Israels, aufbauen; denn er ist der Gott, der in Jerusalem wohnt.
4 Und jeden, der irgendwo übriggeblieben ist, sollen die Leute des Ortes, in dem er ansässig war,
unterstützen mit Silber und Gold, mit beweglicher Habe und Vieh, neben den freiwilligen Gaben
für das Haus Gottes in Jerusalem. 5 Die Familienoberhäupter von Juda und Benjamin sowie
die Priester und Leviten, kurz alle, deren Geist Gott erweckte, machten sich auf den Weg, um nach
Jerusalem zu ziehen und dort das Haus des Herrn zu bauen. 6 Alle ihre Nachbarn unter-
stützten sie in jeder Weise mit Silber und Gold, mit beweglicher Habe und mit Vieh sowie mit
wertvollen Dingen, abgesehen von dem, was jeder für den Tempel spendete. 7 König Kyrus
gab auch die Geräte des Hauses des Herrn zurück, die Nebukadnezzar aus Jerusalem wegge-
schleppt und in das Haus seines Gottes gebracht hatte. 8 König Kyrus von Persien übergab sie
dem Schatzmeister Mitredat, und dieser zählte sie Scheschbazzar, dem Oberen von Juda, vor.
9 Das war ihre Zahl: 30 goldene Opferschalen, 1000 silberne Opferschalen, 29 Räucherpfannen;
10 30 goldene Becher, 410 silberne Becher, 1000 sonstige Geräte. 11 Insgesamt waren es 5400
Geräte aus Gold und Silber. All das brachte Scheschbazzar mit, als er mit den Verschleppten von
Babel nach Jerusalem zurückkehrte.

Die Fremden in Samarien werden von Löwen getötet

1 Als der siebte Monat herankam und die Israeliten bereits in ihren Heimatstädten waren, ver-
sammelte sich das ganze Volk geschlossen in Jerusalem. 2 Jeschua, der Sohn des Jozadak, mit
seinen Brüdern, den Priestern, und Serubbabel, der Sohn Schealtiëls, mit seinen Brüdern gingen
daran, den Altar des Gottes Israels wieder aufzubauen, um auf ihm Brandopfer darzubringen, wie
es im Gesetz des Gottesmannes Mose vorgeschrieben ist. 3 Sie errichteten den Altar an seiner
alten Stelle, obwohl die Völker der Nachbarländer sie davon abzuschrecken suchten, und brach-
ten auf ihm dem Herrn Brandopfer dar, je ein Brandopfer am Morgen und am Abend. 4 Dann
feierten sie der Vorschrift entsprechend das Laubhüttenfest und brachten Tag für Tag so viele
Opfer dar, wie es für die einzelnen Tage festgesetzt ist. 5 Von da an brachten sie auch das
ständige Brandopfer wieder dar; ferner die Opfer an den Neumondtagen und an allen dem Herrn
geheiligten Festzeiten sowie alle freiwilligen Opfer, die jemand dem Herrn spendete. 6 Am
ersten Tag des siebten Monats hatten sie begonnen, dem Herrn Brandopfer darzubringen; aber
die Fundamente für den Tempel des Herrn waren noch nicht gelegt. 7 Darum nahmen sie
Steinhauer und Zimmerleute in Dienst; den Sidoniern und Tyrern lieferten sie Nahrungsmittel,
Getränke und Öl, damit sie Zedernstämme vom Libanon über das Meer nach Jafo brachten; das
hatte ihnen der König Kyrus von Persien erlaubt. 8 Im zweiten Monat des zweiten Jahres nach
ihrer Ankunft beim Gotteshaus in Jerusalem machten sich ans Werk Serubbabel, der Sohn
Schealtiëls, und Jeschua, der Sohn des Jozadak, mit ihren übrigen Brüdern, nämlich den Priestern,
Leviten und allen, die aus der Gefangenschaft nach Jerusalem zurückgekommen waren. Sie
bestimmten die Leviten, die zwanzig Jahre und älter waren, dazu, die Arbeiten am Haus des Herrn
zu leiten. 9 Jeschua, seine Söhne und Brüder, Kadmiël und seine Söhne sowie die Söhne
Hodawjas traten gemeinsam an, um die anzuleiten, die die Arbeiten am Gotteshaus ausführten;
dazu kamen noch die Söhne Henadads sowie ihre Söhne und Brüder, ebenfalls Leviten. 10 Als
die Bauleute das Fundament für den Tempel des Herrn gelegt hatten, kamen die Priester in ihren
Gewändern und mit den Trompeten, außerdem die Leviten, die Nachkommen Asafs, mit den
Zimbeln, um den Herrn zu preisen nach der Ordnung Davids, des Königs von Israel.

Der Wiederaufbau des Tempels

11 Das ist eine Abschrift des Erlasses, den der König Artaxerxes dem Priester und Schriftgelehrten
Esra mitgab, dem Schriftkundigen in den Geboten und Satzungen, die der Herr Israel gegeben
hatte: 12 Artaxerxes, der König der Könige, wünscht dem Priester Esra, dem Schriftkundigen
im Gesetz des Gottes des Himmels, alles Gute. 13 Das ist es, was ich befehle: Jeder in meinem
Reich, der zum Volk Israel oder seinen Priestern und Leviten gehört und gewillt ist, nach Jerusa-
lem zu gehen, darf mit dir ziehen. 14 Denn du bist von dem König und seinen sieben Räten
ausgesandt und sollst nach dem Gesetz deines Gottes, das in deiner Hand ist, untersuchen, wie es
in Juda und Jerusalem steht. 15 Auch sollst du das Silber und Gold hinbringen, das der König
und seine Räte dem Gott Israels gespendet haben, der in Jerusalem seine Wohnstätte hat.
16 Bring auch alles Silber und Gold dorthin, das du in der ganzen Provinz Babel bekommst, samt
den Spenden, die das Volk Israel und die Priester für das Haus ihres Gottes in Jerusalem geben.
17 Von diesem Geld sollst du dann gewissenhaft Stiere, Widder und Lämmer sowie die dazu-
gehörenden Speiseopfer und Trankopfer kaufen und sie auf dem Altar des Hauses eures Gottes in
Jerusalem darbringen. 18 Das übrige Silber und Gold dürft ihr nach dem Willen eures Gottes
verwenden, wie es dir und deinen Amtsbrüdern gut scheint. 19 Auch die Geräte, die man dir
für den Dienst im Haus deines Gottes übergibt, sollst du dem Gott in Jerusalem abliefern.
20 Den restlichen Bedarf für das Haus deines Gottes, den du aufzubringen hast, bekommst du aus
den königlichen Schatzhäusern. 21 Ich, der König Artaxerxes, befehle allen Schatzmeistern im
Gebiet jenseits des Stroms: Alles, was der Priester Esra, der Schriftkundige im Gesetz des Gottes
des Himmels, von euch fordert, soll man pünktlich liefern, 22 und zwar bis zu hundert
Talenten Silber, bis zu hundert Kor Weizen, bis zu hundert Bat Wein, bis zu hundert Bat Öl, dazu
Salz in jeder Menge.

Esra 7, 11–22

Artaxerxes gibt den Israeliten die Freiheit

4 Da versammelten sich alle um mich, die wegen des Treubruchs der Heimkehrer die Drohungen
des Gottes Israels fürchteten. Bis zum Abendopfer saß ich erschüttert da. 5 Zur Zeit des
Abendopfers erhob ich mich aus meiner Bußübung, mit zerrissenem Gewand und Mantel. Dann
warf ich mich auf die Knie, breitete die Hände aus und betete zum Herrn, meinem Gott:
6 Mein Gott, ich schäme mich und wage nicht, die Augen zu dir, mein Gott, zu erheben. Denn
unsere Vergehen sind uns über den Kopf gewachsen; unsere Schuld reicht bis zum Himmel.
7 Seit den Tagen unserer Väter bis heute sind wir in großer Schuld. Wegen unserer Vergehen
wurden wir, unsere Könige und Priester, den Königen der Länder ausgeliefert, dem Schwert, der
Gefangenschaft, der Plünderung und der Schande, wie es noch heute der Fall ist. 8 Jetzt, für
einen kurzen Augenblick, hat der Herr, unser Gott, uns Erbarmen gezeigt; er hat einen Rest
gerettet und übriggelassen und uns einen Ruheplatz an seinem heiligen Ort gewährt. So ließ unser
Gott unsere Augen aufleuchten, er ließ uns ein wenig aufleben in unserer Knechtschaft. 9 Ja,
wir sind Knechte. Aber auch in unserer Knechtschaft hat unser Gott uns nicht verlassen. Er
wandte uns die Gunst der Könige von Persien zu. Er ließ uns aufleben, so daß wir das Haus
unseres Gottes wieder aufbauen und es aus den Trümmern wieder aufrichten konnten. Er
gewährte uns ein geschütztes Gebiet in Juda und Jerusalem. 10 Aber jetzt, unser Gott, was
sollen wir nach all dem sagen? Wir haben ja deine Gebote verlassen. 11 Du hast durch deine
Diener, die Propheten, geboten: Das Land, in das ihr kommt, um es in Besitz zu nehmen, ist ein
beflecktes Land; denn die Völker im Land haben es befleckt; in ihrer Unreinheit haben sie es mit
ihren Greueltaten erfüllt, vom einen Ende bis zum andern.

Esra 9, 4–11

Esra im Gebet

11 So kam ich nach Jerusalem. Dort blieb ich drei Tage. 12 Dann machte ich mich bei Nacht
auf, nahm aber nur einige wenige Männer mit. Noch hatte ich keinem Menschen mitgeteilt, was
mein Gott mir eingegeben hatte, für Jerusalem zu tun. Ich nahm keine Tiere mit außer dem einen,
auf dem ich ritt. 13 So ritt ich bei Nacht zum Taltor hinaus. An der Drachenquelle vorbei
gelangte ich zum Aschentor. Dabei besichtigte ich die Mauern Jerusalems: Sie waren nieder-
gerissen und die Tore vom Feuer verzehrt. 14 Ich ritt zum Quelltor und zum Königsteich
hinüber. Hier konnte ich mit dem Reittier nicht mehr vorwärts kommen. 15 So ging ich bei
Nacht das Bachtal hinauf und besichtigte die Mauer. Dann kehrte ich um und kam durch das Tal-
tor wieder zurück. 16 Die Vorsteher wußten nicht, wohin ich gegangen war und was ich vor-
hatte. Denn ich hatte bis dahin den Juden nichts mitgeteilt, weder den Priestern noch den Vor-
nehmen, noch den Beamten und den übrigen, die an dem Werk mitwirken sollten. 17 Jetzt
aber sagte ich zu ihnen: Ihr seht selbst, in welchem Elend wir leben: Jerusalem liegt in Trümmern,
und seine Tore sind abgebrannt. Gehen wir daran und bauen wir die Mauern Jerusalems wieder
auf! So machen wir unserer Schande ein Ende. 18 Dann berichtete ich ihnen, wie die Hand
meines Gottes so gütig über mir gewesen war und was der König mir zugesagt hatte. Da sagten Sie:
Wir wollen ans Werk gehen und bauen. Und sie nahmen die gute Sache in die Hand.

Nehemia 2, 11–18

Nehemia an den Toren von Jerusalem

1 Das ganze Volk versammelte sich geschlossen auf dem Platz vor dem Wassertor und bat den
Schriftgelehrten Esra, das Buch mit dem Gesetz des Mose zu holen, das der Herr den Israeliten
vorgeschrieben hat. 2 Am ersten Tag des siebten Monats brachte der Priester Esra das Gesetz
vor die Versammlung; zu ihr gehörten die Männer und die Frauen und alle, die das Gesetz ver-
stehen konnten. 3 Vom frühen Morgen bis zum Mittag las Esra auf dem Platz vor dem Wasser-
tor den Männern und Frauen und denen, die es verstehen konnten, das Gesetz vor. Das ganze
Volk lauschte auf das Buch des Gesetzes. 4 Der Schriftgelehrte Esra stand auf einer Kanzel aus
Holz, die man eigens dafür errichtet hatte. Neben ihm standen rechts Mattitja, Schema, Anaja,
Urija, Hilkija und Maaseja, und links Pedaja, Mischaël, Malkija, Haschum, Haschbaddana,
Secharja und Meschullam. 5 Esra öffnete das Buch vor aller Augen; denn er stand höher als das
versammelte Volk. Als er das Buch aufschlug, erhoben sich alle. 6 Dann pries Esra den Herrn,
den großen Gott; darauf antworteten alle mit erhobenen Händen: Amen, amen! Sie verneigten
sich, warfen sich vor dem Herrn nieder, mit dem Gesicht zur Erde. 7 Die Leviten Jeschua, Bani,
Scherebja, Jamin, Akkub, Schabbetai, Hodija, Maaseja, Kelita, Asarja, Josabad, Hanan und Pelaja
erklärten dem Volk das Gesetz; die Leute blieben auf ihrem Platz. 8 Man las aus dem Buch,
dem Gesetz Gottes, in Abschnitten vor und gab dazu Erklärungen, so daß die Leute das Vor-
gelesene verstehen konnten.

Nehemia 8, 1–8

Esra zeigt dem Volk das Gesetz

1 Die beiden kamen auf ihrer Reise abends an den Tigris, wo sie übernachteten. 2 Als der junge
Tobias im Fluß baden wollte, schoß ein Fisch aus dem Wasser hoch und wollte ihn verschlingen.
3 Der Engel rief Tobias zu: Pack ihn! Da packte der junge Mann zu und warf den Fisch ans Ufer.
4 Und der Engel sagte zu Tobias: Schneide den Fisch auf, nimm Herz, Leber und Galle heraus
und bewahre sie gut auf! 5 Der junge Tobias tat, was ihm der Engel sagte. Dann brieten sie den
Fisch und aßen ihn. 6 Als sie weiterreisten und in die Gegend von Ekbatana kamen, 7 fragte
der junge Tobias den Engel: Asarja, lieber Bruder, wozu sollen die Leber, das Herz und die Galle
des Fisches gut sein? 8 Rafael antwortete: Wenn ein Mann oder eine Frau von einem Dämon
oder einem bösen Geist gequält wird, soll man das Herz und die Leber des Fisches in Gegenwart
dieses Menschen verbrennen; dann wird er von der Plage befreit.

Tobit 6, 1–8

Tobit und der Engel

6 Der Engel aber nahm die beiden beiseite und sagte zu ihnen: Preist Gott, und lobt ihn! Gebt ihm
die Ehre, und bezeugt vor allen Menschen, was er für euch getan hat. Es ist gut, Gott zu preisen
und seinen Namen zu verherrlichen und voll Ehrfurcht seine Taten zu verkünden. Hört nie auf,
ihn zu preisen. 7 Es ist gut, das Geheimnis eines Königs zu wahren; die Taten Gottes aber soll
man offen rühmen. Tut Gutes, dann wird euch kein Unglück treffen. 8 Es ist gut, zu beten und
zu fasten, barmherzig und gerecht zu sein. Lieber wenig, aber gerecht, als viel und ungerecht.
Besser, barmherzig sein, als Gold aufhäufen. 9 Denn Barmherzigkeit rettet vor dem Tod und
reinigt von jeder Sünde. Wer barmherzig und gerecht ist, wird lange leben. 10 Wer aber
sündigt, ist der Feind seines eigenen Lebens. 11 Ich will euch nichts verheimlichen; ich habe
gesagt: Es ist gut, das Geheimnis eines Königs zu wahren; die Taten Gottes aber soll man offen
rühmen. 12 Darum sollt ihr wissen: Als ihr zu Gott flehtet, du und deine Schwiegertochter
Sara, da habe ich euer Gebet vor den heiligen Gott gebracht. Und ebenso bin ich in deiner Nähe
gewesen, als du die Toten begraben hast. 13 Auch als du ohne zu zögern vom Tisch aufge-
standen bist und dein Essen stehengelassen hast, um einem Toten den letzten Dienst zu erweisen,
blieb mir deine gute Tat nicht verborgen, sondern ich war bei dir. 14 Nun hat mich Gott auch
gesandt, um dich und deine Schwiegertochter Sara zu heilen. 15 Ich bin Rafael, einer von den
sieben heiligen Engeln, die das Gebet der Heiligen emportragen und mit ihm vor die Majestät des
heiligen Gottes treten. 16 Da erschraken die beiden und fielen voller Furcht vor ihm nieder.
17 Er aber sagte zu ihnen: Fürchtet euch nicht! Friede sei mit euch. Preist Gott in Ewigkeit!
18 Nicht weil ich euch eine Gunst erweisen wollte, sondern weil unser Gott es wollte, bin ich zu
euch gekommen. Darum preist ihn in Ewigkeit! 19 Während der ganzen Zeit, in der ihr mich
gesehen habt, habe ich nichts gegessen und getrunken; ihr habt nur eine Erscheinung gesehen.
20 Jetzt aber dankt Gott! Ich steige wieder auf zu dem, der mich gesandt hat. Doch ihr sollt alles,
was geschehen ist, in einem Buch aufschreiben. 21 Als sie wieder aufstanden, sahen sie ihn
nicht mehr. 22 Und sie verkündeten überall, welch große und wunderbare Dinge Gott getan
hatte und daß ihnen der Engel des Herrn erschienen war.

Tobit 12, 6–22

Tobits Familie sieht den Engel Rafael entschwinden

2 Judit allein blieb in dem Zelt zurück, wo Holofernes, vom Wein übermannt, vornüber auf sein
Lager gesunken war. 3 Judit hatte ihrer Dienerin befohlen, draußen vor ihrem Schlafgemach
stehen zu bleiben und wie alle Tage zu warten, bis sie herauskäme; sie werde nämlich zum Gebet
hinausgehen. Im gleichen Sinne hatte sie auch mit Bagoas gesprochen. 4 Inzwischen hatte sich
die ganze Gesellschaft entfernt, und es befand sich kein Mensch mehr im Schlafgemach des
Holofernes. Judit trat an das Lager des Holofernes und betete still: Herr, du Gott aller Macht, sieh
in dieser Stunde gnädig auf das, was meine Hände zur Verherrlichung Jerusalems tun werden.
5 Jetzt ist der Augenblick gekommen, daß du dich deines Erbbesitzes annimmst und daß ich
mein Vorhaben ausführe, zum Verderben der Feinde, die sich gegen uns erhoben haben.
6 Dann ging sie zum Bettpfosten am Kopf des Holofernes und nahm von dort sein Schwert
herab. 7 Sie ging ganz nahe zu seinem Lager hin, ergriff sein Haar und sagte: Mach mich stark,
Herr, du Gott Israels, am heutigen Tag! 8 Und sie schlug zweimal mit ihrer ganzen Kraft auf
seinen Nacken und hieb ihm den Kopf ab. 9 Dann wälzte sie seinen Rumpf von dem Lager
und riß das Mückennetz von den Tragstangen herunter. 10 Kurz danach ging sie hinaus und
übergab den Kopf des Holofernes ihrer Dienerin, die ihn in einen Sack steckte. Sie machten sich
dann beide wie gewöhnlich auf den Weg, als wollten sie zum Beten gehen. Sie gingen jedoch,
nachdem sie das Lager durchquert hatten, um die Schlucht herum, stiegen den Berg nach Betulia
hinauf und gelangten vor das Stadttor.

Judit 13, 2–10

Judit und Holofernes

11 Schon von weitem rief Judit den Wächtern am Tor zu: Öffnet, öffnet schnell das Tor! Gott ist
mit uns, ja, unser Gott ist mit uns. Er offenbart in Israel seine segensreiche Macht, an unseren
Feinden aber seine strafende Gewalt. Das hat er auch heute bewiesen. 12 Als die Männer in der
Stadt ihre Stimme hörten, eilten sie zum Stadttor hinunter und riefen die Ältesten der Stadt
zusammen. 13 Alle liefen herbei, vom Kleinsten bis zum Größten, denn sie konnten es nicht
fassen, daß Judit zurückgekommen war. Sie öffneten das Tor und ließen die beiden Frauen herein.
Dann zündeten sie ein Feuer an, um den Platz zu beleuchten, und umringten sie. 14 Judit aber
rief ihnen laut zu: Lobt Gott, ja, lobt ihn! Lobt Gott! Er hat dem Haus Israel sein Erbarmen nicht
entzogen, sondern er hat in dieser Nacht unsere Feinde durch meine Hand vernichtend getroffen.
15 Dann zog sie den Kopf aus dem Sack und zeigte ihn den Männern mit den Worten: Seht, das
ist der Kopf des Holofernes, des Oberbefehlshabers der assyrischen Truppen, und hier ist das
Mückennetz, unter dem er in seinem Rausch lag. Der Herr hat ihn durch die Hand einer Frau
erschlagen. 16 So wahr der Herr lebt, der mich auf dem Weg beschützt hat, den ich gegangen
bin: Zwar hat ihn mein Anblick verführt und in das Verderben gestürzt, aber er hat mich durch
keine Sünde befleckt oder geschändet. 17 Das Volk war zutiefst ergriffen; sie verneigten sich,
warfen sich vor Gott nieder und riefen einmütig: Gepriesen seist du, unser Gott, der du am
heutigen Tag die Feinde deines Volkes vernichtet hast. 18 Usija aber sagte: Meine Tochter, du
bist von Gott, dem Allerhöchsten, mehr gesegnet als alle anderen Frauen auf der Erde. Gepriesen
sei der Herr, unser Gott, der Himmel und Erde geschaffen hat. Durch seine Hilfe ist es dir
gelungen, dem Anführer unserer Feinde den Kopf abzuschlagen. 19 Die Erinnerung an dein
Vertrauen soll in Ewigkeit nicht aus den Herzen der Menschen entschwinden, die sich an die
Macht Gottes erinnern. 20 Gott möge dir ewigen Ruhm schenken und dich reich mit seinem
Segen belohnen. Denn in der Not unseres Volkes hast du dein Leben nicht geschont; nein, du
hast entschlossen unseren Untergang von uns abgewehrt, du bist vor unserem Gott auf geradem
Weg gegangen. Und alles Volk rief: Amen, amen.

Judit 13, 11–20

Judit zeigt das Haupt des Holofernes

1 Es war zur Zeit des Artaxerxes, jenes Artaxerxes, der von Indien bis Kusch über hundertsieben-
undzwanzig Provinzen herrschte. 2 Drei Jahre, nachdem König Artaxerxes in der Burg Susa
den Thron seines Reiches bestiegen hatte, 3 gab er ein Festmahl für alle seine Fürsten und
Beamten. Die Obersten des Heeres von Persien und Medien, die Vornehmen und die Statthalter
der Provinzen waren erschienen, 4 und er stellte viele Tage lang seinen ganzen Reichtum und
seine königliche Pracht, seine Herrlichkeit und seinen ungeheueren Prunk zur Schau, hundert-
achtzig Tage lang. 5 Am Ende dieser Tage gab der König allen, die in der Burg Susa waren, vom
Größten bis zum Geringsten, sieben Tage lang im Hofgarten des Palastes ein Festmahl.
6 Weißes Leinen, violetter Purpurstoff und andere feine Gewebe waren mit weißen und roten
Schnüren in silbernen Ringen an Alabastersäulen aufgehängt. Auf dem Mosaikboden aus
Alabaster, weißem und buntem Marmor und Perlmuttsteinen standen goldene und silberne
Ruhelager. 7 Man trank aus goldenen Gefäßen, von denen keines den andern gleich war.
Großzügig ließ der König seinen Wein ausschenken. 8 Bei dem Gelage sollte keinerlei Zwang
herrschen. Denn der König hatte seinen Palastbeamten befohlen: Jeder kann tun, was ihm beliebt.
9 Auch Königin Waschti gab ein Festmahl für die Frauen, die im Palast des Königs Artaxerxes
lebten. 10 Als König Artaxerxes am siebten Tag vom Wein angeheitert war, befahl er
Mehuman, Biseta, Harbona, Bigta, Abagta, Setar und Karkas, den sieben Hofbeamten, die ihn
persönlich bedienten, 11 die Königin Waschti im königlichen Diadem vor ihn zu bringen,
damit das Volk und die Fürsten ihre Schönheit bewunderten; denn sie war sehr schön. 12 Aber
die Königin Waschti weigerte sich, dem Befehl des Königs, den die Hofbeamten überbracht
hatten, zu folgen und zu kommen. Da wurde der König erbost, und es packte ihn großer Zorn.

Ester 1, 1–12

Die Königin Waschti weigert sich, zum König zu kommen

1 In jener Nacht konnte der König nicht einschlafen. Darum ließ er sich das Buch der Denk-
würdigkeiten, die Chronik, bringen, und man las ihm daraus vor. 2 Da fand man den Bericht,
wie Mordechai Bigtan und Teresch anzeigte, die beiden königlichen Kämmerer, die zu den Tür-
hütern gehörten und einen Anschlag auf den König Artaxerxes geplant hatten. 3 Der König
fragte: Welche Belohnung und Auszeichnung hat Mordechai dafür erhalten? Die Diener des
Königs, die um ihn waren, antworteten: Er hat nichts erhalten. 4 Da fragte der König: Wer
steht draußen im Hof? Haman aber war gerade in den äußeren Hof des Königspalastes ge-
kommen, um dem König zu sagen, man solle Mordechai an dem Galgen aufhängen, den er für
ihn hatte aufstellen lassen. 5 Die Diener antworteten dem König: Haman steht im Hof. Der
König sagte: Er soll hereinkommen. 6 Haman trat ein. Der König fragte ihn: Was soll mit
einem Mann geschehen, den der König besonders ehren will? Haman dachte: Wen könnte der
König wohl mehr ehren wollen als mich? 7 Deshalb sagte Haman zum König: Wenn der
König einen Mann besonders ehren will, 8 lasse er ein königliches Gewand holen, das sonst der
König selbst trägt, und ein Pferd, auf dem sonst der König reitet und dessen Kopf königlich
geschmückt ist. 9 Das Gewand und das Pferd soll man einem der vornehmsten Fürsten des
Königs geben, und er soll den Mann, den der König besonders ehren will, bekleiden, ihn auf dem
Pferd über den Platz der Stadt führen und vor ihm ausrufen: So geht es einem Mann, den der
König besonders ehren will. 10 Darauf sagte der König zu Haman: Hol in aller Eile das
Gewand und das Pferd, und tu alles, was du gesagt hast, mit dem Juden Mordechai, der am Tor des
Palastes sitzt. Und laß nichts von dem aus, was du vorgeschlagen hast. 11 Haman nahm das
Gewand und das Pferd, kleidete Mordechai ein, führte ihn auf dem Pferd über den Platz der Stadt
und rief vor ihm aus: So geht es einem Mann, den der König besonders ehren will.

Ester 6, 1–11

Mordechais Triumph

1 Der König und Haman kamen zu dem Mahl, das die Königin Ester gab, 2 und der König
sagte auch am zweiten Tag zu Ester, als sie beim Wein saßen: Was hast du für eine Bitte, Königin
Ester? Sie wird dir erfüllt. Was hast du für einen Wunsch? Selbst wenn es die Hälfte des Reiches
wäre – man wird es dir geben. 3 Die Königin Ester antwortete: Wenn ich beim König Wohl-
wollen gefunden habe und wenn es ihm gefällt, dann möge mir und meinem Volk das Leben
geschenkt werden. Das ist meine Bitte und mein Wunsch. 4 Man hat mich und mein Volk
verkauft, um uns zu erschlagen, zu ermorden und auszurotten. Wenn man uns als Sklaven und
Sklavinnen verkaufen würde, hätte ich nichts gesagt; denn dann gäbe es keinen Feind, der es wert
wäre, daß man seinetwegen den König belästigt. 5 Da sagte der König Artaxerxes zu Königin
Ester: Wer ist der Mann? Wo ist der Mensch, der es wagt, so etwas zu tun? 6 Ester antwortete:
Dieser gefährliche Feind ist der verbrecherische Haman hier. Da erschrank Haman vor dem
König und der Königin. 7 Der König aber stand auf, verließ voll Zorn das Trinkgelage und
ging in den Garten des Palastes. Haman trat zu Ester und flehte sie um sein Leben an; denn er sah,
daß sein Untergang beim König besiegelt war. 8 Als der König aus dem Garten wieder in den
Raum zurückkam, in dem das Trinkgelage stattfand, hatte sich Haman über das Polster geworfen,
auf dem Ester lag. Der König sagte: Tut man jetzt sogar hier in meiner Gegenwart der Königin
Gewalt an? Kaum hatte der König das gesagt, da verhüllte man schon das Gesicht Hamans.
9 Harbona, einer der Hofbeamten, sagte zum König: Vor dem Haus Hamans steht schon ein
fünfzig Ellen hoher Galgen; ihn hat Haman für Mordechai aufgestellt, der dem König durch
seine Anzeige einen guten Dienst erwiesen hat. Der König befahl: Hängt ihn daran auf! 10 Da
hängten sie Haman an den Galgen, den er für Mordechai errichtet hatte, und der Zorn des Königs
legte sich.

Ester 7, 1–10

Ester verdirbt Haman

1 Am dritten Tag legte Ester ihre königlichen Gewänder an und ging in den inneren Palasthof, der
vor dem Haus des Königs lag. Der König saß im Königshaus auf seinem Königsthron, dem
Eingang gegenüber. 2 Als der König die Königin Ester im Hof stehen sah, fand sie Gnade vor
seinen Augen. Der König streckte ihr das goldene Zepter entgegen, das er in der Hand hielt. Ester
trat näher und berührte die Spitze des Zepters. [Am dritten Tag legte Ester, als sie ihr Gebet
beendet hatte, ihr Bußgewand ab und zog ihre Prunkgewänder an. Nachdem sie ihre strahlende
Schönheit wieder gewonnen hatte, betete sie zu dem allsehenden Gott und Retter. Dann nahm sie
zwei Dienerinnen mit; auf die eine stützte sie sich nach der Art der vornehmen Frauen, die andere
ging hinter ihr und trug ihr die Schleppe. Sie selbst strahlte in blühender Schönheit, ihr Gesicht
war bezaubernd und heiter, ihr Herz aber war beklommen vor Furcht. Sie durchschritt alle Türen
und blieb vor dem König stehen. Er saß auf seinem königlichen Thron, angetan mit seinen
Prunkgewändern voll Gold und Edelsteinen. Der Anblick war furchterregend. Als er aufblickte
und die Königin in wildem Zorn mit feuerrotem Gesicht ansah, wurde sie bleich, fiel in
Ohnmacht und sank auf die Schulter der Dienerin, die vorausging. Da erweichte Gott das Herz
des Königs. Besorgt sprang er vom Thron auf und nahm sie in seine Arme, bis sie wieder zu sich
kam. Dann redete er ihr mit freundlichen Worten zu und sagte: Was hast du, Ester? Ich bin dein
Bruder, sei unbesorgt! Du sollst nicht sterben; denn unser Befehl gilt nur für die anderen. Komm
her! Dann nahm er das goldene Zepter, legte es ihr auf den Nacken, küßte sie und sagte: Nun rede
mit mir! Da sagte sie zu ihm: Ich sah dich, Herr, wie einen Engel Gottes, und mein Herz erschrak
aus Furcht vor deinem majestätischen Anblick; denn du bist herrlich, Herr, und dein Gesicht ist
voll Wohlwollen. Während sie mit ihm redete, fiel sie wieder in Ohnmacht. Der König war sehr
bestürzt, und sein ganzes Gefolge suchte ihr Mut zu machen.] 3 Der König sagte zu ihr: Was
willst du, Königin Ester? Was hast du für einen Wunsch? Auch wenn es die Hälfte meines Reiches
wäre, du sollst es erhalten. 4 Ester antwortete: Wenn es dem König gefällt, möge er heute mit
Haman zu dem Festmahl kommen, das ich für ihn vorbereitet habe.

Ester fällt in Ohnmacht

6 Nun geschah es eines Tages, da kamen die Gottessöhne, um vor den Herrn hinzutreten; unter
ihnen kam auch der Satan. 7 Der Herr sprach zum Satan: Woher kommst du? Der Satan
antwortete dem Herrn und sprach: Die Erde habe ich durchstreift, hin und her. 8 Der Herr
sprach zum Satan: Hast du auf meinen Knecht Ijob geachtet? Seinesgleichen gibt es nicht auf der
Erde, so untadelig und rechtschaffen, er fürchtet Gott und meidet das Böse. 9 Der Satan
antwortete dem Herrn und sagte: Geschieht es ohne Grund, daß Ijob Gott fürchtet? 10 Bist du
es nicht, der ihn, sein Haus und all das Seine ringsum beschützt? Das Tun seiner Hände hast du
gesegnet; sein Besitz hat sich weit ausgebreitet im Land. 11 Aber streck nur deine Hand gegen
ihn aus, und rühr an all das, was sein ist; wahrhaftig, er wird dir ins Angesicht fluchen. 12 Der
Herr sprach zum Satan: Gut, all sein Besitz ist in deiner Hand, nur gegen ihn selbst streck deine
Hand nicht aus! Darauf ging der Satan weg vom Angesicht des Herrn. 13 Nun geschah es eines
Tages, daß seine Söhne und Töchter im Haus ihres erstgeborenen Bruders aßen und Wein
tranken. 14 Da kam ein Bote zu Ijob und meldete: Die Rinder waren beim Pflügen, und die
Esel weideten daneben. 15 Da fielen Sabäer ein, nahmen sie weg und erschlugen die Knechte
mit scharfem Schwert. Ich ganz allein bin entronnen, um es dir zu berichten. 16 Noch ist dieser
am Reden, da kommt schon ein anderer und sagt: Feuer Gottes fiel vom Himmel, schlug
brennend ein in die Schafe und Knechte und verzehrte sie. Ich ganz allein bin entronnen, um es
dir zu berichten. 17 Noch ist dieser am Reden, da kommt schon ein anderer und sagt: Die
Chaldäer stellten drei Rotten auf, fielen über die Kamele her, nahmen sie weg und erschlugen die
Knechte mit scharfem Schwert. Ich ganz allein bin entronnen, um es dir zu berichten. 18 Noch
ist dieser am Reden, da kommt schon ein anderer und sagt: Deine Söhne und Töchter aßen und
tranken Wein im Haus ihres erstgeborenen Bruders. 19 Da kam ein gewaltiger Wind über die
Wüste und packte das Haus an allen vier Ecken; es stürzte über die jungen Leute, und sie starben.
Ich ganz allein bin entronnen, um es dir zu berichten. 20 Nun stand Ijob auf, zerriß sein
Gewand, schor sich das Haupt, fiel auf die Erde und betete an. 21 Dann sagte er: Nackt kam ich
hervor aus dem Schoß meiner Mutter; / nackt kehre ich dahin zurück. / Der Herr hat gegeben, der
Herr hat genommen; / gelobt sei der Name des Herrn.

Ijob 1, 6–21

Ijob erfährt sein Unglück

1 Nun geschah es eines Tages, da kamen die Gottessöhne, um vor den Herrn hinzutreten; unter
ihnen kam auch der Satan, um vor den Herrn hinzutreten. 2 Da sprach der Herr zum Satan:
Woher kommst du? Der Satan antwortete dem Herrn: Die Erde habe ich durchstreift, hin und
her. 3 Der Herr sprach zum Satan: Hast du auf meinen Knecht Ijob geachtet? Seinesgleichen
gibt es nicht auf der Erde, so untadelig und rechtschaffen; er fürchtet Gott und meidet das Böse.
Noch immer hält er fest an seiner Frömmigkeit, obwohl du mich gegen ihn aufgereizt hast, ihn
ohne Grund zu verderben. 4 Der Satan antwortete dem Herrn und sagte: Haut um Haut! Alles,
was der Mensch besitzt, gibt er hin für sein Leben. 5 Doch streck deine Hand aus, und rühr an
sein Gebein und Fleisch; wahrhaftig, er wird dir ins Angesicht fluchen. 6 Da sprach der Herr
zum Satan: Gut, er ist in deiner Hand. Nur schone sein Leben! 7 Der Satan ging weg vom
Angesicht Gottes und schlug Ijob mit bösartigem Geschwür von der Fußsohle bis zum Scheitel.
8 Ijob setzte sich mitten in die Asche und nahm eine Scherbe, um sich damit zu schaben.
9 Da sagte seine Frau zu ihm: Hältst du immer noch fest an deiner Frömmigkeit? Lästere Gott,
und stirb! 10 Er aber sprach zu ihr: Wie eine Törin redet, so redest du. Nehmen wir das Gute an
von Gott, sollen wir dann nicht auch das Böse annehmen? Bei all dem sündigte Ijob nicht mit
seinen Lippen. 11 Die drei Freunde Ijobs hörten von all dem Bösen, das über ihn gekommen
war. Und sie kamen, jeder aus seiner Heimat: Elifas aus Teman, Bildad aus Schuach und Zofar aus
Naama. Sie vereinbarten hinzugehen, um ihm ihre Teilnahme zu bezeigen und um ihn zu
trösten. 12 Als sie von fern aufblickten, erkannten sie ihn nicht; sie schrien auf und weinten.
Jeder zerriß sein Gewand; sie streuten Asche über ihr Haupt gegen den Himmel. 13 Sie saßen
bei ihm auf der Erde sieben Tage und sieben Nächte; keiner sprach ein Wort zu ihm. Denn sie
sahen, daß sein Schmerz sehr groß war.

Ijob 2, 1–13

Ijob auf dem Aschenhaufen

1 Vision des Jesaja, des Sohnes des Amoz, über Juda und Jerusalem, die er zu der Zeit hatte, als
Usija, Jotam, Ahas und Hiskija Könige von Juda waren. 2 Hört, ihr Himmel! Erde, horch auf! /
Denn der Her spricht: Ich habe Söhne großgezogen und emporgebracht, / doch sie sind von mir
abgefallen. 3 Der Ochse kennt seinen Besitzer / und der Esel die Krippe seines Herrn; Israel
aber hat keine Erkenntnis, / mein Volk hat keine Einsicht. 4 Weh dem sündigen Volk, der
schuldbeladenen Nation, / der Brut von Verbrechern, den verkommenen Söhnen/ Sie haben den
Herrn verlassen, / den Heiligen Israels haben sie verschmäht / und ihm den Rücken gekehrt.
5 Wohin soll man euch noch schlagen? / Ihr bleibt ja doch abtrünnig. Der ganze Kopf ist wund, /
das ganze Herz ist krank: 6 Vom Kopf bis zum Fuß kein heiler Fleck, / nur Beulen, Striemen
und frische Wunden, sie sind nicht ausgedrückt, nicht verbunden, / nicht mit Öl gelindert.
7 Euer Land ist verödet, / eure Städte sind niedergebrannt. Fremde verzehren vor euren Augen
den Ertrag eurer Äcker; / verödet wie das zerstörte Sodom ist euer Land. 8 Die Tochter Zion
steht verlassen da / wie eine Hütte im Weinberg, wie eine Wächterhütte im Gurkenfeld / [wie eine
belagerte Stadt]. 9 Hätte der Herr der Heere nicht einen Rest für uns übriggelassen, / wir wären
wie Sodom geworden, / wir glichen Gomorra. 10 Hört das Wort des Herrn, ihr Herrscher von
Sodom! / Vernimm die Weisung unseres Gottes, du Volk von Gomorra! 11 Was soll ich mit
euren vielen Schlachtopfern?, / spricht der Herr. Die Widder, die ihr als Opfer verbrennt, / und
das Fett eurer Rinder habe ich satt; / das Blut der Stiere, der Lämmer und Böcke ist mir zuwider.
12 Wenn ihr kommt, um mein Angesicht zu schauen – / wer hat von euch verlangt, daß ihr meine
Vorhöfe zertrampelt? 13 Bringt mir nicht länger sinnlose Gaben, / Rauchopfer, die mir ein
Greuel sind. Neumond und Sabbat und Festversammlung – / Frevel und Feste – ertrage ich nicht.
14 Eure Neumondfeste und Feiertage / sind mir in der Seele verhaßt, sie sind mir zur Last
geworden, / ich bin es müde, sie zu ertragen. 15 Wenn ihr eure Hände ausbreitet, / verhülle ich
meine Augen vor euch. Wenn ihr auch noch so viel betet, / ich höre es nicht. / Eure Hände sind
voller Blut. 16 Wascht euch, reinigt euch! / Laßt ab von eurem üblen Treiben! / Hört auf, vor
meinen Augen Böses zu tun!

Jesaja

9 Seht, der Tag des Herrn kommt, / voll Grausamkeit, Grimm und glühendem Zorn; dann macht
er die Erde zur Wüste, / und die Sünder vertilgt er. 10 Die Sterne und Sternbilder am Himmel /
lassen ihr Licht nicht mehr leuchten. Die Sonne ist dunkel, schon wenn sie aufgeht, / der Mond
läßt sein Licht nicht mehr scheinen. 11 Dann bestrafe ich den Erdkreis für seine Verbrechen /
und die Bösen für ihre Vergehen. Dem Hochmut der Stolzen mache ich ein Ende / und werfe die
hochmütigen Tyrannen zu Boden. 12 Die Menschen mache ich seltener als Feingold, / die
Menschenkinder rarer als Golderz aus Ofir. 13 Dann wird der Himmel erzittern, / und die
Erde beginnt an ihrem Ort zu wanken wegen des Grimms des Herrn der Heere / am Tag seines
glühenden Zorns. 14 Wie aufgescheuchte Gazellen, / wie eine Schafherde, die niemand
zusammenhält, so eilt dann jeder zu seinem Volk, / so flieht jeder in sein Land. 15 Man sticht
jeden nieder, dem man begegnet; / wen man zu fassen bekommt, der fällt unter dem Schwert.
16 Vor ihren Augen werden ihre Kinder zerschmettert, / ihre Häuser geplündert, ihre Frauen
geschändet. 17 Seht, ich stachle die Meder gegen sie auf, / denen das Silber nichts gilt / und das
Gold nichts bedeutet. 18 Ihre Bogen strecken die jungen Männer nieder; / mit der Leibesfrucht
haben sie kein Erbarmen; / mit den Kindern kein Mitleid. 19 Wie es Sodom und Gomorra
erging, / als Gott sie zerstörte, so wird es Babel ergehen, / dem Kleinod unter den Königreichen, /
dem Schmuckstück der stolzen Chaldäer. 20 Für immer wird es unbewohnt sein, / bis zu den
fernsten Generationen / wird es nicht mehr besiedelt. Nicht einmal ein Beduine / schlägt dort sein
Zelt auf, / kein Hirt läßt seine Herde dort lagern. 21 Dort haben nur Wüstenhunde ihr Lager, /
die Häuser sind voller Eulen, Strauße lassen sich dort nieder, / und Böcke springen umher.
22 Hyänen heulen in Babels Palästen, / in den Lustschlössern heulen Schakale. Die Zeit (seines
Endes) steht nahe bevor, / Babels (letzte) Tage verzögern sich nicht.

Jesaja 13, 9–22

Jesaja sieht im Traum die Zerstörung Babylons

1 An jenem Tag bestraft der Herr mit seinem harten, großen, starken Schwert den Leviatan, die
schnelle Schlange, den Leviatan, die gewundene Schlange. Den Drachen im Meer wird er töten.
2 An jenem Tag gibt es einen prächtigen Weinberg. / Besingt ihn in einem Lied! 3 Ich, der
Herr, bin sein Wächter, / immer wieder bewässere ich ihn. Damit niemand ihm schadet, /
bewache ich ihn bei Tag und bei Nacht. 4 Ich habe jetzt keinen Zorn mehr. / Fände ich Dornen
und Disteln darin, ich würde sie alle bekämpfen, / ich würde sie alle zusammen verbrennen,
5 es sei denn, man sucht bei mir Schutz / und schließt mit mir Frieden, ja Frieden mit mir. 6 In
künftigen Tagen schlägt Jakob wieder Wurzel, / Israel blüht und gedeiht, / und der Erdkreis füllt
sich mit Früchten. 7 Hat er sie geschlagen, / wie er ihre Schläger schlug? Hat er sie umgebracht, /
wie er ihre Mörder umgebracht hat? 8 Du hast sie aufgescheucht und verjagt / und so gegen sie
den Rechtsstreit geführt. Mit einem heftigen Sturm / jagte er sie am Tag des Ostwinds davon.
9 Darum sei dadurch Jakobs Schuld wieder gesühnt, / darin bestehe die volle Befreiung von seiner
Sünde, daß er alle Altarsteine vernichtet, wie man Kalksteine zerschlägt. / Nie mehr soll man
Kultpfähle und Rauchopferaltäre errichten. 10 Ja, die befestigte Stadt ist einsam geworden, /
ein entvölkerter Ort, verlassen wie die Steppe. Dort weiden die Rinder und legen sich nieder. / Sie
fressen die Zweige ab. 11 Wenn dann die Äste verdorren, bricht man sie ab, / und die Frauen
kommen und machen Feuer damit. Es ist ein Volk ohne Einsicht; / deshalb hat sein Schöpfer kein
Erbarmen mit ihm, / er, der es geformt hat, ist ihm nicht gnädig. 12 An jenem Tag wird der
Herr Ähren ausklopfen / vom Eufrat bis zum Grenzbach Ägyptens; dann, ihr Söhne Israels, liest
man euch auf, / einen nach dem andern. 13 An jenem Tag wird man das große Widderhorn
blasen, / dann kommen die Verirrten aus Assur nach Hause, / und die in Ägypten Verstreuten
kehren zurück; sie fallen vor dem Herrn in Jerusalem nieder, / auf dem heiligen Berg.

Jesaja 27, 1–13

Der Untergang des Leviatan (Weissagung des Jesaja)

1 Im vierten Jahr Jojakims, des Sohnes Joschijas, des Königs von Juda, erging vom Herrn dieses
Wort an Jeremia: 2 Nimm dir eine Buchrolle, und schreib darauf alle Worte, die ich zu dir über
Israel und Juda und über alle Völker gesprochen habe, seitdem ich zu dir rede, von den Tagen
Joschijas an bis heute. 3 Vielleicht werden die Leute vom Haus Juda, wenn sie hören, wieviel
Unheil ich ihnen antun will, umkehren von ihrem bösen Weg, und ich kann ihnen Schuld und
Sünde verzeihen. 4 Da rief Jeremia Baruch, den Sohn Nerijas, und Baruch schrieb nach dem
Diktat Jeremias alle Worte, die der Herr zu ihm gesprochen hatte, auf eine Buchrolle. 5 Jeremia
gab hierauf Baruch folgenden Auftrag: Mir ist es verwehrt, das Haus des Herrn zu betreten.
6 Darum geh du hin, und lies am Fasttag aus der Rolle, die du nach meinem Diktat geschrieben
hast, dem Volk im Haus des Herrn die Worte des Herrn vor. Auch allen Judäern, die aus ihren
Städten herbeiströmen, sollst du sie vorlesen. 7 Vielleicht flehen sie vor dem Herrn um Erbarmen und kehren um, jeder von seinem bösen Weg; denn groß ist der Zorn und Grimm, den
der Herr diesem Volk angedroht hat. 8 Baruch, der Sohn Nerijas, handelte genau nach dem
Auftrag des Propheten Jeremia und las im Haus des Herrn die Worte des Herrn aus dem Buch
vor.

Jeremia 36, 1–8

Baruch schreibt die Weissagungen des Jeremia

1 Im neunten Jahr Zidkijas, des Königs von Juda, im zehnten Monat, rückte Nebukadnezzar, der
König von Babel, mit seiner ganzen Streitmacht vor Jerusalem und belagerte es. 2 Im elften
Jahr Zidkijas, am neunten Tag des vierten Monats, wurden Breschen in die Stadtmauer ge-
schlagen. 3 Da zogen alle Heerführer des Königs von Babel ein und ließen sich im Mitteltor
nieder: [Nergal-Sarezer, der Fürst von Sin-Magir, und] Nebuschasban, der Oberkämmerer,
Nergal-Sarezer, der Oberhofmeister, und alle übrigen Heerführer des Königs von Babel. 4 Als
Zidkija, der König von Juda, und alle Krieger dies sahen, ergriffen sie die Flucht und verließen bei
Nacht die Stadt auf dem Weg zum königlichen Garten; sie gingen durch das Tor zwischen den
beiden Mauern und schlugen die Richtung nach der Araba ein. 5 Aber die chaldäischen
Truppen setzten ihnen nach und holten Zidkija in den Niederungen von Jericho ein. Sie nahmen
ihn gefangen, brachten ihn vor Nebukadnezzar, den König von Babel, nach Ribla in der Land-
schaft Hamat, und dieser sprach das Urteil über ihn. 6 Der König von Babel ließ in Ribla die
Söhne Zidkijas vor dessen Augen niedermachen; auch alle Vornehmen Judas ließ der König von
Babel niedermachen. 7 Zidkija ließ er blenden und in Fesseln legen, um ihn nach Babel zu
bringen. 8 Den königlichen Palast und die Häuser der Bürger steckten die Chaldäer in Brand,
und die Mauern Jerusalems rissen sie nieder. 9 Den Rest der Bevölkerung, der noch in der Stadt
geblieben war, sowie alle, die zum König von Babel übergelaufen waren, und den Rest der Hand-
werker verschleppte Nebusaradan, der Kommandant der Leibwache, nach Babel.

Jeremia 39, 1–9

Der Fall Jerusalems

1 Das ist der Wortlaut des Buches, das Baruch, der Sohn Nerijas, des Sohnes Machsejas, des
Sohnes Zidkijas, des Sohnes Hasadjas, des Sohnes Hilkijas, in Babel geschrieben hat. 2 Es war
ihm fünften Jahr, am siebten Tag des fünften Monats, zur selben Zeit, als die Chaldäer Jerusalem
eingenommen und in Brand gesteckt hatten. 3 Baruch verlas den Wortlaut dieses Buches vor
König Jojachin von Juda, dem Sohn Jojakims, und vor dem ganzen Volk, das zusammenge-
kommen war, um die Schrift zu hören. 4 Er las vor den königlichen Beamten und Prinzen, vor
den Ältesten und dem ganzen Volk, vom Kleinsten bis zum Größten, vor allen, die in Babel am
Fluß Sud angesiedelt waren. 5 Da weinten, fasteten und flehten sie vor dem Herrn. 6 Dann
legten sie Geld zusammen, so viel ein jeder vermochte, 7 und sandten es nach Jerusalem an den
Priester Jojakim, den Sohn Hilkijas, des Sohnes Schallums, an die übrigen Priester und an das
ganze Volk, das sich mit ihm in Jerusalem befand. 8 Baruch selbst hatte bereits am zehnten
Siwan die Geräte des Hauses des Herrn, die aus dem Tempel verschleppt worden waren, erhalten,
um sie in das Land Juda zurückzubringen. Es waren jene silbernen Geräte, die König Zidkija von
Juda, der Sohn Joschijas, hatte anfertigen lassen, 9 nachdem Nebukadnezzar, der König von
Babel, Jojachin aus Jerusalem verschleppt und nach Babel gebracht hatte, samt den Beamten, den
Schmieden, der Oberschicht und den Bürgern des Landes.

Baruch

1 Am fünften Tag des vierten Monats im dreißigsten Jahr, als ich unter den Verschleppten am
Fluß Kebar lebte, öffnete sich der Himmel, und ich sah eine Erscheinung Gottes. 2 Am fünften
Tag des Monats – es war im fünften Jahr nach der Verschleppung des Königs Jojachin – 3 er-
ging das Wort des Herrn an Ezechiel, den Sohn Busis, den Priester, im Land der Chaldäer, am
Fluß Kebar. Dort kam die Hand des Herrn über ihn. 4 Ich sah: Ein Sturmwind kam von
Norden, eine große Wolke mit flackerndem Feuer, umgeben von einem hellen Schein. Aus dem
Feuer strahlte es wie glänzendes Gold. 5 Mitten darin erschien etwas wie vier Lebewesen. Und
das war ihre Gestalt: Sie sahen aus wie Menschen. 6 Jedes der Lebewesen hatte vier Gesichter
und vier Flügel. 7 Ihre Beine waren gerade und ihre Füße wie die Füße eines Stieres; sie glänzten
wie glatte und blinkende Bronze. 8 Unter den Flügeln an ihren vier Seiten hatten sie
Menschenhände. [Auch Gesichter und Flügel hatten die vier.] 9 Ihre Flügel berührten ein-
ander. Die Lebewesen änderten beim Gehen ihre Richtung nicht: Jedes ging in die Richtung, in
die eines seiner Gesichter wies. 10 Und ihre Gesichter sahen so aus: Ein Menschengesicht
(blickte bei allen vier nach vorn), ein Löwengesicht bei allen vier nach rechts, ein Stiergesicht bei
allen vier nach links und ein Adlergesicht bei allen vier (nach hinten). 11 Ihre Flügel waren
nach oben ausgespannt. Mit zwei Flügeln berührten sie einander, und mit zwei bedeckten sie
ihren Leib. 12 Jedes Lebewesen ging in die Richtung, in die eines seiner Gesichter wies. Sie
gingen, wohin der Geist sie trieb, und änderten beim Gehen ihre Richtung nicht. 13 Zwischen
den Lebewesen war etwas zu sehen wie glühende Kohlen, etwas wie Fackeln, die zwischen den
Lebewesen hin- und herzuckten. Das Feuer gab einen hellen Schein, und aus dem Feuer zuckten
Blitze. 14 Die Lebewesen liefen vor und zurück, und es sah aus wie Blitze.

Ezechiel

1 Im dritten Jahr der Herrschaft des Königs Jojakim von Juda zog Nebukadnezzar, der König von
Babel, gegen Jerusalem und belagerte es. 2 Und der Herr gab König Jojakim von Juda sowie
einen Teil der Geräte aus dem Haus Gottes in Nebukadnezzars Gewalt. Er verschleppte sie in das
Land Schinar, in den Tempel seines Gottes, die Geräte aber brachte er in das Schatzhaus seines
Gottes. 3 Dann befahl der König seinem Oberkämmerer Aschpenas, einige junge Israeliten an
den Hof zu bringen, Söhne von königlicher Abkunft oder wenigstens aus vornehmer Familie;
4 sie sollten frei von jedem Fehler sein, schön an Gestalt, in aller Weisheit unterrichtet und reich
an Kenntnissen; sie sollten einsichtig und verständig sein und geeignet, im Palast des Königs
Dienst zu tun; Aschpenas sollte sich auch in Schrift und Sprache der Chaldäer unterrichten.
5 Als tägliche Kost wies ihnen der König Speisen und Wein von der königlichen Tafel zu. Sie
sollten drei Jahre lang ausgebildet werden und dann in den Dienst des Königs treten. 6 Unter
diesen jungen Männern waren aus dem Stamm Juda Daniel, Hananja, Mischaël und Asarja.
7 Der Oberkämmerer gab ihnen andere Namen: Daniel nannte er Beltschazzar, Hananja
Schadrach, Mischaël Meschach und Asarja Abed-Nego. 8 Daniel war entschlossen, sich nicht
mit den Speisen und dem Wein der königlichen Tafel unrein zu machen, und er bat den Ober-
kämmerer darum, sich nicht unrein machen zu müssen. 9 Gott ließ ihn beim Oberkämmerer
Wohlwollen und Nachsicht finden. 10 Der Oberkämmerer sagte aber zu Daniel: Ich fürchte
mich vor meinem Herrn, dem König, der euch die Speisen und Getränke zugewiesen hat; er
könnte finden, daß ihr schlechter ausseht als die anderen jungen Leute eures Alters; dann wäre
durch eure Schuld mein Kopf beim König verwirkt. 11 Da sagte Daniel zu dem Mann, den der
Oberkämmerer als Aufseher für ihn selbst sowie für Hananja, Mischaël und Asarja eingesetzt
hatte: 13 Versuch es doch einmal zehn Tage lang mit deinen Knechten! Laß uns nur pflanz-
liche Nahrung zu essen und Wasser zu trinken geben! 13 Dann vergleiche unser Aussehen mit
dem der jungen Leute, die von den Speisen des Königs essen. Je nachdem, was du dann siehst,
verfahr weiter mit deinen Knechten! 14 Der Aufseher nahm ihren Vorschlag an und machte
mit ihnen eine zehntägige Probe. 15 Am Ende der zehn Tage sahen sie besser und wohlge-
nährter aus als all die jungen Leute, die von den Speisen des Königs aßen.

Daniel 1, 1–15

Daniel

14 Nebukadnezzar sagte zu ihnen: Ist es wahr, Schadrach, Meschach und Abed-Nego: Ihr verehrt
meine Götter nicht und betet das goldene Standbild nicht an, das ich errichtet habe? 15 Nun,
wenn ihr bereit seid, sobald ihr den Klang der Hörner, Pfeifen und Zithern, der Harfen, Lauten
und Sackpfeifen und aller anderen Instrumente hört, sofort niederzufallen und das Standbild
anzubeten, das ich habe machen lassen, ist es gut; betet ihr es aber nicht an, dann werdet ihr noch
zur selben Stunde in den glühenden Feuerofen geworfen. Welcher Gott kann euch dann aus
meiner Gewalt erretten? 16 Schadrach, Meschach und Abed-Nego erwiderten dem König
Nebukadnezzar: Wir haben es nicht nötig, dir darauf zu antworten: 17 Wenn überhaupt
jemand, so kann nur unser Gott, den wir verehren, uns erretten; auch aus dem glühenden Feuer-
ofen und aus deiner Hand, König, kann er uns retten. 18 Tut er es aber nicht, so sollst du, König
wissen: Auch dann verehren wir deine Götter nicht und beten das goldene Standbild nicht an, das
du errichtet hast. 19 Da wurde Nebukadnezzar wütend; sein Gesicht verzerrte sich vor Zorn
über Schadrach, Meschach und Abed-Nego. Er ließ den Ofen siebenmal stärker heizen, als man
ihn gewöhnlich heizte. 20 Dann befahl er, einige der stärksten Männer aus seinem Heer sollten
Schadrach, Meschach und Abed-Nego fesseln und in den glühenden Feuerofen werfen. 21 Da
wurden die Männer, wie sie waren – in ihren Mänteln, Röcken und Mützen und den übrigen
Kleidungsstücken – gefesselt und in den glühenden Feuerofen geworfen. 22 Nach dem
strengen Befehl des Königs war aber der Ofen übermäßig geheizt worden, und die heraus-
schlagenden Flammen töteten die Männer, die Schadrach, Meschach und Abed-Nego hinge-
bracht hatten. 23 Die drei Männer aber, Schadrach, Meschach und Abed-Nego, fielen gefesselt
in den glühenden Feuerofen. 24 Doch sie gingen mitten in den Flammen umher, lobten Gott
und priesen den Herrn.

Daniel 3, 14–24

Die drei Männer im Feuerofen

17 Daniel gab dem König zur Antwort: Behalte deine Gaben oder schenk sie einem andern! Aber
die Schrift will ich für den König lesen und deuten. 18 Mein König! Der höchste Gott hat
deinem Vater Nebukadnezzar Herrschaft und Macht, Herrlichkeit und Majestät gegeben.
19 Vor der Macht, die ihm verliehen war, zitterten und bebten alle Völker, Nationen und
Sprachen. Er tötete, wen er wollte, und ließ am Leben, wen er wollte. Er erhöhte, wen er wollte,
und stürzte, wen er wollte. 20 Als aber sein Herz überheblich und sein Geist hochmütig wurde,
stürzte man ihn von seinem königlichen Thron, und er verlor die Herrscherwürde. 21 Man
verstieß ihn aus der Gemeinschaft der Menschen. Sein Herz wurde dem der Tiere gleichgemacht.
Er mußte bei den wilden Eseln hausen und sich von Gras ernähren wie die Ochsen. Der Tau des
Himmels benetzte seinen Körper, bis er erkannte: Der höchste Gott gebietet über die Herrschaft
bei den Menschen und gibt sie, wem er will. 22 Obgleich nun du, sein Sohn Belschazzar, das
alles weißt, bist du in deinem Herzen doch nicht bescheiden geblieben. 23 Du hast dich gegen
den Herrn des Himmels erhoben und dir die Gefäße aus seinem Tempel herbeischaffen lassen.
Du und deine Großen, deine Frauen und Nebenfrauen, ihr habt daraus Wein getrunken. Du hast
die Götter aus Gold und Silber, aus Bronze, Eisen, Holz und Stein gepriesen, die weder sehen
noch hören können und keinen Verstand haben. Aber den Gott, der deinen Lebensatem in seiner
Hand hat und dem all deine Wege gehören, den hast du nicht verherrlicht. 24 Darum hat er
diese Hand geschickt und diese Schrift geschrieben. 25 Das Geschriebene lautet aber: Mene
mene tekel u-parsin. 26 Diese Worte bedeuten: Mene: Gezählt hat Gott die Tage deiner Herr-
schaft und macht ihr ein Ende. 27 Tekel: Gewogen wurdest du auf der Waage und zu leicht
befunden. 28 Peres: Geteilt wird dein Reich und den Medern und Persern gegeben. 29 Da
befahl Belschazzar, Daniel in Purpur zu kleiden und ihm eine goldene Kette um den Hals zu
legen, und er ließ verkünden, daß Daniel als der Dritte im Reich herrschen sollte. 30 Aber noch
in derselben Nacht wurde Belschazzar, der König der Chaldäer, getötet, 1 und der Meder
Darius übernahm die Königsherrschaft im Alter von zweiundsechzig Jahren.

Daniel 5, 17–30 und 6, 1

Das Fest des Belschazzar

12 Nun schlichen sich jene Männer heran und fanden Daniel, wie er zu seinem Gott betete und
flehte. 13 Darauf gingen sie zum König und erinnerten ihn an sein Verbot; sie sagten: O König,
hast du nicht ein Verbot unterzeichnet, nach dem jeder, der innerhalb von dreißig Tagen an
irgendeinen Gott oder Menschen außer an dich, König, eine Bitte richtet, in die Löwengrube
geworfen werden soll? Der König gab zur Antwort: Die Anordnung steht fest nach dem un-
wandelbaren Gesetz der Meder und Perser. 14 Da berichteten sie dem König: Daniel, einer von
den verschleppten Juden, achtet weder dich, König, noch das Verbot, das du unterschrieben hast,
sondern verrichtet dreimal am Tag sein Gebet. 15 Als der König das hörte, war es ihm sehr
peinlich, und er dachte nach, wie er Daniel retten könne. Bis Sonnenuntergang bemühte er sich,
ihn freizubekommen. 16 Doch jene Männer bestürmten ihn und sagten: Bedenke, König, es
ist bei den Medern und Persern Gesetz, daß jedes Verbot und Dekret, das der König erläßt,
unabänderlich ist. 17 Darauf befahl der König, Daniel herzubringen, und man warf ihn zu den
Löwen in die Grube. Der König sagte noch zu Daniel: Möge dein Gott, dem du so unablässig
dienst, dich erretten. 18 Und man nahm einen großen Stein und wälzte ihn auf die Öffnung
der Grube. Der König versiegelte ihn mit seinem Siegel und den Siegeln seiner Großen, um zu
verhindern, daß an der Lage Daniels etwas verändert würde. 19 Dann ging der König in seinen
Palast; fastend verbrachte er die Nacht; er ließ sich keine Speisen bringen und konnte keinen
Schlaf finden. 20 Früh am Morgen, als es gerade hell wurde, stand der König auf und ging in
Eile zur Löwengrube. 21 Als er sich der Grube näherte, rief er mit schmerzlicher Stimme nach
Daniel und fragte: Daniel, du Diener des lebendigen Gottes! Hat dein Gott, dem du so unablässig
dienst, dich vor den Löwen erretten können? 22 Daniel antwortete ihm: O König, mögest du
ewig leben. 23 Mein Gott hat seinen Engel gesandt und den Rachen der Löwen verschlossen.
Sie taten mir nichts zuleide; denn in seinen Augen war ich schuldlos, und auch dir gegenüber,
König, bin ich ohne Schuld. 24 Darüber war der König hoch erfreut und befahl, Daniel aus der
Grube herauszuholen. So wurde Daniel aus der Grube herausgeholt; man fand an ihm nicht die
geringste Verletzung, denn er hatte seinem Gott vertraut. 25 Nun aber ließ der König die
Männer herbeiholen, die Daniel verklagt hatten, und ließ sie mit ihren Kindern und Frauen in die
Löwengrube werfen. Sie waren noch nicht am Boden der Grube angelangt, da stürzten sich die
Löwen auf sie und zermalmten ihnen alle Knochen.

Daniel 6, 12–25

Daniel in der Löwengrube

1 Im ersten Jahr Belschazzars, des Königs von Babel, hatte Daniel einen Traum; auf seinem Lager
hatte er eine Vision. Er schrieb den Traum auf, und sein Bericht hat folgenden Inhalt: 2 Ich
hatte während der Nacht eine Vision: Die vier Winde des Himmels wühlten das große Meer auf.
3 Dann stiegen aus dem Meer vier große Tiere herauf; jedes hatte eine andere Gestalt. 4 Das
erste war einem Löwen ähnlich, hatte jedoch Adlerflügel. Während ich es betrachtete, wurden
ihm die Flügel ausgerissen; es wurde vom Boden emporgehoben und wie ein Mensch auf zwei
Füße gestellt, und es wurde ihm ein menschliches Herz gegeben. 5 Dann erschien ein zweites
Tier; es glich einem Bären und war nach einer Seite hin aufgerichtet. Es hielt drei Rippen zwischen
den Zähnen in seinem Maul, und man ermunterte es: Auf, friß noch viel mehr Fleisch! 6 Da-
nach sah ich ein anderes Tier; es glich einem Panther, hatte aber auf dem Rücken vier Flügel, wie
die Flügel eines Vogels; auch hatte das Tier vier Köpfe; ihm wurde die Macht eines Herrschers
verliehen. 7 Danach sah ich in meinen nächtlichen Visionen ein viertes Tier; es war furchtbar
und schrecklich anzusehen und sehr stark; es hatte große Zähne aus Eisen. Es fraß und zermalmte
alles, und was übrig blieb, zertrat es mit den Füßen. Von den anderen Tieren war es völlig ver-
schieden. Auch hatte es zehn Hörner. 8 Als ich die Hörner betrachtete, da wuchs zwischen
ihnen ein anderes, kleineres Horn empor, und vor ihm wurden drei von den früheren Hörnern
ausgerissen; und an diesem Horn waren Augen wie Menschenaugen und ein Maul, das
anmaßend redete.

Daniel 7, 1–8

Die Vision des Propheten Daniel

7 Hatten sich nun die Leute um die Mittagszeit wieder entfernt, dann kam Susanna und ging im
Garten ihres Mannes spazieren. 8 Die beiden Ältesten sahen sie täglich kommen und umher-
gehen; da regte sich in ihnen die Begierde nach ihr. 9 Ihre Gedanken gerieten auf Abwege, und
ihre Augen gingen in die Irre; sie sahen weder zum Himmel auf, noch dachten sie an die gerechten
Strafen Gottes. 10 Beide hatten wegen Susanna Liebeskummer; doch keiner sagte dem ande-
ren etwas von seinem Schmerz. 11 Denn sie schämten sich darüber, daß sie so begierig waren,
mit ihr zusammenzusein. 12 Ungeduldig warteten sie jeden Tag darauf, sie zu sehen.
13 Eines Tages sagte der eine zum andern: Gehen wir nach Hause, es ist Zeit zum Essen. Sie trenn-
ten sich also und gingen weg, 14 dann aber kehrte jeder um, und sie trafen wieder zusammen.
Sie fragten einander nach der Ursache und gestanden sich ihre Leidenschaft. Daraufhin verab-
redeten sie eine Zeit, zu der es ihnen möglich sein sollte, Susanna allein anzutreffen. 15 Wäh-
rend sie auf einen günstigen Tag warteten, kam Susanna eines Tages wie gewöhnlich in den
Garten, nur von zwei Mädchen begleitet, und wollte baden; denn es war heiß. 16 Niemand war
dort außer den Ältesten, die sich versteckt hatten und ihr auflauerten. 17 Sie sagte zu den
Mädchen: Holt mir Öl und Salben und verriegelt das Gartentor, damit ich baden kann. 18 Die
Mädchen taten, wie ihnen befohlen war. Sie verriegelten das Tor und verließen den Garten durch
die Seitenpforte, um zu holen, was ihnen aufgetragen war. Von den Ältesten bemerkten sie nichts,
denn diese hatten sich versteckt. 19 Als die Mädchen weg waren, standen die beiden Ältesten
auf, liefen zu Susanna hin 20 und sagten: Das Gartentor ist verschlossen, und niemand sieht
uns; wir brennen vor Verlangen nach dir: Sei uns zu Willen, und gib dich uns hin! 21 Weigerst
du dich, dann bezeugen wir gegen dich, daß ein junger Mann bei dir war und daß du deshalb die
Mädchen weggeschickt hast. 22 Da seufzte Susanna und sagte: Ich bin bedrängt von allen
Seiten: Wenn ich es tue, so droht mir der Tod; tue ich es aber nicht, so werde ich euch nicht entrin-
nen. 23 Es ist besser für mich, es nicht zu tun und euch in die Hände zu fallen, als gegen den
Herrn zu sündigen. 24 Dann schrie Susanna, so laut sie konnte. Aber zugleich mit ihr schrien
auch die beiden Ältesten, 25 und einer von ihnen lief zum Gartentor und öffnete es. 27 Als
die Leute im Haus das Geschrei im Garten hörten, eilten sie durch die Seitentür herbei, um zu
sehen, was ihr zugestoßen sei. 27 Als die Ältesten ihre Erklärung gaben, schämten sich die
Diener sehr; denn noch nie war so etwas über Susanna gesagt worden.

Daniel 13, 7–27

Susanna im Bade

48 Er trat mitten unter sie und sagte: Seid ihr so töricht, ihr Söhne Israels? Ohne Verhör und ohne
Prüfung der Beweise habt ihr eine Tochter Israels verurteilt. 49 Kehrt zurück zum Ort des
Gerichts! Denn diese Ältesten haben eine falsche Aussage gegen Susanna gemacht. 50 Eilig
kehrten alle Leute wieder um, und die Ältesten sagten zu Daniel: Setz dich hier mitten unter uns,
und sag uns, was du zu sagen hast. Denn dir hat Gott den Vorsitz verliehen. 51 Daniel sagte zu
ihnen: Trennt diese beiden Männer, bringt sie weit auseinander! Ich will sie verhören. 52 Als
man sie voneinander getrennt hatte, rief er den einen von ihnen her und sagte zu ihm: In Schlech-
tigkeit bist du alt geworden; doch jetzt kommt die Strafe für die Sünden, die du bisher begangen
hast. 53 Ungerechte Urteile hast du gefällt, Schuldlose verurteilt, aber Schuldige freige-
sprochen; und doch hat der Herr gesagt: Einen Schuldlosen und Gerechten sollst du nicht töten.
54 Wenn du also diese Frau wirklich gesehen hast, dann sag uns: Was für ein Baum war das, unter
dem du die beiden zusammen gesehen hast? Er antwortete: Unter einer Zeder. 55 Da sagte
Daniel: Mit deiner Lüge hast du dein eigenes Haupt getroffen. Der Engel Gottes wird dich zer-
spalten; schon hat er von Gott den Befehl dazu erhalten. 56 Dann ließ er ihn wegbringen und
befahl, den andern vorzuführen. Zu ihm sagte er: Du Sohn Kanaans, nicht Judas, dich hat die
Schönheit verführt, die Leidenschaft hat dein Herz verdorben. 57 So konntet ihr an den
Töchtern Israels handeln, sie fürchteten sich und waren euch zu Willen. Aber die Tochter Judas
hat eure Gemeinheit nicht geduldet. 58 Nun sag mir: Was für ein Baum war das, unter dem du
die beiden ertappt hast? Er antwortete: Unter einer Eiche. 59 Da sagte Daniel zu ihm: Mit
deiner Lüge hast auch du dein eigenes Haupt getroffen. Der Engel Gottes wartet schon mit dem
Schwert in der Hand, um dich mitten entzweizuhauen. So wird er euch beide vernichten.
60 Da schrie die ganze Gemeinde laut auf und pries Gott, der alle rettet, die auf ihn hoffen.
61 Dann erhoben sie sich gegen die beiden Ältesten, die Daniel durch ihre eigenen Worte als
falsche Zeugen entlarvt hatte. Das Böse, das sie ihrem Nächsten hatten antun wollen, tat man
62 nach dem Gesetz des Mose ihnen an: Man tötete sie. So wurde an jenem Tag unschuldiges Blut
gerettet.

Die Rechtfertigung der Susanna

1 Der König Astyages ging zu seinen Vätern heim, und sein Reich übernahm der Perser Kyrus.
2 Daniel war der Vertraute des Königs, der ihn höher schätzte als alle seine Freunde. 3 Nun
hatten die Babylonier ein Bild des Gottes Bel. Sie wendeten für ihn täglich zwölf Scheffel Fein-
mehl auf, dazu vierzig Schafe und sechs Krüge Wein. 4 Auch der König verehrte ihn und kam
jeden Tag, um ihn anzubeten. Daniel aber betete seinen eigenen Gott an. Der König sagte zu ihm:
Warum betest du Bel nicht an? 5 Er erwiderte: Ich verehre keine Standbilder, die von
Menschen gemacht worden sind, sondern nur den lebendigen Gott, der den Himmel und die
Erde erschaffen hat und die Herrschaft besitzt über alles, was lebt. 6 Der König entgegnete ihm:
Du meinst also, Bel sei kein lebendiger Gott? Siehst du nicht, welche Mengen er Tag für Tag ißt
und trinkt? 7 Da lachte Daniel und sagte: Laß dich nicht täuschen, König! Dieser Bel ist innen
von Lehm und außen von Bronze; er hat niemals gegessen oder getrunken. 8 Da wurde der
König zornig; er rief die Priester des Bel herbei und sagte zu ihnen: Wenn ihr mir nicht sagt, wer all
diese Mengen verzehrt, müßt ihr sterben. 9 Beweist ihr aber, daß Bel das alles verzehrt, dann
muß Daniel sterben, weil er über Bel gelästert hat. Daniel sagte zum König: Es soll geschehen, was
du gesagt hast. 10 Es waren aber siebzig Belpriester, nicht gerechnet die Frauen und Kinder. Der
König ging nun mit Daniel in den Tempel Bels. 11 Die Belpriester sagten: Wir gehen jetzt
hinaus. Trag du, König, selbst die Speisen auf, mische den Wein, und stell ihn hin! Verschließ
dann die Tür, und versiegle sie mit deinem Ring! 12 Wenn du morgen früh wiederkommst
und dich nicht davon überzeugen kannst, daß Bel alles verzehrt hat, dann wollen wir sterben,
andernfalls aber Daniel, der uns verleumdet hat.

Daniel 14, 1–12

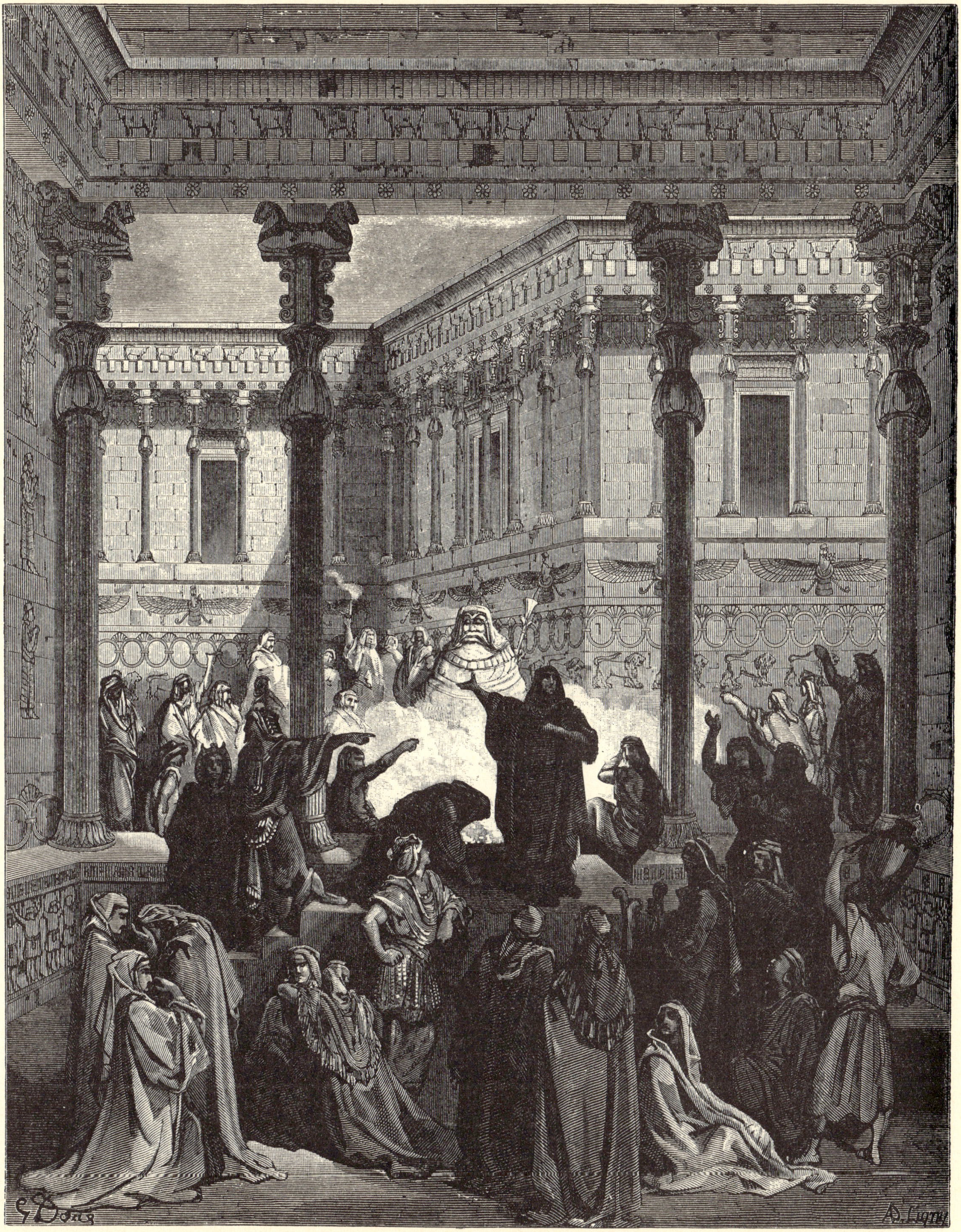

Daniel und die Priester des Bel

1 Die Worte, die Amos, ein Schafzüchter aus Tekoa, in Visionen über Israel gehört hat, in der Zeit,
als Usija König von Juda und Jerobeam, der Sohn des Joasch, König von Israel waren, zwei Jahre
vor dem Erdbeben. 2 Er sprach: Der Herr brüllt vom Zion her, / aus Jerusalem läßt er seine
Stimme erschallen. Da welken die Auen der Hirten, / und der Gipfel des Karmel verdorrt. 3 So
spricht der Herr: Wegen der drei Verbrechen, die Damaskus beging, / wegen der vier nehme ich es
nicht zurück: Weil sie Gilead mit eisernen Dreschschlitten zermalmten, / 4 darum schicke ich
Feuer gegen Hasaëls Haus; / es frißt Ben-Hadads Paläste. 5 Ich zerbreche die Riegel von
Damaskus, / ich vernichte den Herrscher von Bikat-Awen / und den Zepterträger von Bet-Eden;
das Volk von Aram muß in die Verbannung nach Kir, / spricht der Herr. 6 So spricht der Herr:
Wegen der drei Verbrechen, die Gaza beging, / wegen der vier nehme ich es nicht zurück: Weil sie
ganze Gebiete entvölkerten, / um die Verschleppten an Edom auszuliefern, 7 darum schicke
ich Feuer in Gazas Mauern; / es frißt seine Paläste. 8 Ich vernichte den Herrscher von Aschdod
/ und den Zepterträger von Aschkelon. Dann wende ich meine Hand gegen Ekron, / und der Rest
der Philister wird verschwinden, / spricht der Herr. 9 So spricht der Herr: Wegen der drei
Verbrechen, die Tyrus beging, / wegen der vier nehme ich es nicht zurück: Weil sie Verschleppte
scharenweise an Edom auslieferten / und nicht mehr an den Bund mit ihren Brüdern dachten,
10 darum schicke ich Feuer in die Mauern von Tyrus; / es frißt seine Paläste. 11 So spricht der
Herr: Wegen der drei Verbrechen, die Edom beging, / wegen der vier nehme ich es nicht zurück:
Weil Edom seinen Bruder mit dem Schwert verfolgte / und jedes Mitleid unterdrückte, weil es
unversöhnlich festhielt an seinem Zorn / und nie abließ von seinem Groll, 12 schicke ich
Feuer gegen Teman; / es frißt Bozras Paläste.

Amos

1 Der Herr aber schickte einen großen Fisch, der Jona verschlang. Jona war drei Tage und drei
Nächte im Bauch des Fisches, 2 und er betete im Bauch des Fisches zum Herrn, seinem Gott:
3 In meiner Not rief ich zum Herrn, / und er erhörte mich. Aus der Tiefe der Unterwelt schrie ich
um Hilfe, / und du hörtest mein Rufen. 4 Du hast mich in die Tiefe geworfen, / in das Herz der
Meere; mich umschlossen die Fluten, / all deine Wellen und Wogen schlugen über mir zu-
sammen. 5 Ich dachte: Ich bin aus deiner Nähe verstoßen. / Wie kann ich deinen heiligen
Tempel wieder erblicken? 6 Das Wasser reichte mir bis an die Kehle, / die Urflut umschloß
mich; / Schilfgras umschlang meinen Kopf. 7 Bis zu den Wurzeln der Berge, / tief in die Erde
kam ich hinab; / ihre Riegel schlossen mich ein für immer. Doch du holtest mich lebendig aus
dem Grab herauf, / Herr, mein Gott. 8 Als mir der Atem schwand, dachte ich an den Herrn, /
und mein Gebet drang zu dir, / zu deinem heiligen Tempel. 9 Wer nichtige Götzen verehrt, /
der handelt treulos. 10 Ich aber will dir opfern / und laut dein Lob verkünden. Was ich gelobt
habe, will ich erfüllen. / Vom Herrn kommt die Rettung. 11 Da befahl der Herr dem Fisch,
Jona ans Land zu speien.

Jona 2, 1–11

Jona wird vom Fisch an Land gespien

1 Das Wort des Herrn erging zum zweitenmal an Jona: 2 Mach dich auf den Weg, und geh
nach Ninive, in die große Stadt, und droh ihr all das an, was ich dir sagen werde. 3 Jona machte
sich auf den Weg und ging nach Ninive, wie der Herr es ihm befohlen hatte. Ninive war eine
große Stadt vor Gott; man brauchte drei Tage, um sie zu durchqueren. 4 Jona begann, in die
Stadt hineinzugehen; er ging einen Tag lang und rief: Noch vierzig Tage, und Ninive ist zerstört!
5 Und die Leute von Ninive glaubten Gott. Sie riefen ein Fasten aus, und alle, groß und klein,
zogen Bußgewänder an. 6 Als die Nachricht davon den König von Ninive erreichte, stand er
von seinem Thron auf, legte seinen Königsmantel ab, hüllte sich in ein Bußgewand und setzte
sich in die Asche. 7 Er ließ in Ninive ausrufen: Befehl des Königs und seiner Großen: Alle
Menschen und Tiere, Rinder, Schafe und Ziegen, sollen nichts essen, nicht weiden und kein
Wasser trinken. 8 Sie sollen sich in Bußgewänder hüllen, Menschen und Tiere. Sie sollen laut
zu Gott rufen, und jeder soll umkehren und sich von seinen bösen Taten abwenden und von dem
Unrecht, das an seinen Händen klebt. 9 Wer weiß, vielleicht reut es Gott wieder, und er läßt ab
von seinem glühenden Zorn, so daß wir nicht zugrunde gehen. 10 Und Gott sah ihr Verhalten;
er sah, daß sie umkehrten und sich von ihren bösen Taten abwandten. Da reute Gott das Unheil,
das er ihnen angedroht hatte, und er führte die Drohung nicht aus.

Jona 3, 1–10

Jona mahnt die Bewohner von Ninive zur Buße

1 Das Wort des Herrn, das an Micha aus Moreschet erging in der Zeit, als Jotam, Ahas und Hiskija
Könige von Juda waren; er hörte es in Visionen über Samaria und Jerusalem. 2 Hört, alle ihr
Völker, / horch auf, Erde, und alles, was sie erfüllt: Gott, der Herr, tritt als Zeuge gegen euch auf, /
der Herr tritt heraus aus seinem heiligen Palast. 3 Seht, der Herr verläßt seinen erhabenen Ort, /
er steigt herab und schreitet dahin / über die Höhen der Erde. 4 Die Berge zerschmelzen unter
ihm / wie Wachs in der Hitze des Feuers; die Talgründe werden aufgerissen, / wie wenn Wasser
den Abhang herabstürzt. 5 Das alles geschieht wegen Jakobs Vergehen / und wegen der Sünde
des Hauses Israel. Was ist Jakobs Vergehen? / Ist es nicht Samaria? Und was ist die Sünde Judas? /
Ist es nicht Jerusalem? 6 Darum mache ich Samaria zu einem Trümmerfeld, / zu einem Acker,
auf dem man Reben pflanzt. Ich stürze seine Steine zu Tal / und lege seine Grundmauern bloß.
7 Alle seine geschnitzten Bilder werden zerschlagen, / alle seine Weihegaben im Feuer verbrannt, /
alle seine Götzen zerstöre ich. Denn mit Dirnenlohn wurden sie zusammengekauft, / und zu
Dirnenlohn werden sie wieder. 8 Klagen muß ich und jammern, / barfuß und nackt gehe ich
umher; ich erhebe ein Geheul wie die Schakale, / ein Klagegeschrei wie die Strauße. 9 Denn
unheilbar ist die Wunde meines Volkes; / sie reicht bis nach Juda, bis zum Tor meines Volkes, /
bis hin nach nach Jerusalem. 10 Meldet es nicht in Gat! / Weint nicht in Akko! / Wälzt euch im
Staub in Bet-Leafra! 11 Zieht fort, ihr Bewohner von Schafir! / Die Einwohner Zaanans sind
schändlich entblößt / und können ihre Stadt nicht verlassen. Es klagt Bet-Ezel. / Er nimmt euch
jede Stütze weg. 12 Ja, die Einwohner von Marot bangen um ihr Wohl; / denn vom Herrn
kam Unheil herab / auf Jerusalems Tore.

Micha mahnt Israel zur Buße

1 Wieder blickte ich hin und sah vier Wagen. Sie fuhren zwischen zwei Bergen hervor, und die
Berge waren aus Bronze. 2 Am ersten Wagen waren rote Pferde, am zweiten Wagen schwarze
Pferde, 3 am dritten Wagen weiße Pferde und am vierten Wagen gescheckte Pferde, alles starke
Tiere. 4 Darauf fragte ich den Engel, der mit mir redete: Was bedeutet das, Herr? 5 Der
Engel gab mir zur Antwort: Das sind die vier Winde des Himmels, die vor dem Herrn der ganzen
Erde standen und nun losstürmen. 6 Die schwarzen Pferde gehen in das Land des Nordens, die
weißen gehen nach Westen, die gescheckten gehen in das Land des Südens. 7 Die starken Tiere
stürmen los, begierig, die Erde zu durchziehen. Darauf sagte er: Auf, durchzieht die Erde! Und sie
durchzogen die Erde. 8 Und er rief mir zu: Sieh dir die Pferde an, die in das Land des Nordens
ziehen – sie bringen meinen Geist über das Land des Nordens. 9 Danach erging an mich das
Wort des Herrn: 10 Nimm einige der Heimkehrer von den Familien Heldai, Tobija und Jedaja,
und komm selbst an diesem Tag zum Haus Joschijas, des Sohnes Zefanjas! Es sind Leute, die aus
Babel zurückgekommen sind. 11 Nimm Silber und Gold, mach eine Krone, setze sie dem
Hohenpriester Jeschua, dem Sohn des Jozadak, aufs Haupt, 12 und sag zu ihm: So spricht der
Herr der Heere: Da ist ein Mann, Sproß ist sein Name; denn wo er steht, wird es sprossen, und er
wird den Tempel des Herrn bauen. 13 Er ist es, der den Tempel des Herrn baut. Er ist mit
Hoheit bekleidet. Er sitzt auf seinem Thron und herrscht. Ein Priester steht an seinem Thron, und
gemeinsam sorgen sie für den Frieden. 14 Die Krone wird zur Erinnerung an Heldai, Tobija,
Jedaja und Hen, den Sohn Zefanjas, im Tempel des Herrn liegen. 15 Aus der Ferne werden sie
kommen und am Tempel des Herrn bauen. Dann werdet ihr erkennen, daß mich der Herr der
Heere zu euch gesandt hat. Das wird geschehen, wenn ihr beharrlich auf die Stimme des Herrn,
eures Gottes, hört.

Sacharja 6, 1–15

Sacharjas Vision

15 Da kamen die Beamten, die vom König den Auftrag hatten, die Einwohner zum Abfall von
Gott zu zwingen, in die Stadt Modeïn, um die Opfer durchzuführen. 16 Viele Männer aus
Israel kamen zu ihnen; auch Mattatias und seine Söhne mußten erscheinen. 17 Da wandten
sich die Leute des Königs an Mattatias und sagten: Du besitzt in dieser Stadt Macht, Ansehen und
Einfluß und hast die Unterstützung deiner Söhne und Verwandten. 18 Tritt also als erster vor,
und tu, was der König angeordnet hat. So haben es alle Völker getan, auch die Männer in Judäa
und alle, die in Jerusalem geblieben sind. Dann wirst du mit deinen Söhnen zu den Freunden des
Königs gehören; auch wird man dich und deine Söhne mit Silber, Gold und vielen Geschenken
überhäufen. 19 Mattatias aber antwortete mit lauter Stimme: Auch wenn alle Völker im Reich
des Königs ihm gehorchen und jedes von der Religion seiner Väter abfällt und sich für seine
Anordnungen entscheidet – 20 ich, meine Söhne und meine Verwandten bleiben beim Bund
unserer Väter. 21 Der Himmel bewahre uns davor, das Gesetz und seine Vorschriften zu ver-
lassen. 22 Wir gehorchen den Befehlen des Königs nicht, und wir weichen weder nach rechts
noch nach links von unserer Religion ab. 23 Kaum hatte er das gesagt, da trat vor aller Augen
ein Jude vor und wollte auf dem Altar von Modeïn opfern, wie es der König angeordnet hatte.
24 Als Mattatias das sah, packte ihn leidenschaftlicher Eifer; er bebte vor Erregung und ließ
seinem gerechten Zorn freien Lauf: Er sprang vor und erstach den Abtrünnigen über dem Altar.
25 Zusammen mit ihm erschlug er auch den königlichen Beamten, der sie zum Opfer zwingen
wollte, und riß den Altar nieder; 26 der leidenschaftliche Eifer für das Gesetz hatte ihn gepackt,
und er tat, was einst Pinhas mit Simri, dem Sohn des Salu, gemacht hatte. 27 Dann ging
Mattatias durch die Stadt und rief laut: Wer sich für das Gesetz ereifert und zum Bund steht, der
soll mir folgen.

1 Makkabäer 2, 15–27

Mattatias tötet den Tempelschänder

31 Aber man meldete den Beauftragten des Königs und der Besatzung, die in der Davidstadt von
Jerusalem war: Die Leute, die die Anordnung des Königs mißachtet haben, sind in die Wüste zu
den Höhlen hinabgezogen. 32 Da setzte ihnen eine starke Truppe nach; als sie die Juden ein-
geholt hatte, stellte sie sich ihnen gegenüber auf und machte sich zum Kampf bereit. An jenem
Tag war gerade Sabbat. 33 Die Soldaten riefen ihnen zu: Jetzt ist noch Zeit. Kommt heraus und
tut, was der König sagt; dann bleibt ihr am Leben. 34 Die Juden antworteten: Wir gehen nicht
hinaus und tun nicht, was der König sagt; wir werden den Sabbat nicht entweihen. 35 Da
gingen die Soldaten sofort zum Angriff über. 36 Die Juden gaben keine Antwort mehr; sie
warfen nicht einmal Steine auf sie, noch versperrten sie die Eingänge der Höhlen. 37 Denn sie
sagten: Wir wollen lieber alle sterben, als schuldig werden. Himmel und Erde sind unsere Zeugen,
daß ihr uns gegen jedes Recht umbringt. 38 Am Sabbat begannen die Soldaten den Kampf; so
starben die Juden mit ihren Frauen und Kindern, etwa tausend Menschen, und auch ihr Vieh kam
zusammen mit ihnen um. 39 Als Mattatias und seine Anhänger das erfuhren, hielten sie für die
Toten eine große Trauerfeier ab. 40 Sie sagten zueinander: Wenn wir alle so handeln, wie
unsere Brüder gehandelt haben, und nicht gegen die fremden Völker für unser Leben und unsere
Gesetze kämpfen, dann vertilgen sie uns bald von der Erde. 41 Und sie beschlossen noch am
gleichen Tag: Wenn uns jemand am Sabbat angreift, werden wir gegen ihn kämpfen, damit wir
nicht alle umkommen wie unsere Brüder in den Höhlen. 42 Damals schloß sich ihnen auch
die Gemeinschaft der Hasidäer an; das waren tapfere Männer aus Israel, die alle dem Gesetz treu
ergeben waren. 43 Auch alle anderen, die vor dem Unheil flohen, kamen zu ihnen und ver-
stärkten ihre Reihen. 44 Sie stellten eine bewaffnete Streitmacht auf, und sie erschlugen die
Sünder in ihrem Zorn, / die Frevler in ihrem Grimm. Wer übrig blieb, mußte zu den Nachbar-
völkern fliehen, um sein Leben zu retten. 45 Mattatias und seine Anhänger zogen durch das
ganze Land und rissen die Altäre nieder. 46 Alle unbeschnittenen Kinder, die sie in dem
Gebiet Israels fanden, beschnitten sie gewaltsam. 47 Sie verfolgten die frechen Frevler; / in
allem, was sie taten, hatten sie Glück. 48 Sie entrissen das Gesetz der Gewalt fremder Völker /
und der Hand der Könige. / Dem Sünder ließen sie keine Macht.

Mattatias ruft die geflüchteten Juden zu den Waffen

29 Noch in der gleichen Nacht brach er wieder auf, und sie zogen bis vor die Festung Datema.
30 Als sie gegen Morgen Ausschau hielten, da sahen sie ein unzählbar großes Heer; die Soldaten
schleppten Sturmleitern und Belagerungsmaschinen heran, um die Festung zu erstürmen und
gingen schon zum Angriff gegen die Juden über. 31 Judas sah, daß der Kampf bereits be-
gonnen hatte: Der Lärm aus der Stadt, Trompetengeschmetter und lautes Geschrei drangen bis
zum Himmel. 32 Da rief er den Männern in seinem Heer zu: Kämpft heute für unsere Brüder!
33 Dann griff er die Feinde mit drei Abteilungen von hinten an; seine Leute bliesen die Trom-
peten und beteten laut. 34 Sobald das Heer des Timotheus merkte, daß es der Makkabäer war,
liefen sie vor ihm davon. Er brachte ihnen eine schwere Niederlage bei; etwa achttausend Mann
von ihnen fielen an diesem Tag. 35 Danach wandte sich Judas gegen Alema. Er griff die Stadt
an und eroberte sie, erschlug die gesamte männliche Bevölkerung, ließ die Stadt plündern und
brannte sie nieder. 36 Von dort brach er auf und eroberte Kaspin, Maked, Bosor und die
übrigen Städte Gileads. 37 Nach diesen Ereignissen sammelte Timotheus ein neues Heer und
schlug gegenüber von Rafon, jenseits der Schlucht, sein Lager auf. 38 Judas schickte Späher aus,
die das Lager erkunden sollten. Sie meldeten ihm: Alle Völker, die rings um uns wohnen, sind zu
ihm gestoßen; es ist ein gewaltiges Heer. 39 Auch arabische Hilfstruppen hat er angeworben.
Sie haben auf der anderen Seite der Schlucht ihr Lager bezogen und stehen bereit, gegen dich zum
Kampf auszurücken. Da zog Judas ihnen entgegen. 40 Als er sich mit seinem Heer dem Bach,
der durch die Schlucht führte, näherte, sagte Timotheus zu seinen Heerführern: Wenn er zuerst
über den Bach zu uns herüberkommt, können wir ihm nicht standhalten; dann wird er uns sicher-
lich überwältigen. 41 Wenn er aber Angst hat und sein Lager jenseits des Baches aufschlägt,
dann gehen wir zu ihm hinüber und werden ihn überwältigen. 42 Als Judas sich dem Gebirgs-
bach genähert hatte, ließ er Heeresschreiber in der Schlucht antreten und gab ihnen den Befehl:
Niemand darf hier haltmachen, sondern alle sollen zum Kampf vorrücken. 43 Er selbst ging als
erster über den Bach, den Feinden entgegen, und alle seine Krieger folgten ihm. Und die fremden
Völker wurden von ihm vernichtend geschlagen; sie warfen ihre Waffen weg und flüchteten sich
in das Heiligtum von Karnajim. 44 Aber die Juden eroberten die Stadt und verbrannten das
Heiligtum mit allen, die darin waren. So wurde Karnajim gedemütigt, und niemand konnte Judas
mehr Widerstand leisten.

1 Makkabäer 5, 29–44

Judas verfolgt Timotheus

31 Sie zogen durch Idumäa und belagerten Bet-Zur. Der Kampf zog sich lange hin. Sie bauten
auch Belagerungsmaschinen; die Belagerten machten jedoch einen Ausfall, verbrannten sie und
schlugen sich tapfer. 32 Da zog Judas von der Burg in Jerusalem ab und schlug dem könig-
lichen Heer gegenüber bei Bet-Sacharja sein Lager auf. 33 Am nächsten Morgen ließ der König
das Heer in aller Frühe aufbrechen und in einem Eilmarsch nach Bet-Sacharja marschieren. Die
Truppen schwärmten aus, und man stieß in die Trompeten. 34 Den Elefanten hielt man den
Saft von Trauben und Maulbeeren vor, um sie zum Kampf zu reizen. 35 Darauf verteilte man
die Tiere auf die einzelnen Abteilungen. Zu jedem Elefanten stellten sie tausend Mann; diese
hatten Kettenpanzer an und auf dem Kopf bronzene Helme. Außerdem waren jedem Tier fünf-
hundert ausgesuchte Reiter zugeordnet; 36 sie hatten sich schon vorher immer bei den Tieren
aufgehalten und waren ihnen überall gefolgt, wohin sie auch gingen. 37 Jedes Tier trug einen
befestigten, gut gesicherten Turm aus Holz, der kunstfertig angeschnallt war, dazu vier Soldaten,
die von dem Turm aus kämpften, sowie seinen indischen Lenker. 38 Die übrige Reiterei stellte
der König außen an die beiden Flügel des Heeres, um die Gegner zu beunruhigen und die eigenen
Reihen zu decken. 39 Als die Sonne sich in den goldenen und ehernen Schilden brach, da
strahlten die Berge wider und leuchteten auf wie brennende Fackeln. 40 Ein Teil des könig-
lichen Heeres stellte sich oben auf den Bergen, ein anderer unten in der Ebene auf. Dann be-
gannen sie, sicher und geordnet vorzurücken. 41 Da zitterten alle, die das Getöse der Menge
hörten und sahen, wie die Massen aufmarschierten und die Waffen aneinanderschlugen; denn es
war ein gewaltig großes und starkes Heer. 42 Judas rückte mit seinen Truppen ebenfalls vor,
und es kam zum Kampf; dabei fielen vom Heer des Königs sechshundert Mann. 43 Eleasar
Awaran sah einen Elefanten, dessen Panzer königlichen Schmuck trug und der alle anderen Tiere
überragte. Da er glaubte, darauf sitze der König, 44 opferte er sich, um sein Volk zu retten und
sich ewigen Ruhm zu erwerben. 45 Er lief mutig auf ihn zu, mitten in die feindliche Schlacht-
reihe hinein, teilte nach links und rechts tödliche Hiebe aus und schlug sich eine Bresche durch
die Reihen. 46 So drang er bis zu dem Elefanten vor, stellte sich unter ihn und durchbohrte
ihn. Das Tier brach zusammen und fiel auf ihn, so daß er erdrückt wurde.

1 Makkabäer 6, 31–46

Eleasar Awaran opfert sich auf

74 Als Jonatan die Worte des Apollonius vernahm, war er empört und rückte mit zehntausend
Mann aus Jerusalem aus. Sein Bruder Simeon ging zu seiner Unterstützung mit. 75 Vor Jafo
schlug er sein Lager auf. Die Einwohner der Stadt verschlossen die Tore vor ihm; denn Apollo-
nius hatte eine Besatzung nach Jafo gelegt. Als die Juden aber angriffen, 76 bekamen die Ein-
wohner Angst und übergaben die Stadt, und Jonatan nahm Jafo in Besitz. 77 Das erfuhr
Apollonius, der mit dreitausend Reitern und einem großen Heer ein Lager bezogen hatte. Er zog
auf Aschdod zu, als wolle er durch die Stadt ziehen. Zugleich rückte er in die Ebene vor, weil er
sich auf seine starke Reiterei verließ. 78 Jonatan aber setzte ihm nach bis vor Aschdod. Dort
gerieten die Heere aneinander. 79 Apollonius hatte tausend Reiter in einem Hinterhalt zurück-
gelassen. 80 Jonatan bemerkte den Hinterhalt, aber die Reiter umzingelten sein Heer und
schossen vom frühen Morgen bis zum Abend mit Pfeilen auf seine Leute. 81 Aber die Männer
hielten stand, wie Jonatan befohlen hatte, und die Pferde der Feinde wurden müde. 82 Dann
ließ Simeon seine Streitkräfte ausschwärmen und griff die feindlichen Fußtruppen an. Da die
Reiterei erschöpft war, wurde das Heer von ihm in die Flucht geschlagen. 83 Die Reiterei wurde
über die ganze Ebene hin zersprengt und floh nach Aschdod; sie gingen in den Tempel Dagons,
ihres Götzenbildes, um sich zu retten. 84 Jonatan steckte Aschdod und die Nachbarorte in
Brand und plünderte sie; er brannte auch den Tempel des Dagon nieder mit allen, die sich dorthin
geflüchtet hatten.

1 Makkabäer 10, 74–84

Jonatan zerstört den Tempel des Dagon

15 Die Priester warfen sich in ihren heiligen Gewändern vor dem Altar nieder und riefen den
Himmel an: Er habe die Hinterlegung von Geld durch Gesetze geordnet; so solle er es jetzt denen,
die es hinterlegt hatten, unversehrt bewahren. 16 Wer aber die Gestalt des Hohenpriesters sah,
dem blutete das Herz. Wie er aussah und wie sein Gesicht sich verfärbt hatte, verriet seine innere
Qual. 17 Furcht und Zittern nämlich hatten den Mann befallen, und er bebte am ganzen Leib.
Allen, die ihn sahen, wurde der Schmerz seines Herzens offenbar. 18 Die Leute stürzten in
Scharen aus den Häusern heraus zum öffentlichen Gebet; denn dem Tempel drohte Schande.
19 Die Frauen zogen Trauerkleider an, die die Brüste freiließen, und drängten sich auf die Straßen.
Von den jungen Mädchen aber, die man sonst eingeschlossen hielt, liefen die einen an die Türen,
die andern auf die Mauern; einige beugten sich aus den Fenstern heraus. 20 Sie alle streckten
die Hände zum Himmel empor und beteten flehentlich. 21 Es war zum Erbarmen, wie die
Menge sich in heillosem Durcheinander zu Boden warf und wie der Hohepriester sich in seinem
Kummer so schrecklich ängstigte. 22 So riefen sie zum Herrn, dem Allherrscher, er möge das
anvertraute Gut denen, die es hinterlegt hatten, unversehrt und ganz sicher bewahren. 23 He-
liodor jedoch machte sich daran, seinen Entschluß auszuführen. 24 Schon stand er mit der
Leibwache an der Schatzkammer: Da ließ der Herr der Geister und aller Macht eine gewaltige
Erscheinung sichtbar werden. Alle, die ihn frech begleitet hatten, erschraken vor Gottes Macht;
ihre Kräfte verließen sie, und sie bekamen große Angst. 25 Denn es erschien ihnen ein Pferd
mit einem schrecklichen Reiter darauf; das Pferd war mit prächtigem Geschirr geschmückt. Es
stürmte wild auf Heliodor ein und traf ihn heftig mit den Vorderhufen. Sein Reiter aber trug eine
goldene Rüstung. 26 Noch zwei andere junge Männer erschienen, voll gewaltiger Kraft, in
strahlender Schönheit und herrlich gekleidet. Sie traten auf Heliodor zu und peitschten von
beiden Seiten auf ihn ein; pausenlos schlugen sie ihn mit vielen Hieben. 27 Da stürzte er zu
Boden, und es wurde ihm schwarz vor den Augen. Man hob ihn schnell auf und legte ihn auf eine
Bahre. 28 Eben noch war er mit großem Gefolge und der ganzen Leibwache zu der genannten
Schatzkammer gekommen; nun trug man ihn hilflos hinaus. Deutlich hatte man die Herrscher-
macht Gottes erkannt.

2 Makkabäer 3, 15–28

Die Bestrafung Heliodors

1 Um diese Zeit unternahm Antiochus seinen zweiten Feldzug gegen Ägypten. 2 Da er-
schienen fast vierzig Tage lang über der ganzen Stadt Reiter, die durch die Lüfte jagten, in gold-
durchwirkten Gewändern; Lanzenträger rückten in Abteilungen zum Kampf aus, Schwerter
zuckten. 3 Reiterscharen ordneten sich zur Schlacht, Angriffe wurden gemacht, von beiden
Seiten rannte man gegeneinander an, Schilde bewegten sich, Speere gab es in Menge, Wurf-
geschosse flogen, goldener Waffenschmuck blitzte auf, und man sah Rüstungen aller Art.
4 Alle beteten deshalb, die Erscheinung möge etwas Gutes bedeuten.

2 Makkabäer 5, 1–4

Die Bewohner Jerusalems erblicken die himmlischen Heerscharen

21 Die Leute, die bei dem gesetzwidrigen Opfermahl Dienst taten und die den Mann von früher
her kannten, nahmen ihn heimlich beiseite und redeten ihm zu, er solle sich doch Fleisch holen
lassen, das er essen dürfe, und es selbst zubereiten. Dann solle er tun, als ob er von dem Opfer-
fleisch esse, wie es der König befohlen habe. 22 Wenn er es so mache, entgehe er dem Tod; weil
sie alte Freunde seien, würden sie ihn mit Nachsicht behandeln. 23 Er aber faßte einen edlen
Entschluß, wie es sich gehörte für einen Mann, der so alt und wegen seines Alters angesehen war,
in Würde ergraut, der von Jugend an vorbildlich gelebt und – was noch wichtiger ist – den
heiligen, von Gott gegebenen Gesetzen gehorcht hatte. So erklärte er ohne Umschweife, man
solle ihn ruhig zur Unterwelt schicken. 24 Wer so alt ist wie ich, soll sich nicht verstellen. Viele
junge Leute könnten sonst glauben, Eleasar sei mit seinen neunzig Jahren noch zu der fremden
Lebensart übergegangen. 25 Wenn ich jetzt heucheln würde, um eine geringe, kurze Zeit
länger zu leben, würde ich sie irreleiten, meinem Alter aber Schimpf und Schande bringen.
26 Vielleicht könnte ich mich für den Augenblick der Bestrafung durch die Menschen entziehen;
doch nie, weder lebendig noch tot, werde ich den Händen des Allherrschers entfliehen.
27 Darum will ich jetzt wie ein Mann sterben und mich so meines Alters würdig zeigen.
28 Der Jugend aber hinterlasse ich ein leuchtendes Beispiel, wie man mutig und mit Haltung für
die ehrwürdigen und heiligen Gesetze eines schönen Todes stirbt. Nach diesen Worten ging er
geradewegs zur Folterbank. 29 Da schlug die Freundlichkeit, die ihm seine Begleiter eben noch
erwiesen hatten, in Feindschaft um; denn was er gesagt hatte, hielten sie für Wahnsinn. 30 Als
man ihn zu Tod prügelte, sagte er stöhnend: Der Herr mit seiner heiligen Erkenntnis weiß, daß ich
dem Tod hätte entrinnen können. Mein Körper leidet qualvoll unter den Schlägen, meine Seele
aber erträgt sie mit Freuden, weil ich ihn fürchte. 31 So starb er; durch seinen Tod hinterließ er
nicht nur der Jugend, sondern den meisten aus dem Volk ein Beispiel für edle Gesinnung und ein
Denkmal der Tugend.

2 Makkabäer 6, 21–31

Das Martyrium des Eleasar

20 Auch die Mutter war überaus bewundernswert, und sie hat es verdient, daß man sich an sie mit
Hochachtung erinnert. An einem einzigen Tag sah sie nacheinander ihre sieben Söhne sterben
und ertrug es tapfer, weil sie dem Herrn vertraute. 24 Nun war nur noch der Jüngste übrig. Auf
ihn redete der König nicht nur mit guten Worten ein, sondern versprach ihm unter vielen Eiden,
ihn reich und sehr glücklich zu machen, wenn er von der Lebensart seiner Väter abfalle; auch
wolle er ihn zu seinem Freund machen und ihn mit hohen Staatsämtern betrauen. 25 Als der
Junge nicht darauf einging, rief der König die Mutter und redete ihr zu, sie solle dem Knaben
doch raten, sich zu retten. 26 Erst nach langem Zureden willigte sie ein, ihren Sohn zu über-
reden. 27 Sie beugte sich zu ihm nieder, und den grausamen Tyrannen verspottend, sagte sie in
ihrer Muttersprache: Mein Sohn, hab Mitleid mit mir! Neun Monate habe ich dich in meinem
Leib getragen, ich habe dich drei Jahre gestillt, dich ernährt, erzogen und für dich gesorgt, bis du
nun so groß geworden bist. 28 Ich bitte dich, mein Kind, schau dir den Himmel und die Erde
an; sieh alles, was es da gibt, und erkenne: Gott hat das aus dem Nichts erschaffen, und so ent-
stehen auch die Menschen. 29 Hab keine Angst vor diesem Henker, sei deiner Brüder würdig,
und nimm den Tod an! Dann werde ich dich zur Zeit der Gnade mit deinen Brüdern wieder-
bekommen. 30 Kaum hatte sie aufgehört, da sagte der Junge: Auf wen wartet ihr? Dem Befehl
des Königs gehorche ich nicht; ich höre auf den Befehl des Gesetzes, das unseren Vätern durch
Mose gegeben wurde. 31 Du aber, der sich alle diese Bosheiten gegen die Hebräer ausgedacht
hat, du wirst Gottes Händen nicht entkommen. 32 Denn wir leiden nur, weil wir gesündigt
haben. 33 Wenn auch der lebendige Herr eine kurze Zeit lang zornig auf uns ist, um uns durch
Strafen zu erziehen, so wird er sich doch mit seinen Dienern wieder versöhnen. 34 Du Ruch-
loser aber, du größter Verbrecher der Menschheit, überheb dich nicht, und werde nicht durch
falsche Hoffnungen übermütig, wenn du deine Hand gegen die Kinder des Himmels erhebst.
35 Denn noch bist du dem Gericht des allmächtigen Gottes, der alles sieht, nicht entronnen.
36 Unsere Brüder sind nach kurzem Leiden mit der göttlichen Zusicherung ewigen Lebens ge-
storben; du jedoch wirst beim Gericht Gottes die gerechte Strafe für deinen Übermut zahlen.
37 Ich gebe wie meine Brüder Leib und Leben hin für die Gesetze unserer Väter und rufe zu Gott,
er möge seinem Volk bald wieder gnädig sein; du aber sollst unter Qualen und Schlägen be-
kennen müssen, daß nur er Gott ist. 38 Bei mir und meinen Brüdern möge der Zorn des
Allherrschers aufhören, der sich zu Recht über unser ganzes Volk ergossen hat. 39 Da wurde
der König zornig und verfuhr mit ihm noch schlimmer als mit den anderen – so sehr hatte ihn der
Hohn verletzt. 40 Auch der Jüngste starb also mit reinem Herzen und vollendetem Gott-
vertrauen. 41 Zuletzt starb nach ihren Söhnen die Mutter.

2 Makkabäer 7, 20 und 24–41

Die Mutter der sieben Makkabäer

1 Etwa zur selben Zeit mußte Antiochus mit Schimpf und Schande aus Persien abziehen.
2 Er war in die Stadt, die man Persepolis nennt, einmarschiert. Bei dem Versuch, den Tempel aus-
zurauben und eine Besatzung in die Stadt zu legen, erhob sich die Bevölkerung in Massen und
griff zu den Waffen. Die Truppen wurden geschlagen und Antiochus von den Einwohnern ver-
jagt; er mußte allmählich den Rückzug antreten. 3 In der Gegend von Ekbatana erhielt er die
Nachricht von der Niederlage Nikanors und der Truppen des Timotheus. 4 Da geriet er in
heftigen Zorn und glaubte, seine Wut über die unglückliche Flucht an den Juden auslassen zu
können. Darum befahl er dem Wagenlenker, ohne Unterbrechung bis zum Ziel durchzufahren.
Aber schon drohte ihm das Gericht des Himmels; denn in seiner Vermessenheit sagte er: Sobald
ich in Jerusalem bin, mache ich die Stadt zu einem Friedhof für alle Juden. 5 Doch der Herr, der
alles sieht, Israels Gott, traf ihn, ohne daß es jemand sehen konnte, mit einem Schlag, für den es
keine Heilung gab. Kaum hatte er zu reden aufgehört, da spürte er in seinen Eingeweiden
quälende Schmerzen, die kein Arzt lindern konnte. 6 Damit geschah ihm ganz recht, hatte er
doch die Eingeweide anderer durch zahllose ausgefallene Foltern gequält. 7 Dennoch blieb
sein Stolz ungebrochen; die Vermessenheit hatte ihn ganz und gar in Besitz genommen.
Glühende Wut gegen die Juden verzehrte ihn, und er befahl dem Wagenlenker, noch schneller zu
fahren. Doch dann geschah es: In voller Fahrt fiel er aus dem dahinrasenden Wagen und stürzte
so schwer, daß er sich alle Glieder verrenkte. 8 Eben noch hatte er in maßloser Aufgeblasenheit
geglaubt, er könne den Wogen des Meeres gebieten und die Gipfel der Berge auf einer Waage
wiegen. Nun lag er auf der Erde, und man mußte ihn auf eine Bahre legen. So zeigte sich an ihm
sichtbar Gottes Macht.

2 Makkabäer 9, 1–8

Der Sturz des Antiochus

1 Der Reichsverweser Lysias, des Königs Vormund und Verwandter, war über diese Ereignisse
sehr verärgert. 2 Er zog daher in kürzester Zeit an die achtzigtausend Mann zusammen, dazu
seine ganze Reiterei, und marschierte gegen die Juden. Er hatte vor, aus der Stadt Jerusalem eine
griechische Siedlung zu machen, 3 das Heiligtum ebenso wie die heidnischen Kultstätten zu
besteuern und das Amt des Hohenpriesters jedes Jahr für Geld auszuschreiben. 4 Doch
rechnete er überhaupt nicht mit der Macht Gottes, sondern stützte seine Überlegungen allein auf
die Zehntausende von Fußtruppen, die Tausende von Reitern und seine achtzig Elefanten.
5 Er drang in Judäa ein, rückte vor die Festung Bet-Zur, die hundertfünfzig Stadien von Jerusalem
entfernt liegt, und bestürmte sie. 6 Als die Leute des Makkabäers von der Belagerung der
Festung erfuhren, flehten sie mit dem ganzen Volk unter Klagen und Weinen den Herrn an, er
möge doch einen guten Engel schicken, um Israel zu retten. 7 Der Makkabäer griff als erster
nach den Waffen und hielt eine anfeuernde Rede an die anderen: Sie sollten, zusammen mit ihm,
die Gefahr auf sich nehmen und ihren Brüdern zu Hilfe eilen. Geschlossen und voll Kampfesmut
brachen sie auf. 8 Sie waren noch in der Nähe von Jerusalem, da erschien ihnen ein Reiter und
zog in einem weißen Gewand und einer blinkenden goldenen Waffenrüstung vor ihnen her.
9 Gemeinsam priesen sie den barmherzigen Gott, und ihr Mut wurde so groß, daß sie bereit
gewesen wären, nicht nur Menschen, sondern auch die wildesten Tiere und eiserne Mauern
zusammenzuschlagen. 10 Sie rückten mit ihrem himmlischen Bundesgenossen, zum Kampf
bereit, vor; denn der Herr hatte Erbarmen mit ihnen. 11 Sie stürzten sich wie Löwen auf die
Feinde und erschlugen elftausend von ihnen, dazu sechzehnhundert Reiter. Alle übrigen jagten
sie in die Flucht; 12 die meisten davon waren verwundet und konnten nur das nackte Leben
retten. Auch Lysias selbst konnte sich nur durch eine schimpfliche Flucht retten.

2 Makkabäer 11, 1–12

Der Engel der Makkabäer

6 Nikanor, der in seinem Stolz seinen Kopf hoch trug, hatte beschlossen, öffentlich ein Denkmal seines Sieges über die Männer des Judas zu errichten. 7 Der Makkabäer aber hörte nicht auf, sein Vertrauen und all seine Hoffnung auf die Hilfe des Herrn zu setzen. 11 So wappnete er jeden von ihnen, nicht mit der Sicherheit, die Schild und Lanze verleihen, sondern mit dem Mut, den rechte Worte entfachen. Auch erzählte er ihnen einen überaus glaubwürdigen Traum, der alle sehr erfreute. 12 Er hatte folgendes gesehen: Ihm war der frühere Hohepriester Onias erschienen, ein edler und gerechter Mann, bescheiden im Umgang, von gütigem Wesen und besonnen im Reden, von Kindheit an in allem aufs Gute bedacht; dieser breitete seine Hände aus und betete für das ganze jüdische Volk. 13 In gleicher Haltung erschien dann ein Mann mit grauem Haar, von herrlicher Gestalt; der Glanz einer wunderbaren, überwältigenden Hoheit ging von ihm aus. 14 Onias begann zu reden und sagte: Das ist der Freund seiner Brüder, der viel für das Volk und die heilige Stadt betet, Jeremia, der Prophet Gottes. 15 Dann streckte Jeremia die rechte Hand aus und übergab ihm ein goldenes Schwert; dabei sagte er: 16 Nimm das heilige Schwert, das Gott dir schenkt. Mit ihm wirst du die Feinde schlagen. 17 Die Worte des Judas gaben ihnen Zuversicht; denn sie waren sehr schön und hatten die Kraft, zur Tapferkeit anzuspornen und die Jugend mit männlichem Mut zu erfüllen. Man beschloß, kein Lager zu beziehen, sondern kühn anzugreifen und mit allem Mut im Kampf Mann gegen Mann die Entscheidung herbeizuführen; denn die Stadt, die Religion und das Heiligtum seien in Gefahr. 18 Sie fürchteten weniger um Frauen und Kinder, um Brüder und Verwandte, als um die Heiligkeit des Tempels. 19 Die in der Stadt Zurückgebliebenen waren hauptsächlich in Angst wegen des Angriffs draußen auf offenem Feld. 20 Alle warteten, daß die Entscheidung falle. Schon hatten die Feinde sich vereinigt, und ihr Heer rückte geordnet vor; die Elefanten wurden aufgestellt, wo es am günstigsten war; die Reiterei verteilte sich auf die Flügel. 21 Der Makkabäer sah, wie die Massen der Feinde dastanden, die verschiedenen Waffengattungen, die zur Wildheit gereizten Tiere. Da erhob er seine Hände zum Himmel und rief zum Herrn, der Wunder vollbringt. Denn er wußte, daß es nicht auf die Waffen ankommt, sondern daß denen der Sieg zufällt, die Gott für würdig erachtet. 22 Dabei sprach er dieses Gebet: Unser Herrscher, du hast zu Hiskija, dem König von Juda, deinen Engel gesandt, und er erschlug im Heer Sanheribs hundertfünfundachtzigtausend Mann. 23 Herrscher im Himmel, sende auch jetzt einen guten Engel vor uns her, damit er Furcht und Schrecken verbreitet. 24 Vor deinem gewaltigen Arm sollen alle erschrecken, die lästernd gegen dein heiliges Volk heranziehen. So sprach er.

2 Makkabäer 15, 6–7 und 11–24

Judas vor dem Heer des Nikanor

Das Neue Testament

18 Mit der Geburt Jesu Christi war es so: Maria, seine Mutter, war mit Josef verlobt; noch bevor sie
zusammengekommen waren, zeigte sich, daß sie ein Kind erwartete – durch das Wirken des
Heiligen Geistes. 19 Josef, ihr Mann, der gerecht war und sie nicht bloßstellen wollte, beschloß,
sich in aller Stille von ihr zu trennen. 20 Während er noch darüber nachdachte, erschien ihm
ein Engel des Herrn im Traum und sagte: Josef, Sohn Davids, fürchte dich nicht, Maria als deine
Frau zu dir zu nehmen; denn das Kind, das sie erwartet, ist vom Heiligen Geist. 21 Sie wird
einen Sohn gebären; ihm sollst du den Namen Jesus geben; denn er wird sein Volk von seinen
Sünden erlösen.

Matthäus 1, 18–21

Mariä Verkündigung

22 Dies alles ist geschehen, damit sich erfüllte, was der Herr durch den Propheten gesagt hat:
23 Seht, die Jungfrau wird ein Kind empfangen, / einen Sohn wird sie gebären, / und man wird
ihm den Namen Immanuel geben, / das heißt übersetzt: Gott ist mit uns. 24 Als Josef
erwachte, tat er, was der Engel des Herrn ihm befohlen hatte, und nahm seine Frau zu sich.
25 Er erkannte sie aber nicht, bis sie ihren Sohn gebar. Und er gab ihm den Namen Jesus.

Matthäus 1, 22–25

Die Geburt Jesu

1 Als Jesus zur Zeit des Königs Herodes in Betlehem in Judäa geboren worden war, kamen Stern-
deuter aus dem Osten nach Jerusalem 2 und fragten: Wo ist der neugeborene König der Juden?
Wir haben seinen Stern aufgehen sehen und sind gekommen, um ihm zu huldigen. 3 Als
König Herodes das hörte, erschrak er und mit ihm ganz Jerusalem. 4 Er ließ alle Hohenpriester
und Schriftgelehrten des Volkes zusammenkommen und erkundigte sich bei ihnen, wo der
Messias geboren werden solle. 5 Sie antworteten ihm: In Betlehem in Judäa; denn so steht es
bei dem Propheten: 6 Du, Betlehem im Gebiet von Juda, / bist keineswegs die unbedeutendste /
unter den führenden Städten von Juda; / denn aus dir wird ein Fürst hervorgehen, / der Hirt
meines Volkes Israel. 7 Danach rief Herodes die Sterndeuter heimlich zu sich und ließ sich von
ihnen genau sagen, wann der Stern erschienen war. 8 Dann schickte er sie nach Betlehem und
sagte: Geht und forscht sorgfältig nach, wo das Kind ist; und wenn ihr es gefunden habt, berichtet
mir, damit auch ich hingehe und ihm huldige. 9 Nach diesen Worten des Königs machten sie
sich auf den Weg. Und der Stern, den sie hatten aufgehen sehen, zog vor ihnen her bis zu dem
Ort, wo das Kind war; dort blieb er stehen. 10 Als sie den Stern sahen, wurden sie von sehr
großer Freude erfüllt. 11 Sie gingen in das Haus und sahen das Kind und Maria, seine Mutter;
da fielen sie nieder und huldigten ihm. Dann holten sie ihre Schätze hervor und brachten ihm
Gold, Weihrauch und Myrrhe als Gaben dar.

Matthäus 2, 1–11

Der Stern der Weisen

13 Als die Sterndeuter wieder gegangen waren, erschien dem Josef im Traum ein Engel des Herrn
und sagte: Steh auf, nimm das Kind und seine Mutter, und flieh nach Ägypten; dort bleibe, bis ich
dir etwas anderes auftrage; denn Herodes wird das Kind suchen, um es zu töten. 14 Da stand
Josef in der Nacht auf und floh mit dem Kind und dessen Mutter nach Ägypten. 15 Dort blieb
er bis zum Tod des Herodes. Denn es sollte sich erfüllen, was der Herr durch den Propheten gesagt
hat: Aus Ägypten habe ich meinen Sohn gerufen.

Matthäus 2, 13–15

Die Flucht nach Ägypten

16 Als Herodes merkte, daß ihn die Sterndeuter getäuscht hatten, wurde er sehr zornig, und er ließ
in Betlehem und der ganzen Umgebung alle Knaben bis zum Alter von zwei Jahren töten, genau
der Zeit entsprechend, die er von den Sterndeutern erfahren hatte. 17 Damals erfüllte sich, was
durch den Propheten Jeremia gesagt worden ist: 18 Ein Geschrei war in Rama zu hören, / lautes
Weinen und Klagen; / Rahel weinte um ihre Kinder / und wollte sich nicht trösten lassen, / denn
sie waren dahin. 19 Als Herodes gestorben war, erschien dem Josef in Ägypten ein Engel des
Herrn im Traum 20 und sagte: Steh auf, nimm das Kind und seine Mutter, und zieh in das
Land Israel; denn die Leute, die dem Kind nach dem Leben getrachtet haben, sind tot. 21 Da
stand er auf und zog mit dem Kind und dessen Mutter in das Land Israel.

Matthäus 2, 16–21

Der Kindermord in Betlehem

40 Das Kind wuchs heran und wurde kräftig; Gott erfüllte es mit Weisheit, und seine Gnade ruhte
auf ihm. 41 Die Eltern Jesu gingen jedes Jahr zum Paschafest nach Jerusalem. 42.Als er zwölf
Jahre alt geworden war, zogen sie wieder hinauf, wie es dem Festbrauch entsprach. 43 Nach-
dem die Festtage zu Ende waren, machten sie sich auf den Heimweg. Der junge Jesus aber blieb in
Jerusalem, ohne daß seine Eltern es merkten. 44 Sie meinten, er sei irgendwo in der Pilger-
gruppe, und reisten eine Tagesstrecke weit; dann suchten sie ihn bei den Verwandten und Be-
kannten. 45 Als sie ihn nicht fanden, kehrten sie nach Jerusalem zurück und suchten ihn dort.
46 Nach drei Tagen fanden sie ihn im Tempel; er saß mitten unter den Lehrern, hörte ihnen zu
und stellte Fragen. 47 Alle, die ihn hörten, waren erstaunt über sein Verständnis und über seine
Antworten. 48 Als seine Eltern ihn sahen, waren sie sehr betroffen, und seine Mutter sagte zu
ihm: Kind, wie konntest du uns das antun? Dein Vater und ich haben dich voll Angst gesucht.
49 Da sagte er zu ihnen: Warum habt ihr mich gesucht? Wußtet ihr nicht, daß ich in dem sein
muß, was meinem Vater gehört? 50 Doch sie verstanden nicht, was er damit sagen wollte.

Lukas 2, 40–50

Jesus im Tempel

1 In jenen Tagen trat Johannes der Täufer auf und verkündete in der Wüste von Judäa: 2 Kehrt
um? Denn das Himmelreich ist nahe. 3 Er war es, von dem der Prophet Jesaja gesagt hat: Eine
Stimme ruft in der Wüste: / Bereitet dem Herrn den Weg! / Ebnet ihm die Straßen! 4 Johannes
trug ein Gewand aus Kamelhaaren und einen ledernen Gürtel um seine Hüften; Heuschrecken
und wilder Honig waren seine Nahrung. 5 Die Leute von Jerusalem und ganz Judäa und aus
der ganzen Jordangegend zogen zu ihm hinaus; 6 sie bekannten ihre Sünden und ließen sich
im Jordan von ihm taufen.

Johannes der Täufer in der Wüste

13 Zu dieser Zeit kam Jesus von Galiläa an den Jordan zu Johannes, um sich von ihm taufen zu
lassen. 14 Johannes aber wollte es nicht zulassen und sagte zu ihm: Ich müßte von dir getauft
werden, und du kommst zu mir? 15 Jesus antwortete ihm: Laß es nur zu! Denn nur so können
wir die Gerechtigkeit (die Gott fordert) ganz erfüllen. Da gab Johannes nach. 16 Kaum war
Jesus getauft und aus dem Wasser gestiegen, da öffnete sich der Himmel, und er sah den Geist
Gottes wie eine Taube auf sich herabkommen. 17 Und eine Stimme aus dem Himmel sprach:
Das ist mein geliebter Sohn, an dem ich Gefallen gefunden habe.

Matthäus 3, 13–17

Taufe Jesu

1 Dann wurde Jesus vom Geist in die Wüste geführt; dort sollte er vom Teufel in Versuchung
geführt werden. 2 Als er vierzig Tage und vierzig Nächte gefastet hatte, bekam er Hunger.
3 Da trat der Versucher an ihn heran und sagte: Wenn du Gottes Sohn bist, so befiehl, daß aus
diesen Steinen Brot wird. 4 Er aber antwortete: In der Schrift heißt es: Der Mensch lebt nicht
nur von Brot, sondern von jedem Wort, das aus Gottes Mund kommt. 5 Darauf nahm ihn der
Teufel mit sich in die Heilige Stadt, stellte ihn oben auf den Tempel 6 und sagte zu ihm: Wenn
du Gottes Sohn bist, so stürz dich hinab; denn es heißt in der Schrift: Seinen Engeln befiehlt er, /
dich auf ihren Händen zu tragen, / damit dein Fuß nicht an einen Stein stößt. 7 Jesus ant-
wortete ihm: In der Schrift heißt es auch: Du sollst den Herrn, deinen Gott, nicht auf die Probe
stellen. 8 Wieder nahm ihn der Teufel mit sich und führte ihn auf einen sehr hohen Berg; er
zeigte ihm alle Reiche der Welt mit ihrer Pracht 9 und sagte zu ihm: Das alles will ich dir geben,
wenn du dich vor mir niederwirfst und mich anbetest. 10 Da sagte Jesus zu ihm: Weg mit dir,
Satan! Denn in der Schrift steht: Vor dem Herrn, deinem Gott, sollst du dich niederwerfen und
ihm allein dienen. 11 Darauf ließ der Teufel von ihm ab, und es kamen Engel und dienten ihm.

Matthäus 4, 1–11

Die Versuchung Jesu

1 Am dritten Tag fand in Kana in Galiläa eine Hochzeit statt, und die Mutter Jesu war dabei.
2 Auch Jesus und seine Jünger waren zur Hochzeit eingeladen. 3 Als der Wein ausging, sagte
die Mutter Jesu zu ihm: Sie haben keinen Wein mehr. 4 Jesus erwiderte ihr: Was willst du von
mir, Frau? Meine Stunde ist noch nicht gekommen. 5 Seine Mutter sagte zu den Dienern: Was
er euch sagt, das tut! 6 Es standen dort sechs steinerne Wasserkrüge, wie es der Reinigungs-
vorschrift der Juden entsprach; jeder faßte ungefähr hundert Liter. 7 Jesus sagte zu den
Dienern: Füllt die Krüge mit Wasser! Und sie füllten sie bis zum Rand. 8 Er sagte zu ihnen:
Schöpft jetzt, und bringt es dem, der für das Festmahl verantwortlich ist. Sie brachten es ihm.
9 Er kostete das Wasser, das zu Wein geworden war. Er wußte nicht, woher der Wein kam; die
Diener aber, die das Wasser geschöpft hatten, wußten es. Da ließ er den Bräutigam rufen
10 und sagte zu ihm: Jeder setzt zuerst den guten Wein vor und erst, wenn die Gäste zuviel
getrunken haben, den weniger guten. Du jedoch hast den guten Wein bis jetzt zurückgehalten.
11 So tat Jesus sein erstes Zeichen, in Kana in Galiläa, und offenbarte seine Herrlichkeit, und seine
Jünger glaubten an ihn.

Johannes 2, 1–11

Die Hochzeit in Kana

9 Die samaritische Frau sagte zu ihm: Wie kannst du als Jude mich, eine Samariterin, um Wasser
bitten? Die Juden verkehren nämlich nicht mit den Samaritern. 10 Jesus antwortete ihr: Wenn
du wüßtest, worin die Gabe Gottes besteht und wer es ist, der zu dir sagt: Gib mir zu trinken!, dann
hättest du ihn gebeten, und er hätte dir lebendiges Wasser gegeben. 11 Sie sagte zu ihm: Herr,
du hast kein Schöpfgefäß, und der Brunnen ist tief; woher hast du also das lebendige Wasser?
12 Bist du etwa größer als unser Vater Jakob, der uns den Brunnen gegeben und selbst daraus
getrunken hat, wie seine Söhne und seine Herden? 13 Jesus antwortete ihr: Wer von diesem
Wasser trinkt, wird wieder Durst bekommen; 14 wer aber von dem Wasser trinkt, das ich ihm
geben werde, wird niemals mehr Durst haben; vielmehr wird das Wasser, das ich ihm gebe, in ihm
zur sprudelnden Quelle werden, deren Wasser ewiges Leben schenkt. 15 Da sagte die Frau zu
ihm: Herr, gib mir dieses Wasser, damit ich keinen Durst mehr habe und nicht mehr hierher
kommen muß, um Wasser zu schöpfen. 16 Er sagte zu ihr: Geh, ruf deinen Mann, und komm
wieder her! 17 Die Frau antwortete: Ich habe keinen Mann. Jesus sagte zu ihr: Du hast richtig
gesagt: Ich habe keinen Mann. 18 Denn fünf Männer hast du gehabt, und der, den du jetzt
hast, ist nicht dein Mann. Damit hast du die Wahrheit gesagt. 19 Die Frau sagte zu ihm: Herr,
ich sehe, daß du ein Prophet bist. 20 Unsere Väter haben auf diesem Berg Gott angebetet; ihr
aber sagt, in Jerusalem sei die Stätte, wo man anbeten muß. 21 Jesus sprach zu ihr: Glaube mir,
Frau, die Stunde kommt, zu der ihr weder auf diesem Berg noch in Jerusalem den Vater anbeten
werdet. 22 Ihr betet an, was ihr nicht kennt, wir beten an, was wir kennen; denn das Heil
kommt von den Juden. 23 Aber die Stunde kommt, und sie ist schon da, zu der die wahren
Beter den Vater anbeten werden im Geist und in der Wahrheit; denn so will der Vater angebetet
werden. 24 Gott ist Geist, und alle, die ihn anbeten, müssen im Geist und in der Wahrheit
anbeten. 25 Die Frau sagte zu ihm: Ich weiß, daß der Messias kommt, das ist: der Gesalbte
(Christus). Wenn er kommt, wird er uns alles verkünden. 26 Da sagte Jesus zu ihr: Ich bin es,
ich, der mit dir spricht.

Johannes 4, 9–26

Jesus und die Samariterin

14 Jesus kehrte, erfüllt von der Kraft des Geistes, nach Galiläa zurück. Und die Kunde von ihm
verbreitete sich in der ganzen Gegend. 15 Er lehrte in den Synagogen und wurde von allen
gepriesen. 16 So kam er auch nach Nazaret, wo er aufgewachsen war, und ging, wie gewohnt,
am Sabbat in die Synagoge. Als er aufstand, um aus der Schrift vorzulesen, 17 reichte man ihm
das Buch des Propheten Jesaja. Er schlug das Buch auf und fand die Stelle, wo es heißt: 18 Der
Geist des Herrn ruht auf mir; / denn der Herr hat mich gesalbt. Er hat mich gesandt, / damit ich
den Armen eine gute Nachricht bringe; damit ich den Gefangenen die Entlassung verkünde /
und den Blinden das Augenlicht; damit ich die Zerschlagenen in Freiheit setze 19 und ein
Gnadenjahr des Herrn ausrufe. 20 Dann schloß er das Buch, gab es dem Synagogendiener und
setzte sich. Die Augen aller in der Synagoge waren auf ihn gerichtet. 21 Da begann er, ihnen
darzulegen: Heute hat sich das Schriftwort, das ihr eben gehört habt, erfüllt. 22 Seine Rede fand
bei allen Beifall; sie staunten darüber, wie begnadet er redete, und sagten: Ist das nicht der Sohn
Josefs? 23 Da entgegnete er ihnen: Sicher werdet ihr mir das Sprichwort vorhalten: Arzt, heile
dich selbst! Wenn du in Kafarnaum so große Dinge getan hast, wie wir gehört haben, dann tu sie
auch hier in deiner Heimat! 24 Und er setzte hinzu: Amen, das sage ich euch: Kein Prophet
wird in seiner Heimat anerkannt. 25 Wahrhaftig, das sage ich euch: In Israel gab es viele
Witwen in den Tagen des Elija, als der Himmel für drei Jahre und sechs Monate verschlossen war
und eine große Hungersnot über das ganze Land kam. 26 Aber zu keiner von ihnen wurde
Elija gesandt, nur zu einer Witwe in Sarepta bei Sidon. 27 Und viele Aussätzige gab es in Israel
zur Zeit des Propheten Elischa. Aber keiner von ihnen wurde geheilt, nur der Syrer Naaman.
28 Als die Leute in der Synagoge das hörten, gerieten sie alle in Wut. 29 Sie sprangen auf und
trieben Jesus zur Stadt hinaus; sie brachten ihn an den Abhang des Berges, auf dem ihre Stadt
erbaut war, und wollten ihn hinabstürzen. 30 Er aber schritt mitten durch die Menge hindurch
und ging weg.

Lukas 4, 14–30

Jesus in der Synagoge

1 Als Jesus am Ufer des Sees Gennesaret stand, drängte sich das Volk um ihn und wollte das Wort
Gottes hören. 2 Da sah er zwei Boote am Ufer liegen. Die Fischer waren ausgestiegen und
wuschen ihre Netze. 3 Jesus stieg in das Boot, das dem Simon gehörte, und bat ihn, ein Stück
weit vom Land wegzufahren. Dann setzte er sich und lehrte das Volk vom Boot aus.

Lukas 5, 1–3

Jesus predigt auf dem See Gennesaret

4 Als er seine Rede beendet hatte, sagte er zu Simon: Fahr hinaus auf den See! Dort werft eure
Netze zum Fang aus! 5 Simon antwortete ihm: Meister, wir haben die ganze Nacht gearbeitet
und nichts gefangen. Doch wenn du es sagst, werde ich die Netze auswerfen. 6 Das taten sie,
und sie fingen eine so große Menge Fische, daß ihre Netze zu reißen drohten. 7 Deshalb
winkten sie ihren Gefährten im anderen Boot, sie sollten kommen und ihnen helfen. Sie kamen,
und gemeinsam füllten sie beide Boote bis zum Rand, so daß sie fast untergingen. 8 Als Simon
Petrus das sah, fiel er Jesus zu Füßen und sagte: Herr, geh weg von mir; ich bin ein Sünder.
9 Denn er und alle seine Begleiter waren erstaunt und erschrocken, weil sie so viele Fische ge-
fangen hatten; 10 ebenso ging es Jakobus und Johannes, den Söhnen des Zebedäus, die mit
Simon zusammenarbeiteten. Da sagte Jesus zu Simon: Fürchte dich nicht! Von jetzt an wirst du
Menschen fangen. 11 Und sie zogen die Boote an Land, ließen alles zurück und folgten ihm
nach.

Lukas 5, 4–11

Der wunderbare Fischzug

18 Als Jesus am See von Galiläa entlangging, sah er zwei Brüder, Simon, genannt Petrus, und
seinen Bruder Andreas; sie warfen gerade ihr Netz in den See, denn sie waren Fischer. 19 Da
sagte er zu ihnen: Kommt her, folgt mir nach! Ich werde euch zu Menschenfischern machen.
20 Sofort ließen sie ihre Netze liegen und folgten ihm. 21 Als er weiterging, sah er zwei andere
Brüder, Jakobus, den Sohn des Zebedäus, und seinen Bruder Johannes; sie waren mit ihrem Vater
Zebedäus im Boot und richteten ihre Netze her. Er rief sie, 22 und sogleich verließen sie das
Boot und ihren Vater und folgten Jesus. 23 Er zog in ganz Galiläa umher, lehrte in den
Synagogen, verkündete das Evangelium vom Reich und heilte im Volk alle Krankheiten und
Leiden.

Matthäus 4, 18–23

Jesus predigt der Menge

24 Und sein Ruf verbreitete sich in ganz Syrien. Man brachte Kranke mit den verschiedensten Gebrechen und Leiden zu ihm, Besessene, Mondsüchtige und Gelähmte, und er heilte sie alle.
25 Scharen von Menschen aus Galiläa, der Dekapolis, aus Jerusalem und Judäa und aus dem Gebiet jenseits des Jordan folgten ihm.

Matthäus 4, 24–25

Jesus heilt die Kranken

1 Als Jesus die vielen Menschen sah, stieg er auf einen Berg. Er setzte sich, und seine Jünger traten
zu ihm. 2 Dann begann er zu reden und lehrte sie. 3 Er sagte: Selig, die arm sind vor Gott; /
denn ihnen gehört das Himmelreich. 4 Selig die Trauernden; / denn sie werden getröstet
werden. 5 Selig, die keine Gewalt anwenden; / denn sie werden das Land erben. 6 Selig, die
hungern und dürsten nach der Gerechtigkeit; / denn sie werden satt werden. 7 Selig die Barm-
herzigen; / denn sie werden Erbarmen finden. 8 Selig, die ein reines Herz haben; / denn sie
werden Gott schauen. 9 Selig, die Frieden stiften; / denn sie werden Söhne Gottes genannt
werden. 10 Selig, die um der Gerechtigkeit willen verfolgt werden; / denn ihnen gehört das
Himmelreich. 11 Selig seid ihr, wenn ihr um meinetwillen beschimpft und verfolgt und auf
alle mögliche Weise verleumdet werdet. 12 Freut euch und jubelt: Euer Lohn im Himmel wird
groß sein. Denn so wurden schon vor euch die Propheten verfolgt. 13 Ihr seid das Salz der
Erde. Wenn das Salz seinen Geschmack verliert, womit kann man es wieder salzig machen? Es
taugt zu nichts mehr; es wird weggeworfen und von den Leuten zertreten. 14 Ihr seid das Licht
der Welt. Eine Stadt, die auf einem Berg liegt, kann nicht verborgen bleiben. 15 Man zündet
auch nicht ein Licht an und stülpt ein Gefäß darüber; sondern man stellt es auf den Leuchter;
dann leuchtet es allen im Haus. 16 So soll euer Licht vor den Menschen leuchten, damit sie
eure guten Werke sehen und euren Vater im Himmel preisen. 17 Denkt nicht, ich sei ge-
kommen, um das Gesetz und die Propheten aufzuheben. Ich bin nicht gekommen, um aufzu-
heben, sondern um zu erfüllen.

Matthäus 5, 1–17

Die Bergpredigt

35 Am Abend dieses Tages sagte er zu ihnen: Wir wollen ans andere Ufer hinüberfahren.
36 Sie schickten die Leute fort und fuhren mit ihm in dem Boot, in dem er saß, weg; einige andere
Boote begleiteten ihn. 37 Plötzlich erhob sich ein heftiger Wirbelsturm, und die Wellen
schlugen in das Boot, so daß es sich mit Wasser zu füllen begann. 38 Er aber lag hinten im Boot
auf einem Kissen und schlief. Sie weckten ihn und riefen: Meister, kümmert es dich nicht, daß wir
zugrunde gehen? 39 Da stand er auf, drohte dem Wind und sagte zu dem See: Schweig, sei still!
Und der Wind legte sich, und es trat völlige Stille ein. 40 Er sagte zu ihnen: Warum habt ihr
solche Angst? Habt ihr noch keinen Glauben? 41 Da ergriff sie große Furcht, und sie sagten
zueinander: Was ist das für ein Mensch, daß ihm sogar der Wind und der See gehorchen?

Markus 4, 35–41

Jesus wehrt dem Sturm

1 Sechs Tage vor dem Paschafest kam Jesus nach Betanien, wo Lazarus war, den er von den Toten
auferweckt hatte. 2 Dort bereiteten sie ihm ein Mahl; Marta bediente, und Lazarus war unter
denen, die mit Jesus bei Tisch waren. 3 Da nahm Maria ein Pfund echtes, kostbares Nardenöl,
salbte Jesus die Füße und trocknete sie mit ihrem Haar. Das Haus wurde vom Duft des Öls erfüllt.
4 Doch einer von seinen Jüngern, Judas Iskariot, der ihn später verriet, sagte: 5 Warum hat man
dieses Öl nicht für dreihundert Denare verkauft und den Erlös den Armen gegeben? 6 Das
sagte er aber nicht, weil er ein Herz für die Armen gehabt hätte, sondern weil er ein Dieb war; er
hatte nämlich die Kasse und veruntreute die Einkünfte. 7 Jesus erwiderte: Laß sie, damit sie es
für den Tag meines Begräbnisses tue. 8 Die Armen habt ihr immer bei euch, mich aber habt ihr
nicht immer bei euch.

Johannes 12, 1–8

Maria Magdalena

49 Während Jesus noch redete, kam einer, der zum Haus des Synagogenvorstehers gehörte, und
sagte (zu Jaïrus): Deine Tochter ist gestorben. Bemüh den Meister nicht länger! 50 Jesus hörte
es und sagte zu Jaïrus: Sei ohne Furcht; glaube nur, dann wird sie gerettet. 51 Als er in das Haus
ging, ließ er niemand mit hinein außer Petrus, Johannes und Jakobus und die Eltern des
Mädchens. 52 Alle Leute weinten und klagten über ihren Tod. Jesus aber sagte: Weint nicht!
Sie ist nicht gestorben, sie schläft nur. 53 Da lachten sie ihn aus, weil sie wußten, daß sie tot war.
54 Er aber faßte sie an der Hand und rief: Mädchen, steh auf! 55 Da kehrte das Leben in sie
zurück, und sie stand sofort auf. Und er sagte, man solle ihr etwas zu essen geben. 56 Ihre Eltern
aber waren außer sich. Doch Jesus verbot ihnen, irgend jemand zu erzählen, was geschehen war.

Lukas 8, 49–56

Die Erweckung der Tochter des Jaïrus

28 Nachdem er ins Haus gegangen war, kamen die Blinden zu ihm. Er sagte zu ihnen: Glaubt ihr,
daß ich euch helfen kann? Sie antworteten: Ja, Herr. 29 Darauf berührte er ihre Augen und
sagte: Wie ihr geglaubt habt, so soll es geschehen. 30 Da wurden ihre Augen geöffnet. Jesus
aber befahl ihnen: Nehmt euch in acht! Niemand darf es erfahren. 31 Doch sie gingen weg und
erzählten von ihm in der ganzen Gegend. 32 Als sie gegangen waren, brachte man zu Jesus
einen Stummen, der von einem Dämon besessen war. 33 Er trieb den Dämon aus, und der
Stumme konnte reden. Alle Leute staunten und sagten: So etwas ist in Israel noch nie geschehen.
34 Die Pharisäer aber sagten: Mit Hilfe des Anführers der Dämonen treibt er die Dämonen aus.

Matthäus 9, 28–34

Jesus heilt einen Besessenen

1 In jener Zeit ging Jesus an einem Sabbat durch die Kornfelder. Seine Jünger hatten Hunger; sie
rissen deshalb Ähren ab und aßen davon. 2 Die Pharisäer sahen es und sagten zu ihm: Sieh her,
deine Jünger tun etwas, das am Sabbat verboten ist. 3 Da sagte er zu ihnen: Habt ihr nicht
gelesen, was David getan hat, als er und seine Begleiter hungrig waren – 4 wie er in das Haus
Gottes ging und wie sie die heiligen Brote aßen, die weder er noch seine Begleiter, sondern nur die
Priester essen durften? 5 Oder habt ihr nicht im Gesetz gelesen, daß am Sabbat die Priester im
Tempel den Sabbat entweihen, ohne sich schuldig zu machen? 6 Ich sage euch: Hier ist einer,
der größer ist als der Tempel. 7 Wenn ihr begriffen hättet, was das heißt: Barmherzigkeit will
ich, nicht Opfer, dann hättet ihr nicht Unschuldige verurteilt; 8 denn der Menschensohn ist
Herr über den Sabbat.

Matthäus 12, 1–8

Die Apostel reißen am Sabbat Kornähren ab

22 Gleich darauf forderte er die Jünger auf, ins Boot zu steigen und an das andere Ufer voraus-
zufahren. Inzwischen wollte er die Leute nach Hause schicken. 23 Nachdem er sie weg-
geschickt hatte, stieg er auf einen Berg, um in der Einsamkeit zu beten. Spät am Abend war er
immer noch allein auf dem Berg. 24 Das Boot aber war schon viele Stadien vom Land entfernt
und wurde von den Wellen hin und her geworfen; denn sie hatten Gegenwind. 25 In der
vierten Nachtwache kam Jesus zu ihnen; er ging auf dem See. 26 Als ihn die Jünger über den
See kommen sahen, erschraken sie, weil sie meinten, es sei ein Gespenst, und sie schrien vor Angst.
27 Doch Jesus begann mit ihnen zu reden und sagte: Habt Vertrauen, ich bin es; fürchtet euch
nicht! 28 Darauf erwiderte ihm Petrus: Herr, wenn du es bist, so befiehl, daß ich auf dem
Wasser zu dir komme. 29 Jesus sagte: Komm! Da stieg Petrus aus dem Boot und ging über das
Wasser auf Jesus zu. 30 Als er aber sah, wie heftig der Wind war, bekam er Angst und begann
unterzugehen. Er schrie: Herr, rette mich! 31 Jesus streckte sofort die Hand aus, ergriff ihn und
sagte zu ihm: Du Kleingläubiger, warum hast du gezweifelt? 32 Und als sie ins Boot gestiegen
waren, legte sich der Wind. 33 Die Jünger im Boot aber fielen vor Jesus nieder und sagten:
Wahrhaftig, du bist Gottes Sohn.

Matthäus 14, 22–33

Jesus wandelt auf dem Wasser

29 Jesus zog weiter und kam an den See von Galiläa. Er stieg auf einen Berg und setzte sich.
30 Da kamen viele Menschen und brachten Lahme, Krüppel, Blinde, Stumme und viele andere
Kranke zu ihm; sie legten sie vor ihn hin, und er heilte sie. 31 Als die Menschen sahen, daß
Stumme plötzlich redeten, Krüppel gesund wurden, Lahme gehen und Blinde sehen konnten,
waren sie erstaunt und priesen den Gott Israels. 32 Jesus rief seine Jünger zu sich und sagte: Ich
habe Mitleid mit diesen Menschen; sie sind schon drei Tage bei mir und haben nichts mehr zu
essen. Ich will sie nicht hungrig wegschicken, sonst brechen sie unterwegs zusammen. 33 Da
sagten die Jünger zu ihm: Wo sollen wir in dieser unbewohnten Gegend so viel Brot hernehmen,
um so viele Menschen satt zu machen? 34 Jesus sagte zu ihnen: Wie viele Brote habt ihr? Sie
antworteten: Sieben, und noch ein paar Fische. 35 Da forderte er die Leute auf, sich auf den
Boden zu setzen. 36 Und er nahm die sieben Brote und die Fische, sprach das Dankgebet,
brach die Brote und gab sie den Jüngern, und die Jünger verteilten sie an die Leute. 37 Und alle
aßen und wurden satt. Dann sammelte man die übriggebliebenen Brotstücke ein, sieben Körbe
voll. 38 Es waren viertausend Männer, die an dem Mahl teilgenommen hatten, dazu noch
Frauen und Kinder.

Matthäus 15, 29–38

Die Speisung der Viertausend

1 Sechs Tage danach nahm Jesus Petrus, Jakobus und dessen Bruder Johannes beiseite und führte
sie auf einen hohen Berg. 2 Und er wurde vor ihren Augen verwandelt; sein Gesicht leuchtete
wie die Sonne, und seine Kleider wurden blendend weiß wie das Licht. 3 Da erschienen
plötzlich vor ihren Augen Mose und Elija und redeten mit Jesus. 4 Und Petrus sagte zu ihm:
Herr, es ist gut, daß wir hier sind. Wenn du willst, werde ich hier drei Hütten bauen, eine für dich,
eine für Mose und eine für Elija. 5 Noch während er redete, warf eine leuchtende Wolke ihren
Schatten auf sie, und aus der Wolke rief eine Stimme: Das ist mein geliebter Sohn, an dem ich
Gefallen gefunden habe; auf ihn sollt ihr hören. 6 Als die Jünger das hörten, bekamen sie große
Angst und warfen sich mit dem Gesicht zu Boden. 7 Da trat Jesus zu ihnen, faßte sie an und
sagte: Steht auf, habt keine Angst! 8 Und als sie aufblickten, sahen sie nur noch Jesus.

Matthäus 17, 1–8

Die Verklärung Jesu

14 Als sie zurückkamen, begegneten sie einer großen Zahl von Menschen. Da trat ein Mann auf
ihn zu, fiel vor ihm auf die Knie 15 und sagte: Herr, hab Erbarmen mit meinem Sohn! Er ist
mondsüchtig und hat schwer zu leiden. Immer wieder fällt er ins Feuer oder ins Wasser. 16 Ich
habe ihn schon zu deinen Jüngern gebracht, aber sie konnten ihn nicht heilen. 17 Da sagte
Jesus: O du ungläubige und unbelehrbare Generation! Wie lange muß ich noch bei euch sein?
Wie lange muß ich euch noch ertragen? Bringt ihn her zu mir! 18 Dann drohte Jesus dem
Dämon. Der Dämon verließ den Jungen, und der Junge war von diesem Augenblick an geheilt.
19 Als die Jünger mit Jesus allein waren, wandten sie sich an ihn und fragten: Warum konnten
denn wir den Dämon nicht austreiben? 20 Er antwortete: Weil euer Glaube so klein ist. Amen,
das sage ich euch: Wenn euer Glaube auch nur so groß ist wie ein Senfkorn, dann werdet ihr zu
diesem Berg sagen: Rück von hier nach dort!, und er wird wegrücken. Nichts wird euch un-
möglich sein.

Matthäus 17, 14–20

Die Heilung des Mondsüchtigen

29 Der Gesetzeslehrer wollte seine Frage rechtfertigen und sagte zu Jesus: Und wer ist mein
Nächster? 30 Darauf antwortete ihm Jesus: Ein Mann ging von Jerusalem nach Jericho hinab
und wurde von Räubern überfallen. Sie plünderten ihn aus und schlugen ihn nieder; dann gingen
sie weg und ließen ihn halbtot liegen. 31 Zufällig kam ein Priester denselben Weg herab; er sah
ihn und ging weiter. 32 Auch ein Levit kam zu der Stelle; er sah ihn und ging weiter.
33 Dann kam ein Mann aus Samarien, der auf der Reise war. Als er ihn sah, hatte er Mitleid,
34 ging zu ihm, goß Öl und Wein auf seine Wunden und verband sie.

Lukas 10, 29–34

Der barmherzige Samariter

34 Dann hob er ihn auf sein Reittier, brachte ihn zu einer Herberge und sorgte für ihn. 35 Am
andern Morgen holte er zwei Denare hervor, gab sie dem Wirt und sagte: Sorg für ihn, und wenn
du mehr für ihn brauchst, werde ich es dir bezahlen, wenn ich wiederkomme. 36 Was meinst
du: Wer von diesen dreien hat sich als der Nächste dessen erwiesen, der von den Räubern über-
fallen wurde? 37 Der Gesetzeslehrer antwortete: Der, der barmherzig an ihm gehandelt hat. Da
sagte Jesus zu ihm: Dann geh und handle genauso!

Lukas 10, 34–37

Die Ankunft des Samariters bei der Herberge

38 Sie zogen zusammen weiter, und er kam in ein Dorf. Eine Frau namens Marta nahm ihn
freundlich auf. 39 Sie hatte eine Schwester, die Maria hieß. Maria setzte sich dem Herrn zu
Füßen und hörte seinen Worten zu. 40 Marta aber war ganz davon in Anspruch genommen,
für ihn zu sorgen. Sie kam zu ihm und sagte: Herr, kümmert es dich nicht, daß meine Schwester
die ganze Arbeit mir allein überläßt? Sag ihr doch, sie soll mir helfen! 41 Der Herr antwortete:
Marta, Marta, du machst dir viele Sorgen und Mühen. 42 Aber nur eines ist notwendig. Maria
hat das Bessere gewählt, das soll ihr nicht genommen werden.

Lukas 10, 38–42

Jesus bei Marta und Maria

11 Weiter sagte Jesus: Ein Mann hatte zwei Söhne. 12 Der jüngere von ihnen sagte zu seinem
Vater: Vater, gib mir das Erbteil, das mir zusteht. Da teilte der Vater das Vermögen auf. 13 Nach
wenigen Tagen packte der jüngere Sohn alles zusammen und zog in ein fernes Land. Dort führte
er ein zügelloses Leben und verschleuderte sein Vermögen. 14 Als er alles durchgebracht hatte,
kam eine große Hungersnot über das Land, und es ging ihm sehr schlecht. 15 Da ging er zu
einem Bürger des Landes und drängte sich ihm auf; der schickte ihn aufs Feld zum Schweine-
hüten. 16 Er hätte gern seinen Hunger mit den Futterschoten gestillt, die die Schweine fraßen;
aber niemand gab ihm davon. 17 Da ging er in sich und sagte: Wie viele Tagelöhner meines
Vaters haben mehr als genug zu essen, und ich komme hier vor Hunger um. 18 Ich will auf-
brechen und zu meinem Vater gehen und zu ihm sagen: Vater, ich habe mich gegen den Himmel
und gegen dich versündigt. 19 Ich bin nicht mehr wert, dein Sohn zu sein; mach mich zu
einem deiner Tagelöhner. 20 Dann brach er auf und ging zu seinem Vater.

Lukas 15, 11–20

Die Heimkehr des verlorenen Sohnes

20 Der Vater sah ihn schon von weitem kommen, und er hatte Mitleid mit ihm. Er lief dem Sohn
entgegen, fiel ihm um den Hals und küßte ihn. 21 Da sagte der Sohn: Vater, ich habe mich
gegen den Himmel und gegen dich versündigt; ich bin nicht mehr wert, dein Sohn zu sein.
22 Der Vater aber sagte zu seinen Knechten: Holt schnell das beste Gewand, und zieht es ihm an,
steckt ihm einen Ring an die Hand, und zieht ihm Schuhe an. 23 Bringt das Mastkalb her, und
schlachtet es; wir wollen essen und fröhlich sein. 24 Denn mein Sohn war tot und lebt wieder;
er war verloren und ist wiedergefunden worden. Und sie begannen, ein fröhliches Fest zu feiern.
25 Sein älterer Sohn war unterdessen auf dem Feld. Als er heimging und in die Nähe des Hauses
kam, hörte er Musik und Tanz. 26 Da rief er einen der Knechte und fragte, was das bedeuten
solle. 27 Der Knecht antwortete: Dein Bruder ist gekommen, und dein Vater hat das Mastkalb
schlachten lassen, weil er ihn heil und gesund wiederbekommen hat. 28 Da wurde er zornig
und wollte nicht hineingehen. Sein Vater aber kam heraus und redete ihm gut zu. 29 Doch er
erwiderte dem Vater: So viele Jahre schon diene ich dir, und nie habe ich gegen deinen Willen
gehandelt; mir aber hast du nie auch nur einen Ziegenbock geschenkt, damit ich mit meinen
Freunden ein Fest feiern konnte. 30 Kaum aber ist der hier gekommen, dein Sohn, der dein
Vermögen mit Dirnen durchgebracht hat, da hast du für ihn das Mastkalb geschlachtet. 31 Der
Vater antwortete ihm: Mein Kind, du bist immer bei mir, und alles, was mein ist, ist auch dein.
32 Aber jetzt müssen wir uns doch freuen und ein Fest feiern; denn dein Bruder war tot und lebt
wieder; er war verloren und ist wiedergefunden worden.

Lukas 15, 20–32

Der verlorene Sohn in den Armen seines Vaters

19 Es war einmal ein reicher Mann, der sich in Purpur und feines Leinen kleidete und Tag für Tag
herrlich und in Freuden lebte. 20 Vor der Tür des Reichen aber lag ein armer Mann namens
Lazarus, dessen Leib voller Geschwüre war. 21 Er hätte gern seinen Hunger mit dem gestillt,
was vom Tisch des Reichen herunterfiel. Statt dessen kamen die Hunde und leckten an seinen
Geschwüren. 22 Als nun der Arme starb, wurde er von den Engeln in Abrahams Schoß
getragen. Auch der Reiche starb und wurde begraben. 23 In der Unterwelt, wo er qualvolle
Schmerzen litt, blickte er auf und sah von weitem Abraham, und Lazarus in seinem Schoß.
24 Da rief er: Vater Abraham, hab Erbarmen mit mir, und schick Lazarus zu mir; er soll
wenigstens die Spitze seines Fingers ins Wasser tauchen und mir die Zunge kühlen, denn ich leide
große Qual in diesem Feuer. 25 Abraham erwiderte: Mein Kind, denk daran, daß du schon zu
Lebzeiten deinen Anteil am Guten erhalten hast, Lazarus aber nur Schlechtes. Jetzt wird er dafür
getröstet, du aber mußt leiden.

Lukas 16, 19–25

Lazarus und der Reiche

1 Jesus aber ging zum Ölberg. 2 Am frühen Morgen begab er sich wieder in den Tempel. Alles
Volk kam zu ihm. Er setzte sich und lehrte es. 3 Da brachten die Schriftgelehrten und die
Pharisäer eine Frau, die beim Ehebruch ertappt worden war. Sie stellten sie in die Mitte 4 und
sagten zu ihm: Meister, diese Frau wurde beim Ehebruch auf frischer Tat ertappt. 5 Mose hat
uns im Gesetz vorgeschrieben, solche Frauen zu steinigen. Nun, was sagst du? 6 Mit dieser
Frage wollten sie ihn auf die Probe stellen, um einen Grund zu haben, ihn zu verklagen. Jesus aber
bückte sich und schrieb mit dem Finger auf die Erde. 7 Als sie hartnäckig weiterfragten, richtete
er sich auf und sagte zu ihnen: Wer von euch ohne Sünde ist, werfe als erster einen Stein auf sie.
8 Und er bückte sich wieder und schrieb auf die Erde. 9 Als sie seine Antwort gehört hatten,
ging einer nach dem anderen fort, zuerst die Ältesten. Jesus blieb allein zurück mit der Frau, die
noch in der Mitte stand. 10 Er richtete sich auf und sagte zu ihr: Frau, wo sind sie geblieben?
Hat dich keiner verurteilt? 11 Sie antwortete: Keiner, Herr. Da sagte Jesus zu ihr: Auch ich
verurteile dich nicht. Geh und sündige von jetzt an nicht mehr!

Johannes 8, 1–11

Jesus und die Ehebrecherin

9 Einigen, die von ihrer eigenen Gerechtigkeit überzeugt waren und die anderen verachteten,
erzählte Jesus dieses Beispiel: 10 Zwei Männer gingen zum Tempel hinauf, um zu beten; der
eine war ein Pharisäer, der andere ein Zöllner. 11 Der Pharisäer stellte sich hin und sprach leise
dieses Gebet: Gott, ich danke dir, daß ich nicht wie die anderen Menschen bin, die Räuber,
Betrüger, Ehebrecher oder auch wie dieser Zöllner dort. 12 Ich faste zweimal in der Woche und
gebe dem Tempel den zehnten Teil meines ganzen Einkommens. 13 Der Zöllner aber blieb
ganz hinten stehen und wagte nicht einmal, seine Augen zum Himmel zu erheben, sondern
schlug sich an die Brust und betete: Gott, sei mir Sünder gnädig! 14 Ich sage euch: Dieser kehrte
als Gerechter nach Hause zurück, der andere nicht. Denn wer sich selbst erhöht, wird erniedrigt,
wer sich aber selbst erniedrigt, wird erhöht werden.

Lukas 18, 9–14

Der Zöllner und der Pharisäer

13 Da brachte man Kinder zu ihm, damit er ihnen die Hände auflegte. Die Jünger aber wiesen die
Leute schroff ab. 14 Als Jesus das sah, wurde er unwillig und sagte zu ihnen: Laßt die Kinder zu
mir kommen; hindert sie nicht daran! Denn Menschen wie ihnen gehört das Reich Gottes.
15 Amen, das sage ich euch: Wer das Reich Gottes nicht so annimmt, wie ein Kind, der wird nicht
hineinkommen. 16 Und er nahm die Kinder in seine Arme; dann legte er ihnen die Hände auf
und segnete sie.

Markus 10, 13–16

Die Segnung der Kinder

31 Die Juden, die bei Maria im Haus waren und sie trösteten, sahen, daß sie plötzlich aufstand und
hinausging. Da folgten sie ihr, weil sie meinten, sie gehe zum Grab, um dort zu weinen. 32 Als
Maria dorthin kam, wo Jesus war, und ihn sah, fiel sie ihm zu Füßen und sagte zu ihm: Herr, wärst
du hier gewesen, dann wäre mein Bruder nicht gestorben. 33 Als Jesus sah, wie sie weinte und
wie auch die Juden weinten, die mit ihr gekommen waren, war er im Innersten erregt und er-
schüttert. 34 Er sagte: Wo habt ihr ihn bestattet? Sie antworteten ihm: Herr, komm und sieh!
35 Da weinte Jesus. 36 Die Juden sagten: Seht, wie lieb er ihn hatte! 37 Einige aber sagten:
Wenn er dem Blinden die Augen geöffnet hat, hätte er dann nicht auch verhindern können, daß
dieser hier starb? 38 Da wurde Jesus wiederum innerlich erregt, und er ging zum Grab. Es war
eine Höhle, die mit einem Stein verschlossen war. 39 Jesus sagte: Nehmt den Stein weg! Marta,
die Schwester des Verstorbenen, entgegnete ihm: Herr, er riecht aber schon, denn es ist bereits der
vierte Tag. 40 Jesus sagte zu ihr: Habe ich dir nicht gesagt: Wenn du glaubst, wirst du die
Herrlichkeit Gottes sehen? 41 Da nahmen sie den Stein weg. Jesus aber erhob seine Augen und
sprach: Vater, ich danke dir, daß du mich erhört hast. 42 Ich wußte, daß du mich immer
erhörst; aber wegen der Menge, die um mich herum steht, habe ich es gesagt; denn sie sollen
glauben, daß du mich gesandt hast. 43 Nachdem er dies gesagt hatte, rief er mit lauter Stimme:
Lazarus, komm heraus! 44 Da kam der Verstorbene heraus; seine Füße und Hände waren mit
Binden umwickelt, und sein Gesicht war mit einem Schweißtuch verhüllt. Jesus sagte zu ihnen:
Löst ihm die Binden, und laßt ihn weggehen!

Die Auferweckung des Lazarus

1 Als sich Jesus mit seinen Begleitern Jerusalem näherte und nach Betfage am Ölberg kam,
schickte er zwei Jünger voraus 2 und sagte zu ihnen: Geht in das Dorf, das vor euch liegt; dort
werdet ihr eine Eselin angebunden finden und ein Fohlen bei ihr. Bindet sie los, und bringt sie zu
mir! 3 Und wenn euch jemand zur Rede stellt, dann sagt: Der Herr braucht sie, er läßt sie aber
bald zurückbringen. 4 Das ist geschehen, damit sich erfüllte, was durch den Propheten gesagt
worden ist: 5 Sagt der Tochter Zion: / Siehe, dein König kommt zu dir. / Er ist friedfertig, / und
er reitet auf einer Eselin / und auf einem Fohlen, / dem Jungen eines Lasttiers. 6 Die Jünger
gingen und taten, was Jesus ihnen aufgetragen hatte. 7 Sie brachten die Eselin und das Fohlen,
legten ihre Kleider auf sie, und er setzte sich darauf. 8 Viele Menschen breiteten ihre Kleider auf
der Straße aus, andere schnitten Zweige von den Bäumen und streuten sie auf den Weg. 9 Die
Leute aber, die vor ihm hergingen und die ihm folgten, riefen: Hosanna dem Sohn Davids! /
Gesegnet sei er, der kommt im Namen des Herrn. / Hosanna in der Höhe! 10 Als er in
Jerusalem einzog, geriet die ganze Stadt in Aufregung, und man fragte: Wer ist das? 11 Die
Leute sagten: Das ist der Prophet Jesus von Nazaret in Galiläa.

Matthäus 21, 1–11

Der Einzug Jesu in Jerusalem

15 Dann kamen sie nach Jerusalem. Jesus ging in den Tempel und begann, die Händler und
Käufer aus dem Tempel hinauszutreiben; er stieß die Tische der Geldwechsler und die Stände der
Taubenhändler um 16 und ließ nicht zu, daß jemand irgend etwas durch den Tempelbezirk
trug. 17 Er belehrte sie und sagte: Heißt es nicht in der Schrift: Mein Haus soll ein Haus des
Gebetes für alle Völker sein? Ihr aber habt daraus eine Räuberhöhle gemacht. 18 Die Hohen-
priester und die Schriftgelehrten hörten davon und suchten nach einer Möglichkeit, ihn umzu-
bringen. Denn sie fürchteten ihn, weil alle Leute von seiner Lehre sehr beeindruckt waren.

Markus 11, 15–18

Jesus reinigt den Tempel

15 Damals kamen die Pharisäer zusammen und beschlossen, Jesus mit einer Frage eine Falle zu
stellen. 16 Sie veranlaßten ihre Jünger, zusammen mit den Anhängern des Herodes zu ihm zu
gehen und zu sagen: Meister, wir wissen, daß du immer die Wahrheit sagst und wirklich den Weg
Gottes lehrst, ohne auf jemand Rücksicht zu nehmen; denn du siehst nicht auf die Person.
17 Sag uns also: Ist es nach deiner Meinung erlaubt, dem Kaiser Steuer zu zahlen, oder nicht?
18 Jesus aber erkannte ihre böse Absicht und sagte: Ihr Heuchler, warum stellt ihr mir eine Falle?
19 Zeigt mir die Münze, mit der ihr eure Steuern bezahlt! Da hielten sie ihm einen Denar hin.
20 Er fragte sie: Wessen Bild und Aufschrift ist das? 21 Sie antworteten: Des Kaisers. Darauf
sagte er zu ihnen: So gebt dem Kaiser, was dem Kaiser gehört, und Gott, was Gott gehört!
22 Als sie das hörten, waren sie sehr überrascht, wandten sich um und gingen weg.

Matthäus 22, 15–22

Die Steuermünze

38 Er lehrte sie und sagte: Nehmt euch in acht vor den Schriftgelehrten! Sie gehen gern in langen
Gewändern umher, lieben es, wenn man sie auf den Straßen und Plätzen grüßt, 39 und sie
wollen in der Synagoge die vordersten Sitze und bei jedem Festmahl die Ehrenplätze haben.
40 Sie bringen die Witwen um ihre Häuser und verrichten in ihrer Scheinheiligkeit lange Gebete.
Aber um so härter wird das Urteil sein, das sie erwartet. 41 Als Jesus einmal dem Opferkasten
gegenübersaß, sah er zu, wie die Leute Geld in den Kasten warfen. Viele Reiche kamen und gaben
viel. 42 Da kam auch eine arme Witwe und warf zwei kleine Münzen hinein. 43 Er rief seine
Jünger zu sich und sagte: Amen, ich sage euch: Diese arme Witwe hat mehr in den Opferkasten
hineingeworfen als alle andern. 44 Denn sie alle haben nur etwas von ihrem Überfluß her-
gegeben; diese Frau aber, die kaum das Nötigste zum Leben hat, sie hat alles gegeben, was sie
besaß, ihren ganzen Lebensunterhalt.

Markus 12, 38–44

Das Opfer der Witwe

13 Amen, ich sage euch: Überall auf der Welt, wo dieses Evangelium verkündet wird, wird man
sich an sie erinnern und erzählen, was sie getan hat. 14 Darauf ging einer der Zwölf namens
Judas Iskariot zu den Hohenpriestern 15 und sagte: Was wollt ihr mir geben, wenn ich euch
Jesus ausliefere? Und sie zahlten ihm dreißig Silberstücke. 16 Von da an suchte er nach einer
Gelegenheit, ihn auszuliefern. 17 Am ersten Tag des Festes der Ungesäuerten Brote gingen die
Jünger zu Jesus und fragten: Wo sollen wir das Paschamahl für dich vorbereiten? 18 Er ant-
wortete: Geht in die Stadt zu dem und dem und sagt zu ihm: Der Meister läßt dir sagen: Meine
Zeit ist da; bei dir will ich mit meinen Jüngern das Paschamahl feiern. 19 Die Jünger taten, was
Jesus ihnen aufgetragen hatte, und bereiteten das Paschamahl vor. 20 Als es Abend wurde,
begab er sich mit den zwölf Jüngern zu Tisch. 21 Und während sie aßen, sprach er: Amen, ich
sage euch: Einer von euch wird mich verraten und ausliefern. 22 Da waren sie sehr betroffen,
und einer nach dem andern fragte ihn: Bin ich es etwa, Herr? 23 Er antwortete: Der, der die
Hand mit mir in die Schüssel getaucht hat, wird mich verraten. 24 Der Menschensohn muß
zwar seinen Weg gehen, wie die Schrift über ihn sagt. Doch weh dem Menschen, durch den der
Menschensohn verraten wird. Für ihn wäre es besser, wenn er nie geboren wäre. 25 Da fragte
Judas, der ihn verriet: Bin ich es etwa, Rabbi? Jesus sagte zu ihm: Du sagst es. 26 Während des
Mahls nahm Jesus das Brot und sprach den Lobpreis; dann brach er das Brot, reichte es den
Jüngern und sagte: Nehmt und eßt; das ist mein Leib. 27 Dann nahm er den Kelch, sprach das
Dankgebet und reichte ihn den Jüngern mit den Worten: Trinkt alle daraus; 28 das ist mein
Blut, das Blut des Bundes, das für viele vergossen wird zur Vergebung der Sünden. 29 Ich sage
euch: Von jetzt an werde ich nicht mehr von der Frucht des Weinstocks trinken, bis zu dem Tag,
an dem ich mit euch von neuem davon trinke im Reich meines Vaters.

Matthäus 26, 13–29

Das Abendmahl

30 Nach dem Lobgesang gingen sie zum Ölberg hinaus. 31 Da sagte Jesus zu ihnen: Ihr alle
werdet in dieser Nacht an mir Anstoß nehmen und zu Fall kommen; denn in der Schrift steht: Ich
werde den Hirten erschlagen, dann werden sich die Schafe der Herde zerstreuen. 32 Aber nach
meiner Auferstehung werde ich euch nach Galiläa vorausgehen. 33 Petrus erwiderte ihm: Und
wenn alle an dir Anstoß nehmen – ich niemals! 34 Jesus entgegnete ihm: Amen, ich sage dir: In
dieser Nacht, noch ehe der Hahn kräht, wirst du mich dreimal verleugnen. 35 Da sagte Petrus
zu ihm: Und wenn ich mit dir sterben müßte – ich werde dich nie verleugnen. Das gleiche sagten
auch alle anderen Jünger. 36 Darauf kam Jesus mit den Jüngern zu einem Grundstück, das man
Getsemani nennt, und sagte zu ihnen: Setzt euch und wartet hier, während ich dort bete.
37 Und er nahm Petrus und die beiden Söhne des Zebedäus mit sich. Da ergriff ihn Angst und
Traurigkeit, 38 und er sagte zu ihnen: Meine Seele ist zu Tode betrübt. Bleibt hier und wacht
mit mir! 39 Und er ging ein Stück weiter, warf sich zu Boden und betete: Mein Vater, wenn es
möglich ist, gehe dieser Kelch an mir vorüber. Aber nicht wie ich will, sondern wie du willst.
40 Und er ging zu den Jüngern zurück und fand sie schlafend. Da sagte er zu Petrus: Konntet ihr
nicht einmal eine Stunde mit mir wachen? 41 Wacht und betet, damit ihr nicht in Versuchung
geratet. Der Geist ist willig, aber das Fleisch ist schwach. 42 Dann ging er zum zweitenmal weg
und betete: Mein Vater, wenn dieser Kelch an mir nicht vorübergehen kann, ohne daß ich ihn
trinke, geschehe dein Wille. 43 Als er zurückkam, fand er sie wieder schlafend, denn die Augen
waren ihnen zugefallen. 44 Und er ging wieder von ihnen weg und betete zum drittenmal mit
den gleichen Worten. 45 Danach kehrte er zu den Jüngern zurück und sagte zu ihnen: Schlaft
ihr immer noch und ruht euch aus? Die Stunde ist gekommen; jetzt wird der Menschensohn den
Sündern ausgeliefert. 46 Steht auf, wir wollen gehen! Seht, der Verräter, der mich ausliefert, ist
da.

Matthäus 26, 30–46

Jesus im Gebet

39 Dann verließ Jesus die Stadt und ging, wie er es gewohnt war, zum Ölberg; seine Jünger folgten
ihm. 40 Als er dort war, sagte er zu ihnen: Betet darum, daß ihr nicht in Versuchung geratet!
41 Dann entfernte er sich von ihnen ungefähr einen Steinwurf weit, kniete nieder und betete:
42 Vater, wenn du willst, nimm diesen Kelch von mir! Aber nicht mein, sondern dein Wille soll
geschehen. 43 Da erschien ihm ein Engel vom Himmel und gab ihm (neue) Kraft. 44 Und
er betete in seiner Angst noch inständiger, und sein Schweiß war wie Blut, das auf die Erde tropfte.
45 Nach dem Gebet stand er auf, ging zu den Jüngern zurück und fand sie schlafend; denn sie
waren vor Kummer erschöpft. 46 Da sagte er zu ihnen: Wie könnt ihr schlafen? Steht auf und
betet, damit ihr nicht in Versuchung geratet.

Lukas 22, 39–46

Jesus am Ölberg

47 Während er noch redete, kam Judas, einer der Zwölf, mit einer großen Schar von Männern, die
mit Schwertern und Knüppeln bewaffnet waren; sie waren von den Hohenpriestern und den
Ältesten des Volkes geschickt worden. 48 Der Verräter hatte mit ihnen ein Zeichen verabredet
und gesagt: Der, den ich küssen werde, der ist es; nehmt ihn fest. 49 Sogleich ging er auf Jesus zu
und sagte: Sei gegrüßt, Rabbi! Und er küßte ihn. 50 Jesus erwiderte ihm: Freund, dazu bist du
gekommen? Da gingen sie auf Jesus zu, ergriffen ihn und nahmen ihn fest. 51 Doch einer von
den Begleitern Jesu zog sein Schwert, schlug auf den Diener des Hohenpriesters ein und hieb ihm
ein Ohr ab. 52 Da sagte Jesus zu ihm: Steck dein Schwert in die Scheide; denn alle, die zum
Schwert greifen, werden durch das Schwert umkommen. 53 Oder glaubst du nicht, mein Vater
würde mir sogleich mehr als zwölf Legionen Engel schicken, wenn ich ihn darum bitte? 54 Wie
würde dann aber die Schrift erfüllt, nach der es so geschehen muß?

Matthäus 26, 47–54

Der Verrat des Judas

69 Petrus saß draußen im Hof. Da trat eine Magd zu ihm und sagte: Auch du warst mit diesem
Jesus aus Galiläa zusammen. 70 Doch er leugnete es vor allen Leuten und sagte: Ich weiß nicht,
wovon du redest. 71 Und als er zum Tor hinausgehen wollte, sah ihn eine andere Magd und
sagte zu denen, die dort standen: Der war mit Jesus aus Nazaret zusammen. 72 Wieder leugnete
er und schwor: Ich kenne den Menschen nicht. 73 Kurz darauf kamen die Leute, die dort
standen, zu Petrus und sagten: Wirklich, auch du gehörst zu ihnen, deine Mundart verrät dich.
74 Da fing er an, sich zu verfluchen und schwor: Ich kenne den Menschen nicht. Gleich darauf
krähte ein Hahn, 75 und Petrus erinnerte sich an das, was Jesus gesagt hatte: Ehe der Hahn
kräht, wirst du mich dreimal verleugnen. Und er ging hinaus und weinte bitterlich.

Matthäus 26, 69–75

Petrus verleugnet Jesus

33 Pilatus ging wieder in das Prätorium hinein, ließ Jesus rufen und fragte ihn: Bist du der König
der Juden? 34 Jesus antwortete: Sagst du das von dir aus, oder haben es dir andere über mich
gesagt? 35 Pilatus entgegnete: Bin ich denn ein Jude? Dein eigenes Volk und die Hohenpriester
haben dich an mich ausgeliefert. Was hast du getan? 36 Jesus antwortete: Mein Königtum ist
nicht von dieser Welt. Wenn es von dieser Welt wäre, würden meine Leute kämpfen, damit ich
den Juden nicht ausgeliefert würde. Aber mein Königtum ist nicht von hier. 37 Pilatus sagte zu
ihm: Also bist du doch ein König? Jesus antwortete: Du sagst es, ich bin ein König. Ich bin dazu
geboren und dazu in die Welt gekommen, daß ich für die Wahrheit Zeugnis ablege. Jeder, der aus
der Wahrheit ist, hört auf meine Stimme. 38 Pilatus sagte zu ihm: Was ist Wahrheit? Nachdem
er das gesagt hatte, ging er wieder zu den Juden hinaus und sagte zu ihnen: Ich finde keinen
Grund, ihn zu verurteilen. 39 Ihr seid gewohnt, daß ich euch am Paschafest einen Gefangenen
freilasse. Wollt ihr also, daß ich euch den König der Juden freilasse? 40 Da schrien sie wieder:
Nicht diesen, sondern Barabbas! Barabbas aber war ein Straßenräuber. 1 Darauf ließ Pilatus
Jesus geißeln.

Johannes 18, 33–40 und 19, 1

Die Geißelung

Darauf ließ Pilatus Jesus geißeln. 2 Die Soldaten flochten einen Kranz aus Dornen; den setzten
sie ihm auf und legten ihm einen purpurroten Mantel um. 3 Sie stellten sich vor ihn hin und
sagten: Heil dir, König der Juden! Und sie schlugen ihm ins Gesicht.

Johannes 19, 1–3

Jesus mit der Dornenkrone

22 Pilatus sagte zu ihnen: Was soll ich dann mit Jesus tun, den man den Messias nennt? Da schrien
sie alle: Ans Kreuz mit ihm! 23 Er erwiderte: Was für ein Verbrechen hat er denn begangen? Da
schrien sie noch lauter: Ans Kreuz mit ihm! 24 Als Pilatus sah, daß er nichts erreichte, sondern
daß der Tumult immer größer wurde, ließ er Wasser bringen, wusch sich vor allen Leuten die
Hände und sagte: Ich bin unschuldig am Blut dieses Menschen. Das ist eure Sache! 25 Da rief
das ganze Volk: Sein Blut komme über uns und unsere Kinder! 26 Darauf ließ er Barabbas frei
und gab den Befehl, Jesus zu geißeln und zu kreuzigen. 27 Da nahmen die Soldaten des Statt-
halters Jesus, führten ihn in das Prätorium, das Amtsgebäude des Statthalters, und versammelten
die ganze Kohorte um ihn. 28 Sie zogen ihn aus und legten ihm einen purpurroten Mantel um.
29 Dann flochten sie einen Kranz aus Dornen; den setzten sie ihm auf und gaben ihm einen
Stock in die rechte Hand. Sie fielen vor ihm auf die Knie und verhöhnten ihn, indem sie riefen:
Heil dir, König der Juden! 30 Und sie spuckten ihn an, nahmen ihm den Stock wieder weg und
schlugen ihm damit auf den Kopf. 31 Nachdem sie so ihren Spott mit ihm getrieben hatten,
nahmen sie ihm den Mantel ab und zogen ihm seine eigenen Kleider wieder an.

Matthäus 27, 22–31

Die Verspottung Jesu

4 Pilatus ging wieder hinaus und sagte zu ihnen: Seht, ich bringe ihn zu euch heraus; ihr sollt
wissen, daß ich keinen Grund finde, ihn zu verurteilen. 5 Jesus kam heraus; er trug die Dornen-
krone und den purpurroten Mantel. Pilatus sagte zu ihnen: Seht, da ist der Mensch! 6 Als die
Hohenpriester und ihre Diener ihn sahen, schrien sie: Ans Kreuz mit ihm, ans Kreuz mit ihm!
Pilatus sagte zu ihnen: Nehmt ihr ihn und kreuzigt ihn! Denn ich finde keinen Grund, ihn zu
verurteilen. 7 Die Juden entgegneten ihm: Wir haben ein Gesetz, und nach diesem Gesetz
muß er sterben, weil er sich als Sohn Gottes ausgegeben hat. 8 Als Pilatus das hörte, wurde er
noch ängstlicher. 9 Er ging wieder in das Prätorium hinein und fragte Jesus: Woher stammst
du? Jesus aber gab ihm keine Antwort. 10 Da sagte Pilatus zu ihm: Du sprichst nicht mit mir?
Weißt du nicht, daß ich Macht habe, dich freizulassen, und Macht, dich zu kreuzigen? 11 Jesus
antwortete: Du hättest keine Macht über mich, wenn es dir nicht von oben gegeben wäre; darum
liegt größere Schuld bei dem, der mich dir ausgeliefert hat. 12 Daraufhin wollte Pilatus ihn frei-
lassen, aber die Juden schrien: Wenn du ihn freiläßt, bist du kein Freund des Kaisers; jeder, der
sich als König ausgibt, lehnt sich gegen den Kaiser auf.

Johannes 19, 4–12

Jesus wird dem Volk gezeigt

26 Als sie Jesus hinausführten, ergriffen sie einen Mann aus Zyrene namens Simon, der gerade
vom Feld kam. Ihm luden sie das Kreuz auf, damit er es hinter Jesus hertrage. 27 Es folgte eine
große Menschenmenge, darunter auch Frauen, die um ihn klagten und weinten. 28 Jesus
wandte sich zu ihnen und sagte: Ihr Frauen von Jerusalem, weint nicht über mich; weint über
euch und eure Kinder! 29 Denn es kommen Tage, da wird man sagen: Wohl den Frauen, die
unfruchtbar sind, die nicht geboren und nicht gestillt haben. 30 Dann wird man zu den Bergen
sagen: Fallt auf uns!, und zu den Hügeln: Deckt uns zu! 31 Denn wenn das mit dem grünen
Holz geschieht, was wird dann erst mit dem dürren werden?

Lukas 23, 26–31

Simon von Zyrene trägt das Kreuz Jesu

16 Sie übernahmen Jesus. 17 Er trug sein Kreuz und ging hinaus zur sogenannten Schädelhöhe, die auf hebräisch Golgota heißt.

Johannes 19, 16–17

Jesus auf Golgota

18 Dort kreuzigten sie ihn und mit ihm zwei andere, auf jeder Seite einen, in der Mitte Jesus.

Johannes 19, 18

Die Kreuzigung

19 Pilatus ließ auch ein Schild anfertigen und oben am Kreuz befestigen; die Inschrift lautete:
Jesus von Nazaret, der König der Juden. 20 Dieses Schild lasen viele Juden, weil der Platz, wo
Jesus gekreuzigt wurde, nahe bei der Stadt lag. Die Inschrift war hebräisch, lateinisch und
griechisch abgefaßt. 21 Die Hohenpriester der Juden sagten zu Pilatus: Schreib nicht: Der
König der Juden, sondern daß er gesagt hat: Ich bin der König der Juden. 22 Pilatus antwortete:
Was ich geschrieben habe, habe ich geschrieben. 23 Nachdem die Soldaten Jesus ans Kreuz
geschlagen hatten, nahmen sie seine Kleider und machten vier Teile daraus, für jeden Soldaten
einen. Sie nahmen auch sein Untergewand, das von oben her ganz durchgewebt und ohne Naht
war. 24 Sie sagten zueinander: Wir wollen es nicht zerteilen, sondern darum losen, wem es
gehören soll. So sollte sich das Schriftwort erfüllen: Sie verteilen meine Kleider unter sich und
warfen das Los um mein Gewand. Dies führten die Soldaten aus.

Die Kreuzerhöhung

46 Um die neunte Stunde rief Jesus laut: Eli, Eli, lema sabachtani?, das heißt: Mein Gott, mein
Gott, warum hast du mich verlassen! 47 Einige von denen, die dabeistanden und es hörten,
sagten: Er ruft nach Elija. 48 Sogleich lief einer von ihnen hin, tauchte einen Schwamm in
Essig, steckte ihn auf einen Stock und gab Jesus zu trinken. 49 Die anderen aber sagten: Laß
doch, wir wollen sehen, ob Elija kommt und ihm hilft. Dann hauchte er den Geist aus.

Matthäus 27, 46–50

Der Tod Jesu

44 Es war etwa um die sechste Stunde, als eine Finsternis über das ganze Land hereinbrach. Sie
dauerte bis zur neunten Stunde. 45 Die Sonne verdunkelte sich. Der Vorhang im Tempel riß
mitten entzwei, 46 und Jesus rief laut: Vater, in deine Hände lege ich meinen Geist. Nach
diesen Worten hauchte er den Geist aus.

Lukas 23, 44–46

Die Finsternis

38 Josef aus Arimathäa war ein Jünger Jesu, aber aus Furcht vor den Juden nur heimlich. Er bat Pilatus, den Leichnam Jesu abnehmen zu dürfen, und Pilatus erlaubte es. Also kam er und nahm den Leichnam ab.

Johannes 19, 38

Die Kreuzabnahme

39 Es kam auch Nikodemus, der früher einmal Jesus bei Nacht aufgesucht hatte. Er brachte eine Mischung aus Myrrhe und Aloe, etwa hundert Pfund. 40 Sie nahmen den Leichnam Jesu und umwickelten ihn mit Leinenbinden, zusammen mit den wohlriechenden Salben, wie es beim jüdischen Begräbnis Sitte ist.

Johannes 19, 39–40

Der Leichnam Jesu

41 An dem Ort, wo man ihn gekreuzigt hatte, war ein Garten, und in dem Garten war ein neues
Grab, in dem noch niemand bestattet worden war. 42 Wegen des Rüsttages der Juden und weil
das Grab in der Nähe lag, setzten sie Jesus dort bei.

Johannes 19, 41–42

Die Grablegung

1 Als der Sabbat vorüber war, kauften Maria aus Magdala, Maria, die Mutter des Jakobus, und
Salome wohlriechende Öle, um damit zum Grab zu gehen und Jesus zu salben. 2 Am ersten
Tag der Woche kamen sie in aller Frühe zum Grab, als eben die Sonne aufging. 3 Sie sagten
zueinander: Wer könnte uns den Stein vom Eingang des Grabes wegwälzen? 4 Doch als sie
hinblickten, sahen sie, daß der Stein schon weggewälzt war; er war sehr groß. 5 Sie gingen in das
Grab hinein und sahen auf der rechten Seite einen jungen Mann sitzen, der mit einem weißen
Gewand bekleidet war; da erschraken sie sehr. 6 Er aber sagte zu ihnen: Erschreckt nicht! Ihr
sucht Jesus von Nazaret, den Gekreuzigten. Er ist auferstanden; er ist nicht hier. Seht, da ist die
Stelle, wo man ihn hingelegt hatte. 7 Nun aber geht und sagt seinen Jüngern, vor allem Petrus:
Er geht euch voraus nach Galiläa; dort werdet ihr ihn sehen, wie er es euch gesagt hat.

Markus 16, 1–7

Der Engel vor dem Grab

13 Am gleichen Tag waren zwei von den Jüngern auf dem Weg in ein Dorf namens Emmaus, das
sechzig Stadien von Jerusalem entfernt ist. 14 Sie sprachen miteinander über all das, was sich
ereignet hatte. 15 Während sie redeten und ihre Gedanken austauschten, kam Jesus hinzu und
ging mit ihnen. 16 Doch sie waren wie mit Blindheit geschlagen, so daß sie ihn nicht er-
kannten. 17 Er fragte sie: Was sind das für Dinge, über die ihr auf eurem Weg miteinander
redet? Da blieben sie traurig stehen, 18 und der eine von ihnen – er hieß Kleopas – antwortete
ihm: Bist du so fremd in Jerusalem, daß du als einziger nicht weißt, was in diesen Tagen dort
geschehen ist? 19 Er fragte sie: Was denn? Sie antworteten ihm: Das mit Jesus aus Nazaret. Er
war ein Prophet, mächtig in Wort und Tat vor Gott und dem ganzen Volk. 20 Doch unsere
Hohenpriester und Führer haben ihn zum Tod verurteilen und ans Kreuz schlagen lassen.
21 Wir aber hatten gehofft, daß er der sei, der Israel erlösen werde. Und dazu ist heute schon der
dritte Tag, seitdem das alles geschehen ist. 22 Aber nicht nur das: Auch einige Frauen aus
unserem Kreis haben uns in große Aufregung versetzt. Sie waren in der Frühe beim Grab,
23 fanden aber seinen Leichnam nicht. Als sie zurückkamen, erzählten sie, es seien ihnen Engel
erschienen und hätten gesagt, er lebe. 24 Einige von uns gingen dann zum Grab und fanden
alles so, wie die Frauen gesagt hatten; ihn selbst aber sahen sie nicht. 25 Da sagte er zu ihnen:
Begreift ihr denn nicht? Wie schwer fällt es euch, alles zu glauben, was die Propheten gesagt
haben. 26 Mußte nicht der Messias all das erleiden, um so in seine Herrlichkeit zu gelangen?
27 Und er legte ihnen dar, ausgehend von Mose und allen Propheten, was in der gesamten Schrift
über ihn geschrieben steht. 28 So erreichten sie das Dorf, zu dem sie unterwegs waren. Jesus tat,
als wolle er weitergehen, 29 aber sie drängten ihn und sagten: Bleib doch bei uns; denn es wird
bald Abend, der Tag hat sich schon geneigt. Da ging er mit hinein, um bei ihnen zu bleiben.
30 Und als er mit ihnen bei Tisch war, nahm er das Brot, sprach den Lobpreis, brach das Brot und
gab es ihnen. 31 Da gingen ihnen die Augen auf, und sie erkannten ihn; dann sahen sie ihn
nicht mehr.

Lukas 24, 13–31

Jesus und die Jünger auf dem Weg nach Emmaus

1 Im ersten Buch, lieber Theophilus, habe ich über alles berichtet, was Jesus getan und gelehrt hat,
2 bis zu dem Tag, an dem er (in den Himmel) aufgenommen wurde. Vorher hat er durch den
Heiligen Geist den Aposteln, die er sich erwählt hatte, Anweisungen gegeben. 3 Ihnen hat er
nach seinem Leiden durch viele Beweise gezeigt, daß er lebt; vierzig Tage hindurch ist er ihnen
erschienen und hat vom Reich Gottes gesprochen. 4 Beim gemeinsamen Mahl gebot er ihnen:
Geht nicht weg von Jerusalem, sondern wartet auf die Verheißung des Vaters, die ihr von mir
vernommen habt. 5 Johannes hat mit Wasser getauft, ihr aber werdet schon in wenigen Tagen
mit dem Heiligen Geist getauft. 6 Als sie nun beisammen waren, fragten sie ihn: Herr, stellst du
in dieser Zeit das Reich für Israel wieder her? 7 Er sagte zu ihnen: Euch steht es nicht zu, Zeiten
und Fristen zu erfahren, die der Vater in seiner Macht festgesetzt hat. 8 Aber ihr werdet die
Kraft des Heiligen Geistes empfangen, der auf euch herabkommen wird; und ihr werdet meine
Zeugen sein in Jerusalem und in ganz Judäa und Samarien und bis an die Grenzen der Erde.
9 Als er das gesagt hatte, wurde er vor ihren Augen emporgehoben, und eine Wolke nahm ihn auf
und entzog ihn ihren Blicken.

Apostelgeschichte 1, 1–9

Die Himmelfahrt Jesu

1 Als der Pfingsttag gekommen war, befanden sich alle am gleichen Ort. 2 Da kam plötzlich
vom Himmel her ein Brausen, wie wenn ein heftiger Sturm daherfährt, und erfüllte das ganze
Haus, in dem sie waren. 3 Und es erschienen ihnen Zungen wie von Feuer, die sich verteilten;
auf jeden von ihnen ließ sich eine nieder. 4 Alle wurden mit dem Heiligen Geist erfüllt und
begannen, in fremden Sprachen zu reden, wie es der Geist ihnen eingab. 5 In Jerusalem aber
wohnten Juden, fromme Männer aus allen Völkern unter dem Himmel. 6 Als sich das Getöse
erhob, strömte die Menge zusammen und war ganz bestürzt; denn jeder hörte sie in seiner
Sprache reden. 7 Sie gerieten außer sich vor Staunen und sagten: Sind das nicht alles Galiläer,
die hier reden?

Apostelgeschichte 2, 1–7

Die Apostel werden vom Heiligen Geist erfüllt

14 Da trat Petrus auf, zusammen mit den Elf; er erhob seine Stimme und begann zu reden: Ihr
Juden und alle Bewohner von Jerusalem! Dies sollt ihr wissen, achtet auf meine Worte!
15 Diese Männer sind nicht betrunken, wir ihr meint; es ist ja erst die dritte Stunde am Morgen;
16 sondern jetzt geschieht, was durch den Propheten Joël gesagt worden ist: 17 In den letzten
Tagen wird es geschehen, / so spricht Gott: / Ich werde von meinem Geist ausgießen / über alles
Fleisch. / Eure Söhne und eure Töchter werden Propheten sein, / eure jungen Männer werden
Visionen haben, / und euere Alten werden Träume haben. 18 Auch über meine Knechte und
Mägde / werde ich von meinem Geist ausgießen / in jenen Tagen, und sie werden Propheten
sein. 19 Ich werde Wunder erscheinen lassen droben am Himmel / und Zeichen unten auf der
Erde: / Blut und Feuer und qualmenden Rauch. 20 Die Sonne wird sich in Finsternis ver-
wandeln / und der Mond in Blut, / ehe der Tag des Herrn kommt, / der große und herrliche
Tag. 21 Und es wird geschehen: / Jeder, der den Namen des Herrn anruft, / wird gerettet.
22 Israeliten, hört diese Worte: Jesus, den Nazoräer, den Gott vor euch beglaubigt hat durch
machtvolle Taten, Wunder und Zeichen, die er durch ihn in eurer Mitte getan hat, wie ihr selbst
wißt – 23 ihn, der nach Gottes beschlossenem Willen und Vorauswissen hingegeben wurde,
habt ihr durch die Hand von Gesetzlosen ans Kreuz geschlagen und umgebracht.

Apostelgeschichte 2, 14–23

Petrus predigt das Evangelium

1 Petrus und Johannes gingen um die neunte Stunde zum Gebet in den Tempel hinauf. 2 Da
wurde ein Mann herbeigetragen, der von Geburt an gelähmt war. Man setzte ihn täglich an das
Tor des Tempels, das man die Schöne Pforte nennt; dort sollte er bei denen, die in den Tempel
gingen, um Almosen betteln. 3 Als er nun Petrus und Johannes in den Tempel gehen sah, bat
er sie um ein Almosen. 4 Petrus und Johannes blickten ihn an, und Petrus sagte: Sieh uns an!
5 Da wandte er sich ihnen zu und erwartete, etwas von ihnen zu bekommen. 6 Petrus aber
sagte: Silber und Gold besitze ich nicht. Doch was ich habe, das gebe ich dir: Im Namen Jesu
Christi, des Nazoräers, geh umher! 7 Und er faßte ihn an der rechten Hand und richtete ihn
auf. Sogleich kam Kraft in seine Füße und Gelenke; 8 er sprang auf, konnte stehen und ging
umher. Dann ging er mit ihnen in den Tempel, lief und sprang umher und lobte Gott. 9 Alle
Leute sahen ihn umhergehen und Gott loben. 10 Sie erkannten ihn als den, der gewöhnlich an
der Schönen Pforte des Tempels saß und bettelte. Und sie waren voll Verwunderung und Staunen
über das, was mit ihm geschehen war. 11 Da er sich Petrus und Johannes anschloß, lief das
ganze Volk bei ihnen in der sogenannten Halle Salomos zusammen, außer sich vor Staunen.

Apostelgeschichte 3, 1–11

Petrus und Johannes heilen einen Gelähmten

51 Ihr Halsstarrigen, ihr, die ihr euch mit Herz und Ohr immerzu dem Heiligen Geist widersetzt,
eure Väter schon und nun auch ihr. 52 Welchen der Propheten haben eure Väter nicht ver-
folgt? Sie haben die getötet, die die Ankunft des Gerechten geweissagt haben, dessen Verräter und
Mörder ihr jetzt geworden seid, 53 ihr, die ihr durch die Anordnung von Engeln das Gesetz
empfangen, es aber nicht gehalten habt. 54 Als sie das hörten, waren sie aufs äußerste über ihn
empört und knirschten mit den Zähnen. 55 Er aber, erfüllt vom Heiligen Geist, blickte zum
Himmel empor, sah die Herrlichkeit Gottes und Jesus zur Rechten Gottes stehen 56 und rief:
Ich sehe den Himmel offen und den Menschensohn zur Rechten Gottes stehen. 57 Da
erhoben sie ein lautes Geschrei, hielten sich die Ohren zu, stürmten gemeinsam auf ihn los.
58 trieben ihn zur Stadt hinaus und steinigten ihn. Die Zeugen legten ihre Kleider zu Füßen eines
jungen Mannes nieder, der Saulus hieß. 59 So steinigten sie Stephanus; er aber betete und rief:
Herr Jesus, nimm meinen Geist auf! 60 Dann sank er in die Knie und schrie laut: Herr, rechne
ihnen diese Sünde nicht an! Nach diesen Worten starb er. Saulus aber war mit dem Mord ein-
verstanden.

Apostelgeschichte 7, 51–60

Die Steinigung des Stephanus

1 Saulus wütete immer noch mit Drohung und Mord gegen die Jünger des Herrn. Er ging zum
Hohenpriester 2 und erbat sich von ihm Briefe an die Synagogen in Damaskus, um die An-
hänger des (neuen) Weges, Männer und Frauen, die er dort finde, zu fesseln und nach Jerusalem
zu bringen. 3 Unterwegs aber, als er sich bereits Damaskus näherte, geschah es, daß ihn plötz-
lich ein Licht vom Himmel umstrahlte. 4 Er stürzte zu Boden und hörte, wie eine Stimme zu
ihm sagte: Saul, Saul, warum verfolgst du mich? 5 Er antwortete: Wer bist du, Herr? Dieser
sagte: Ich bin Jesus, den du verfolgst. 6 Steh auf und geh in die Stadt; dort wird dir gesagt
werden, was du tun sollst. 7 Seine Begleiter standen sprachlos da; sie hörten zwar die Stimme,
sahen aber niemand. 8 Saulus erhob sich vom Boden. Als er aber die Augen öffnete, sah er
nichts. Sie nahmen ihn bei der Hand und führten ihn nach Damaskus hinein.

Apostelgeschichte 9, 1–8

Paulus auf dem Weg nach Damaskus

17 Petrus war noch ratlos und überlegte, was die Vision, die er gehabt hatte, wohl bedeutete;
inzwischen hatten sich die von Kornelius gesandten Männer zum Haus des Simon durchgefragt
und standen am Tor. 18 Sie riefen und fragten, ob Simon mit dem Beinamen Petrus hier zu
Gast sein. 19 Während Petrus noch über die Vision nachdachte, sagte der Geist zu ihm: Da sind
zwei Männer und suchen dich. 20 Steh auf, geh hinunter, und zieh ohne Bedenken mit ihnen;
denn ich habe sie geschickt. 21 Petrus stieg zu den Männern hinab und sagte: Ich bin der, den
ihr sucht. Aus welchem Grund seid ihr hier? 22 Sie antworteten: Der Hauptmann Kornelius,
ein gerechter und gottesfürchtiger Mann, der beim ganzen Volk der Juden in gutem Ruf steht, hat
von einem heiligen Engel die Weisung erhalten, dich in sein Haus holen zu lassen und zu hören,
was du ihm zu sagen hast. 23 Da ließ er sie eintreten und bewirtete sie. Tags darauf machte sich
Petrus mit ihnen auf den Weg, und einige Brüder aus Joppe begleiteten ihn. 24 Am folgenden
Tag kamen sie nach Cäsarea. Kornelius erwartete sie schon und hatte seine Verwandten und seine
nächsten Freunde zusammengerufen. 25 Als nun Petrus ankam, ging ihm Kornelius entgegen
und warf sich ehrfürchtig vor ihm nieder. 26 Petrus aber richtete ihn auf und sagte: Steh auf!
Auch ich bin nur ein Mensch. 27 Während er sich mit ihm unterhielt, ging er hinein und fand
dort viele Menschen versammelt. 28 Da sagte er zu ihnen: Ihr wißt, daß es einem Juden nicht
erlaubt ist, mit einem Nichtjuden zu verkehren oder sein Haus zu betreten; mir aber hat Gott
gezeigt, daß man keinen Menschen unheilig oder unrein nennen darf. 29 Darum bin ich auch
ohne Widerspruch gekommen, als nach mir geschickt wurde. Nun frage ich: Warum habt ihr
mich holen lassen? 30 Da sagte Kornelius: Vor vier Tagen um diese Zeit war ich zum Gebet der
neunten Stunde in meinem Haus; da stand plötzlich ein Mann in einem leuchtenden Gewand
vor mir 31 und sagte: Kornelius, dein Gebet wurde erhört, und deine Almosen wurden vor
Gott in Erinnerung gebracht. 32 Schick jemand nach Joppe, und laß Simon, der den Beinamen
Petrus hat, holen; er ist Gast im Haus des Gerbers Simon am Meer.

Apostelgeschichte 10, 17–32

Petrus im Haus des Kornelius

1 Um jene Zeit ließ der König Herodes einige aus der Gemeinde verhaften und mißhandeln.
2 Jakobus, den Bruder des Johannes, ließ er mit dem Schwert hinrichten. 3 Als er sah, daß es
den Juden gefiel, ließ er auch Petrus festnehmen. Das geschah in den Tagen der Ungesäuerten
Brote. 4 Er nahm ihn also fest und warf ihn ins Gefängnis. Die Bewachung übertrug er vier
Abteilungen von je vier Soldaten. Er beabsichtigte, ihn nach dem Paschafest dem Volk vorführen
zu lassen. 5 Petrus wurde also im Gefängnis bewacht. Die Gemeinde aber betete inständig für
ihn zu Gott. 6 In der Nacht, ehe Herodes ihn vorführen lassen wollte, schlief Petrus, mit zwei
Ketten gefesselt, zwischen zwei Soldaten; vor der Tür aber bewachten Posten den Kerker.
7 Plötzlich trat ein Engel des Herrn ein, und ein helles Licht strahlte in den Raum. Er stieß Petrus
in die Seite, weckte ihn und sagte: Schnell, steh auf! Da fielen die Ketten von seinen Händen.
8 Der Engel aber sagte zu ihm: Gürte dich, und zieh deine Sandalen an! Er tat es. Und der Engel
sagte zu ihm: Wirf deinen Mantel um, und folge mir! 9 Dann ging er hinaus, und Petrus folgte
ihm, ohne zu wissen, daß es Wirklichkeit war, was durch den Engel geschah; es kam ihm vor, als
habe er eine Vision. 10 Sie gingen an der ersten und an der zweiten Wache vorbei und kamen
an das eiserne Tor, das in die Stadt führt; es öffnete sich ihnen von selbst. Sie traten hinaus und
gingen eine Gasse weit; und auf einmal verließ ihn der Engel. 11 Da kam Petrus zu sich und
sagte: Nun weiß ich wahrhaftig, daß der Herr seinen Engel gesandt und mich der Hand des
Herodes entrissen hat und all dem, was das Volk der Juden erhofft hat.

Apostelgeschichte 12, 1–11

Die Befreiung des Petrus

1 Auf dem Weg über Amphipolis und Apollonia kamen sie nach Thessalonich. Dort hatten die
Juden eine Synagoge. 2 Nach seiner Gewohnheit ging Paulus zu ihnen und redete an drei
Sabbaten zu ihnen, wobei er von den Schriften ausging. 3 Er legte sie ihnen aus und erklärte,
daß der Messias leiden und von den Toten auferstehen mußte. Und er sagte: Jesus, den ich euch
verkünde, ist dieser Messias. 4 Einige von ihnen ließen sich überzeugen und schlossen sich
Paulus und Silas an, außerdem eine große Schar gottesfürchtiger Griechen, darunter nicht wenige
Frauen aus vornehmen Kreisen.

Apostelgeschichte 17, 1–4

Paulus in der Synagoge von Tessalonich

8 Er ging in die Synagoge und lehrte drei Monate lang freimütig und suchte sie vom Reich Gottes
zu überzeugen. 9 Da aber einige verstockt waren, sich widersetzten und vor allen Leuten den
(neuen) Weg verspotteten, trennte er sich mit den Jüngern von ihnen und unterwies sie täglich im
Lehrsaal des Tyrannus. 10 Das geschah zwei Jahre lang; auf diese Weise hörten alle Bewohner
der Provinz Asien, Juden wie Griechen, das Wort des Herrn. 11 Auch ungewöhnliche Wunder
tat Gott durch die Hand des Paulus. 12 Sogar seine Schweiß- und Taschentücher nahm man
ihm vom Körper weg und legte sie den Kranken auf; da wichen die Krankheiten, und die bösen
Geister fuhren aus. 13 Auch einige der umherziehenden jüdischen Beschwörer versuchten,
den Namen Jesu, des Herrn, über den von bösen Geistern Besessenen anzurufen, indem sie
sagten: Ich beschwöre euch bei dem Jesus, den Paulus verkündet. 14 Das taten sieben Söhne
eines gewissen Skeuas, eines jüdischen Oberpriesters. 15 Aber der böse Geist antwortete ihnen:
Jesus kenne ich, und auch Paulus ist mir bekannt. Doch wer seid ihr? 16 Und der Mensch, in
dem der böse Geist hauste, sprang auf sie los, überwältigte sie und setzte ihnen so zu, daß sie nackt
und zerschunden aus dem Haus fliehen mußten. 17 Das wurde allen Juden und Griechen, die
in Ephesus wohnten, bekannt; alle wurden von Furcht gepackt, und der Name Jesu, des Herrn,
wurde hoch gepriesen. 18 Viele, die gläubig geworden waren, kamen und bekannten offen, was
sie (früher) getan hatten. 19 Und nicht wenige, die Zauberei getrieben hatten, brachten ihre
Zauberbücher herbei und verbrannten sie vor aller Augen. Man berechnete den Wert der Bücher
auf fünfzigtausend Silberdrachmen. 20 So wuchs das Wort des Herrn mit Macht und wurde
stark.

Apostelgeschichte 19, 8–20

Paulus in Ephesus

27 Als die sieben Tage zu Ende gingen, sahen ihn die Juden aus der Provinz Asien im Tempel. Sie
brachten das ganze Volk in Aufruhr, ergriffen ihn 28 und schrien: Israeliten! Kommt zu Hilfe!
Das ist der Mensch, der in aller Welt Lehren verbreitet, die sich gegen das Volk und das Gesetz
und gegen diesen Ort richten; er hat sogar Griechen in den Tempel mitgenommen und diesen
heiligen Ort entweiht. 29 Sie hatten nämlich kurz zuvor den Epheser Trophimus mit ihm
zusammen in der Stadt gesehen und meinten, Paulus habe ihn in den Tempel mitgenommen.
30 Da geriet die ganze Stadt in Aufregung, und das Volk lief zusammen. Sie ergriffen Paulus und
zerrten ihn aus dem Tempel, und sofort wurden die Tore geschlossen. 31 Schon wollten sie ihn
umbringen, da brachte man dem Obersten der Kohorte die Meldung hinauf: Ganz Jerusalem ist
in Aufruhr! 32 Er eilte sofort mit Soldaten und Hauptleuten zu ihnen hinunter. Als sie den
Obersten und die Soldaten sahen, hörten sie auf, Paulus zu schlagen.

Paulus wird von den Juden in Jerusalem bedroht

3 Selig, wer diese prophetischen Worte vorliest und wer sie hört und wer sich an das hält, was
geschrieben ist; denn die Zeit ist nahe. 4 Johannes an die sieben Gemeinden in der Provinz
Asien: Gnade sei mit euch und Friede von Ihm, der ist und der war und der kommt, und von den
sieben Geistern vor seinem Thron 5 und von Jesus Christus; er ist der treue Zeuge, der Erst-
geborene der Toten, der Herrscher über die Könige der Erde. Er liebt uns und hat uns von unseren
Sünden erlöst durch sein Blut; 6 er hat uns zu Königen gemacht und zu Priestern vor Gott,
seinem Vater. Ihm sei die Herrlichkeit und die Macht in alle Ewigkeit. Amen. 7 Siehe, er
kommt mit den Wolken, und jedes Auge wird ihn sehen, auch alle, die ihn durchbohrt haben;
und alle Völker der Erde werden seinetwegen jammern und klagen. Ja, amen. 8 Ich bin das
Alpha und das Omega, spricht Gott, der Herr, der ist und der war und der kommt, der Herrscher
über die ganze Schöpfung. 9 Ich, euer Bruder Johannes, der wie ihr bedrängt ist, der mit euch
an der Königsherrschaft teilhat und mit euch in Jesus standhaft ausharrt, ich war auf der Insel
Patmos um des Wortes Gottes willen und des Zeugnisses für Jesus. 10 Am Tag des Herrn
wurde ich vom Geist ergriffen und hörte hinter mir eine Stimme, laut wie eine Posaune. 11 Sie
sprach: Schreib das, was du siehst, in ein Buch, und schick es an die sieben Gemeinden: nach
Ephesus, nach Smyrna, nach Pergamon, nach Thyatira, nach Sardes, nach Philadelphia und nach
Laodizea.

Johannes auf Patmos

1 Dann erschien ein großes Zeichen am Himmel: eine Frau, mit der Sonne bekleidet; der Mond
war unter ihren Füßen und ein Kranz von zwölf Sternen auf ihrem Haupt. 2 Sie war schwanger
und schrie vor Schmerz in ihren Geburtswehen. 3 Ein anderes Zeichen erschien am Himmel:
ein Drache, groß und feuerrot, mit sieben Köpfen und zehn Hörnern und mit sieben Diademen
auf seinen Köpfen. 4 Sein Schwanz fegte ein Drittel der Sterne vom Himmel und warf sie auf
die Erde herab. Der Drache stand vor der Frau, die gebären sollte; er wollte ihr Kind verschlingen,
sobald es geboren war. 5 Und sie gebar ein Kind, einen Sohn, der über alle Völker mit eisernem
Zepter herrschen wird. Und ihr Kind wurde zu Gott und zu seinem Thron entrückt. 6 Die Frau
aber floh in die Wüste, wo Gott ihr einen Zufluchtsort geschaffen hatte; dort wird man sie mit
Nahrung versorgen, zwölfhundertsechzig Tage lang. 7 Da entbrannte im Himmel ein Kampf;
Michael und seine Engel erhoben sich, um mit dem Drachen zu kämpfen. Der Drache und seine
Engel kämpften, 8 aber sie konnten sich nicht halten, und sie verloren ihren Platz im Himmel.
9 Er wurde gestürzt, der große Drache, die alte Schlange, die Teufel oder Satan heißt und die ganze
Welt verführt; der Drache wurde auf die Erde gestürzt, und mit ihm wurden seine Engel hinab-
geworfen.

Offenbarung des Johannes 12, 1–9

Die gekrönte Jungfrau (Vision des Johannes)

1 Danach sah ich einen anderen Engel aus dem Himmel herabsteigen; er hatte große Macht, und
die Erde leuchtete auf von seiner Herrlichkeit. 2 Und er rief mit gewaltiger Stimme: Gefallen,
gefallen ist Babylon, die Große! Zur Wohnung von Dämonen ist sie geworden, zur Behausung
aller unreinen Geister und zum Schlupfwinkel aller unreinen und abscheulichen Vögel.
3 Denn vom Zornwein ihrer Unzucht haben alle Völker getrunken, und die Könige der Erde
haben mit ihr Unzucht getrieben. Durch die Fülle ihres Wohlstands sind die Kaufleute der Erde
reich geworden. 4 Dann hörte ich eine andere Stimme vom Himmel her rufen: Verlaß die
Stadt, mein Volk, damit du nicht mitschuldig wirst an ihren Sünden und von ihren Plagen mitge-
troffen wirst. 5 Denn ihre Sünden haben sich bis zum Himmel aufgetürmt, und Gott hat ihre
Schandtaten nicht vergessen. 6 Zahlt ihr mit gleicher Münze heim, gebt ihr doppelt zurück,
was sie getan hat. Mischt ihr den Becher, den sie gemischt hat, doppelt so stark. 7 Im gleichen
Maß, wie sie in Prunk und Luxus lebte, laß sie Qual und Trauer erfahren. Sie dachte bei sich: Ich
throne als Königin, ich bin keine Witwe und werde keine Trauer kennen. 8 Deshalb werden an
einem einzigen Tag die Plagen über sie kommen, die für sie bestimmt sind: Tod, Trauer und
Hunger. Und sie wird im Feuer verbrennen; denn stark ist der Herr, der Gott, der sie gerichtet hat.
9 Die Könige der Erde, die mit ihr gehurt und in Luxus gelebt haben, werden über sie weinen und
klagen, wenn sie den Rauch der brennenden Stadt sehen. 10 Sie bleiben in der Ferne stehen aus
Angst vor ihrer Qual und sagen: Wehe! Wehe, du große Stadt Babylon, du mächtige Stadt! In
einer einzigen Stunde ist das Gericht über dich gekommen.

Offenbarung des Johannes 18, 1–10

Das zerstörte Babylon (Vision des Johannes)

1 Dann sah ich einen Engel vom Himmel herabsteigen; auf seiner Hand trug er den Schlüssel
zum Abgrund und eine schwere Kette. 2 Er überwältigte den Drachen, die alte Schlange – das
ist der Teufel oder der Satan –, und er fesselte ihn für tausend Jahre. 3 Er warf ihn in den
Abgrund, verschloß diesen und drückte ein Siegel darauf, damit der Drache die Völker nicht
mehr verführen konnte, bis die tausend Jahre vollendet sind. Danach muß er für kurze Zeit frei-
gelassen werden. 4 Dann sah ich Throne; und denen, die darauf Platz nahmen, wurde das
Gericht übertragen. Ich sah die Seelen aller, die enthauptet worden waren, weil sie an dem Zeugnis
Jesu und am Wort Gottes festgehalten hatten. Sie hatten das Tier und sein Standbild nicht ange-
betet, und sie hatten das Kennzeichen nicht auf ihrer Stirn und auf ihrer Hand anbringen lassen.
Sie gelangten zum Leben und zur Herrschaft mit Christus für tausend Jahre. 5 Die übrigen
Toten kamen nicht zum Leben, bis die tausend Jahre vollendet waren. Das ist die erste Auf-
erstehung. 6 Selig und heilig, wer an der ersten Auferstehung teilhat. Über solche hat der zweite
Tod keine Gewalt. Sie werden Priester Gottes und Christi sein und tausend Jahre mit ihm
herrschen. 7 Wenn die tausend Jahre vollendet sind, wird der Satan aus seinem Gefängnis frei-
gelassen werden. 8 Er wird ausziehen, um die Völker an den vier Ecken der Erde, den Gog und
den Magog, zu verführen und sie zusammenzuholen für den Kampf; sie sind so zahlreich wie die
Sandkörner am Meer. 9 Sie schwärmten aus über die weite Erde und umzingelten das Lager der
Heiligen und Gottes geliebte Stadt. Aber Feuer fiel vom Himmel und verzehrte sie. 10 Und der
Teufel, ihr Verführer, wurde in den See von brennendem Schwefel geworfen, wo auch das Tier
und der falsche Prophet sind. Tag und Nacht werden sie gequält, in alle Ewigkeit. 11 Dann sah
ich einen großen weißen Thron und den, der auf ihm saß; vor seinem Anblick flohen Erde und
Himmel, und es gab keinen Platz mehr für sie. 12 Ich sah die Toten vor dem Thron stehen, die
Großen und die Kleinen. Und Bücher wurden aufgeschlagen; auch das Buch des Lebens wurde
aufgeschlagen. Die Toten wurden nach ihren Werken gerichtet, nach dem, was in den Büchern
aufgeschrieben war. 13 Und das Meer gab die Toten heraus, die in ihm waren; und der Tod und
die Unterwelt gaben ihre Toten heraus, die in ihnen waren. Sie wurden gerichtet, jeder nach seinen
Werken.

Offenbarung des Johannes 20, 1–13

Das Jüngste Gericht

9 Und es kam einer von den sieben Engeln, die die sieben Schalen mit den sieben letzten Plagen
getragen hatten. Er sagte zu mir: Komm, ich will dir die Braut zeigen, die Frau des Lammes.
10 Da entrückte er mich in der Verzückung auf einen großen, hohen Berg und zeigte mir die
heilige Stadt Jerusalem, wie sie von Gott her aus dem Himmel herabkam, 11 erfüllt von der
Herrlichkeit Gottes. Sie glänzte wie ein kostbarer Edelstein, wie ein kristallklarer Jaspis. 12 Die
Stadt hat eine große und hohe Mauer mit zwölf Toren und zwölf Engeln darauf. Auf die Tore
sind Namen geschrieben: die Namen der zwölf Stämme der Söhne Israels. 13 Im Osten hat die
Stadt drei Tore und im Norden drei Tore und im Süden drei Tore und im Westen drei Tore.
14 Die Mauer der Stadt hat zwölf Grundsteine; auf ihnen stehen die zwölf Namen der zwölf
Apostel des Lammes. 15 Und der Engel, der zu mir sprach, hatte einen goldenen Meßstab, mit
dem die Stadt, ihre Tore und ihre Mauer gemessen wurden. 16 Die Stadt war viereckig angelegt
und ebenso lang wie breit. Er maß die Stadt mit dem Meßstab; ihre Länge, Breite und Höhe sind
gleich: zwölftausend Stadien. 17 Und er maß ihre Mauer, sie ist hundertvierundvierzig Ellen
hoch nach Menschenmaß, das der Engel benutzt hatte. 18 Ihre Mauer ist aus Jaspis gebaut, und
die Stadt ist aus reinem Gold, wie aus reinem Glas. 19 Die Grundsteine der Stadtmauer sind
mit edlen Steinen aller Art geschmückt; der erste Grundstein ist ein Jaspis, der zweite ein Saphir,
der dritte ein Chalzedon, der vierte ein Smaragd, 20 der fünfte ein Sardonyx, der sechste ein
Sardion, der siebte ein Chrysolith, der achte ein Beryll, der neunte ein Topas, der zehnte ein
Chrysopras, der elfte ein Hyazinth, der zwölfte ein Amethyst. 21 Die zwölf Tore sind zwölf
Perlen; jedes der Tore besteht aus einer einzigen Perle. Die Straße der Stadt ist aus reinem Gold,
wie aus klarem Glas. 22 Einen Tempel sah ich nicht in der Stadt. Denn der Herr, ihr Gott, der
Herrscher über die ganze Schöpfung, ist ihr Tempel, er und das Lamm. 23 Die Stadt braucht
weder Sonne noch Mond, die ihr leuchten. Denn die Herrlichkeit Gottes erleuchtet sie, und ihre
Leuchte ist das Lamm. 24 Die Völker werden in diesem Licht einhergehen, und die Könige der
Erde werden ihre Pracht in die Stadt bringen. 25 Ihre Tore werden den ganzen Tag nicht
geschlossen – Nacht wird es dort nicht mehr geben. 26 Und man wird die Pracht und die
Kostbarkeiten der Völker in die Stadt bringen. 27 Aber nichts Unreines wird hineinkommen,
keiner, der Greuel verübt und lügt. Nur die, die im Lebensbuch des Lammes eingetragen sind,
werden eingelassen.

Offenbarung des Johannes 21, 9–27

Der Engel zeigt Johannes das neue Jerusalem

Inhalt

Vorwort

Das Alte Testament

Das Neue Testament